Michael Lukas Moeller

Gelegenheit macht Liebe

*Glücksbedingungen in der
Partnerschaft*

Rowohlt

1. Auflage Juli 2000
Copyright © 2000 by Rowohlt Verlag GmbH,
Reinbek bei Hamburg
Alle Rechte vorbehalten
Umschlaggestaltung Notburga Stelzer
Umschlagabbildung: Bild-Ausschnitt aus der Zeichnung
«Junger Mann mit Spiegel,
weiblicher Akt, Panflötenspieler, Kind» (1923)
von Pablo Picasso
Satz aus der Garamond bei Libro, Kriftel
Druck und Bindung Clausen & Bosse, Leck
Printed in Germany
ISBN 3 498 04473 7

«Kinder sind eine Brücke zum Himmel.»
PERSISCHES SPRICHWORT

«Ich habe mir oft gedacht,
dass die sichtbare Welt eine vergessene Sprache sei,
ein ‹Code›, zu dem wir den Schlüssel verloren haben.»
JEAN TARDIEU

dyalog

Das Wort «Zwiegespräch» ist für Menschen anderer Zunge unaussprech-
lich. Seit das von mir geknüpfte Zwiegesprächs-Netzwerk die deutschen
Sprachgrenzen überschreitet, also etwa seit 1995, war ein neuer, international verständlicher «Markenname» nötig. So kam es zu Dyalog. Was
bedeutet Dyalog?

Allgemein gebräuchlich ist «Dialog». Diesen Begriff setzten die alten
Griechen zusammen aus *«dia»* = zwischen und *«logos»* = Rede. Im Unterschied zu *«monologos»*, wo nur eine Person redet, ist *«dialogos»* die
Wechselrede zwischen zweien. Das können zwei beliebige, sich zufällig
begegnende Personen sein. Das griechische Wort *«dyo»* bedeutet *«zwei»*,
oft im Sinne von «paarig zwei». Daher der sozialwissenschaftliche Begriff
«Dyade» für «Paarverhältnis». Dyalog ist also die Wechselrede zwischen
zwei Personen, die miteinander im Paarverhältnis stehen: die ein Paar
bilden.

Dyalog bedeutet dasselbe wie Zwiegespräch.

Als Symbol für Dyalog haben wir das fächerartige Ginkgoblatt gewählt, weil es aussieht, als wäre es aus zwei Blättern zusammengewach-
sen.

Der Ginkgobaum *(Ginkgo biloba)* ist der älteste aller heute noch
lebenden Bäume und viel älter als alle Vögel und Säugetiere. Er ist
einzigartig: seine Spezies bildet die ganze Gattung. Er ziert seit urdenk-
lichen Zeiten Parks und Gärten in China und Japan. Im Westen bürgert
er sich langsam ein, weil er so wunderschön ist – und weil er auch in
einer schadstoffreichen Umwelt robust und vital bleibt.

Schon Goethe erkannte im Ginkgoblatt das Natursymbol für lieben-
de Paare. Er dichtete am 15. September 1815:

GINGO BILOBA

Dieses Baums Blatt, der von Osten
Meinem Garten anvertraut,
Gibt geheimen Sinn zu kosten,
Wie's den Wissenden erbaut.

Ist es ein lebendig Wesen,
Das sich in sich selbst getrennt?
Sind es zwei, die sich erlesen,
Dass man sie als eines kennt?

Solche Fragen zu erwidern,
Fand ich wohl den rechten Sinn;
Fühlst du nicht an meinen Liedern,
Dass ich eins und doppelt bin?

Inhalt

Erster Teil
Zeitlose Paare

«Den Wind kann man nicht verbieten,
aber man kann Mühlen bauen.»
HOLLÄNDISCHES SPRICHWORT

Unser ganzes gelebtes Leben wird durchgehend von einem entscheidenden Moment geprägt: unseren bedeutendsten Beziehungen. Sie machen das Glück oder Unglück unseres Daseins aus. Sie bestimmen unsere wirkliche, die seelische Lebensqualität. Und noch mehr: Die Erfüllung oder Nichterfüllung der zentralen Bindung ist nach den Forschungen der Beziehungsmedizin der langfristig stärkste Faktor für unsere persönliche Gesundheit und Krankheit. Damit nicht genug: Jedes Paar, das Kinder hat, ist sich in der Regel seiner großen Generationenwirkung nicht bewusst: Die seelische Struktur der nächsten Generation – somit ihre Chancen und Behinderungen, ihr Erleben, Verhalten und Entscheiden – beruht auf der Verinnerlichung der Mutter-, Vater- und Elternbeziehung.

Angesichts dieser lebenswichtigen Priorität geschieht für das Zweierleben so gut wie nichts. Seine Bedeutung für die menschliche Gemeinschaft wird als Privatintimität bagatellisiert, seine Bedingungen werden politisch nicht gefördert – etwa durch wenige Stunden in der schulischen Sozialkunde oder einen führerscheinähnlichen Gesellenbrief der gelernten Ehe –, und das in ihren Symptomen offen daliegende Geheimnis des weltweiten Paarsterbens wird verleugnet wie einst das Waldsterben.

Wer sich auf das Wesentliche konzentrieren will, muss die besten Bedingungen seiner bedeutenden Beziehung erkunden und entwickeln. Diesem Ziel soll das Buch dienen. Es bietet die dazu notwendigen Einsichten zur Paardynamik und beschreibt – was vielleicht wichtiger ist – einen klaren Weg zu ihrer Umsetzung. Es trifft sich gut, dass diese Initiative auch die Basis für das ist, was wir uns ersehnen: Glück und Lust – den uralten menschheitserzeugenden Prinzipien der Selbstorganisation. First things first: Fortbildung in Partnerschaft.

Die ersten fünf Minuten
wirklicher Beziehung

«Am schwersten lässt sich das Analphabet entziffern.»
STANISLAW JERZY LEC*

Wie alle in diesem Buch vorgebrachten Szenen ist auch diese authentisch. Sie gehört zu denen, die mich in dreißig Jahren Paaranalyse am tiefsten bewegten:

Achtzig Paare saßen in einem der Zweiergesprächsseminare, die ich jährlich einmal in zehn deutschen, österreichischen und schweizerischen Städten durchführe.

---

* Da angeblich viele Menschen die in meinen Augen doch so praktischen Fußnoten störend finden, habe ich sämtliche Quellennachweise, Literaturangaben und andere Anmerkungen ab Seite 282 zusammengefasst, zu deren begleitender Lektüre ich herzlich einladen möchte. MLM

Sie hatten kurz zuvor ihren ersten Dyalog durchgeführt. In einer solchen Situation sind alle durch die Begegnung mit sich selbst besonders belebt, wenn nicht aufgewühlt. Sie hatten sich soeben der Frage gewidmet: Was bewegt mich zur Zeit am stärksten? Und dahinter taucht schnell die Urfrage auf: Was will ich für die paar Jahrzehnte meines Lebens wirklich?

Es folgte wie immer ein Erfahrungsaustausch, bei dem links und rechts neben mir, vor allen anderen, Mann und Frau eines Paares sitzen und nun in wenigen Sätzen berichten, was sie an dem eben erlebten Zwiegespräch am stärksten beeindruckte. Der Mann sagte:

«Ich habe zeit meines Lebens nie wirklich Zugang zu mir selbst gefunden. Die Frage ‹Was bewegt mich im Moment am stärksten?› konnte ich überhaupt nicht beantworten. In den neunzig Minuten gelang es mir aber mittendrin zum ersten Mal für vielleicht fünf Minuten, Gefühle in mir zu entdecken, die ich meiner Frau mitteilen konnte.»

Alle waren erschüttert. Auch diejenigen, denen es bei aller nach außen gewandten technischen und aufgabenorientierten Geschicklichkeit ebenfalls nicht gelang, eine lebendige Beziehung zu sich selbst aufzunehmen. Der Saal war still.

Dann begann seine Frau zu weinen. Sie sagte: «Wir sind fünfunddreißig Jahre verheiratet. Heute habe ich in diesen fünf Minuten zum ersten Mal eine wirkliche Beziehung zu meinem Mann erlebt.»

Der Unterschied zwischen Mann und Frau ist gewaltig, was die Beziehung zu sich selbst betrifft. Frauen haben einen besseren Zugang zu Träumen, Empfindungen, Beziehungen und Phantasien. Männer begegnen stärker den Realitäten. Sie sind faktenbezogen und leistungsorientiert.

Für einen Dyalog oder auch für eine Beziehung außerhalb der Zwiegespräche ist dieses Beispiel erhellend: Wenn es mir gelingt, wirklich eine Beziehung zu mir selbst aufzunehmen, also ganz bei mir zu bleiben – und mich nicht von mir zu entfernen, indem ich meinen seelischen Schwerpunkt auf den anderen verschiebe –, dann entsteht die stärkste Bindung des Partners oder der Partnerin an mich. «Egoismus» und «Altruismus» sind hier aufgehoben. Wer ganz in sich selbst hineinsieht, findet sich im Zentrum der Beziehung.

So hatte ich auch gute Hoffnung für dieses Paar. Die fünf Minuten werden sich bei regelmäßigen Zweiergesprächen ausdehnen und schließlich die ganzen anderthalb Stunden umfassen. Eine der bedeutendsten Bedingungen für eine lebendige Beziehung wäre damit erfüllt: eine genügend gute Selbstbeziehung.

1 Nimm die Beziehung, wie sie ist, und verändere sie

«Nicht weil die Dinge schwierig sind, wagen wir sie nicht, sondern weil wir sie nicht wagen, sind sie schwierig.»

Der Titel dieses Buches «Gelegenheit macht Liebe» dürfte manche denken lassen, hier sei eine aushäusige Verliebtheit gemeint, die sich als kleine, schnelle Gelegenheit sozusagen nebenbei einstellt. Der Kern ist richtig: Denn eine solche Gelegenheit ist von Liebesbedingungen getragen, die uns vom Schicksal geschenkt werden und uns aufmerksam machen auf das, was Kurt Tucholsky in depressiver Verschmitztheit formulierte: «In stiller Nacht und monogamen Betten, denkst du dir aus, was dir am Leben fehlt.»

Die These dieses Buches ist jedoch anders, vor allem anders, als man zunächst denken mag: Es geht hier um mehr als eine Affäre – um die Affäre nämlich, die man mit seinem Hauptpartner ständig versäumt. Anders gesagt: Es geht nicht um die kleine, sondern um die große Gelegenheit, auf die viele so vergeblich warten. Sie tritt nun natürlich nicht im Wartestand ein, sondern nach Erich Kästners Motto: «Es gibt nichts Gutes, außer man tut es.» Kurz: Es dreht sich alles um das Herausfinden und Realisieren der besten Liebesbedingungen. Sie sind identisch mit den Bedingungen der eigenen Lebendigkeit. Wir kennen sie, falls unsere Beziehung mit einer Verliebtheit begann. Damals fügte es der Zufall, dass wir Verhältnisse hatten, die ein starkes erotisches Gefühl aufkommen ließen. Später verliert sich das bekanntlich. Wir haben dafür eine Erklärung zur Hand: die Abstumpfungstheorie. Damit reden wir uns heraus. Die Lust und die Lustlosigkeit – eine Grundabstimmung des Paares durch eine Verliebtheit vorausgesetzt – sind Symptome, das heißt Signale der tieferen seelischen Lage. Sie sind keine gegebenen und unveränderlichen Fakten der Partnerschaft, die etwa für eine lebensbedeutende Entscheidung wie Bindung oder Trennung ein verlässliches Fundament bieten.

Die seelische Gleichung ist einfach:
○ Lust entsteht, wenn die Liebesbedingungen des einen wie des anderen erfüllt sind.
○ Unlust kommt auf, wenn diese untergründigen Bedingungen weder erkannt noch realisiert sind. Und das ist zu häufig der Fall.

In der späteren Beziehung geht es also um nicht mehr und nicht weniger als um das Herausfinden und Realisieren dieser zentralen Bedingungen für die eigene Liebe, Lust oder Lebendigkeit.

Wenn Paare zu mir kommen, frage ich seit einigen Jahren sehr genau nach diesen «Ersten drei Minuten» (die gelegentlich auch drei Wochen oder Monate umfassen): «Welche drei Eigenschaften faszinierten Sie so sehr am anderen, dass Sie sich verliebten?» So beginnt diese Viertelstunde einer höchst angenehmen Selbsterkundung. Wie die Buchecker die ganze Buche in sich trägt, ist in diesen ersten drei Minuten die ganze Beziehungsstruktur der künftigen Bindung enthalten. Das kann man auch allein zu zweit (ohne einen Therapeuten) machen. Das Paar wird damit zum Architekten der eigenen Gelegenheiten – indem es die Bedingungen nun bewusst, aktiv und absichtlich herstellt, die ihm damals meist unversehens und weitgehend passiv in den Schoß fielen.

Es geht also zum einen darum, sich diesen ganz eigenen verborgenen inneren Momenten zu widmen, die «meine besten persönlichen Liebesbedingungen» genannt werden können. Sie ergeben sich aus der Lebens- und Liebesgeschichte von Geburt an. Sie sind, wie schon gesagt, nichts anderes als die Voraussetzungen für die eigene Lebendigkeit. Denn die Lust, die sich immer auf Liebe gründet und von ihr normalerweise nicht getrennt werden kann, ist der Seismograph für Lebendigkeit. Sie entspricht der wirklichen, nämlich der seelischen Lebensqualität. Sie ist also nicht ein kleines Séparée unserer inneren Existenz, sondern von lebensumfassender Bedeutung.

Zum anderen aber gibt es Liebesbedingungen, die mehr oder weniger für alle Menschen gelten. So komplex die menschliche Seele ist, so komplex sind auch diese Grundeinsichten. Ich habe in den drei Jahrzehnten, die ich nun Paaranalysen mache, inzwischen mehr als hundert basale Erkenntnisse gesammelt – vor allem bei den Zwiegespräch-Seminaren und an den Paargruppen-Wochenenden, wo je sechs Paare ihre Beziehung neu erleben und verstehen lernen. Die neun bedeutsamsten Perspektiven sind in «Big Nine» (Seite 99 ff.) zusammengefasst. Sie bilden für mich das Fundament der entscheidenden inneren Bedingungen.

Behebung erotischer Kalamitäten

Vinzenz und Marion

Beide um die Vierzig und mit einer schweren Kindheit belastet, hatten Vinzenz und Marion schon Jahre einer erfolgreichen Paarbehandlung hinter sich, als sie noch einmal eine Beratung wünschten. Es fehlte ihnen die Lust, meinten sie zunächst, genauer gesagt hätten sie schon Lust, aber jeder auf eine andere Art. Der Schwerpunkt ihrer vorangegangenen Beziehungsarbeit lag weniger im Bereich der Sexualität als in dem viel schwierigeren, polytraumatischen Feld des Vertrauens, der Geborgenheit oder der Verlässlichkeit und dem Bestreben, die alten Wunden nicht durch eine misslingende Beziehung zu vertiefen.

Schnell wurde eine typische Doppelstruktur der erotischen Kalamitäten deutlich, die mehr oder weniger bei allen Paaren auftritt:

Sie hatten sich erstens noch nie kontinuierlich, ruhig und ausführlich über ihre jeweiligen besten Liebesbedingungen ausgetauscht. Es war bei ihnen wie fast überall: Vinzenz wollte endlich mal zur Sache kommen, und Marion litt unter seinem Mangel an Zartheit und Einfühlsamkeit bei der erotischen Annäherung.

Zweitens aber gab es um diesen Kern der ungeklärten Liebesbedingungen ein geschossartiges Einfallen von schweren Störungsmomenten aus seelischen Bereichen, die nicht unmittelbar zur Erotik gehören: plötzlicher Argwohn, rasend ungeduldige Gier, die eigenen Wünsche endlich einmal erfüllt zu sehen, aufbrausende Enttäuschungswut aus kleinsten Anlässen.

So hatten sie gerade eine schöne Woche miteinander verbracht, die sie sich um ein Haar allerdings gründlich verdorben hätten: Vinzenz wurde nämlich kurz davor bestohlen – im Grunde verschmerzbar, doch mobilisierte dieser Taschendiebstahl die gesamten Verlusterlebnisse seiner Kindheit und führte zu dem entsprechenden Wutausbruch. Als Marion die Wogen mit der Bemerkung glätten wollte, seine heftige Reaktion sei vielleicht unangemessen und würde ihnen die bevorstehende schöne Woche verderben, war es natürlich um die Fassung von Vinzenz ganz geschehen. Nur die inzwischen angewachsene Erfahrenheit im Umgang mit solchen explosiven seelischen Minenfeldern und eine große Versöhnungsenergie retteten die wunderbare Woche.

Natürlich muss man bei solchen Anlässen zuerst an unbewusste Schuldgefühle denken. Doch darin waren Marion und Vinzenz schon ziemlich bewandert. Wesentlicher waren hier ungeklärte Liebesbedingungen im erotischen Feld und einfallende Störungen aus anderen Bezirken.

So waren die Möglichkeiten für dieses Paar umrissen:

1. Eine Serie von etwa zwanzig Zweiergesprächen zu neunzig Minuten, um ihre Liebesbedingungen ruhig zu klären.
2. Und zugleich eine aufmerksame Beobachtung, welche Störmomente – in diesem Falle die Verlustängste, in anderen ihr Argwohn – die Liebe sozusagen von außen torpedieren. Dazu eigneten sich besonders gut die üblichen Zweiergespräche, die sie schon seit Jahren führten.

Ein solches Vorgehen finde ich auch allgemein für Paare am günstigsten.

2 «Das Verhältnis der Geschlechter ist der unsichtbare Mittelpunkt aller Handlungen»

Im Kontrast zu dieser evolutionären Erkenntnis Schopenhauers, nämlich der durchgehenden Bedeutung der Frau-Mann-Beziehung, der die ganze Menschheit ihre quantitative und qualitative Existenz verdankt und die deswegen nach wie vor jede unserer Gesten prägen muss, ist es kläglich um diese höchste menschliche Priorität bestellt. «*First things first*»: Fortbildung in Partnerschaft. Hier ist der Anfang von allem.

«Die Ehe ist eine Institution.
Reichen die Mitarbeiter auch aus?»

Paare haben nie die Chance erhalten zu lernen, wie sie ein lebendiges Zweierleben bewahren oder entwickeln. Sie machen ihre zufällige und zerstreute eigene Erfahrung, bekommen aber nie den Zusammenhang der wenigen grundlegenden Einsichten mit, der ihre Beziehung bestimmt. Schreiben, Lesen, Rechnen haben wir jahrelang geprobt, selbst Autofahren wird gelehrt, nur das Wesentliche des menschlichen Daseins, das über die wirkliche Lebensqualität – ja nach den neueren Forschungen der Beziehungsmedizin auch über Gesundheit und Krankheit – entscheidet, ist in der Informationsgesellschaft wie vergessen. Das kann natürlich kein Zufall sein, vielmehr dürfte es einem unbewussten Widerstand entsprechen.

Kurz: Paare haben in der Regel keine Ahnung von sich selbst, sie haben andere Probleme. Wenige Stunden im Lehrplan der Schulen könnten reichen, um die so spannungsreich beginnenden Zweierverbindungen schon in der Jugend zu den zentralen, erfüllenden Erlebnissen werden zu lassen, die nachhaltig die Zukunft eines besseren Paarlebens tragen.

Den meisten entgeht auch, dass Zweierverhältnisse den Dreh- und Angelpunkt gesellschaftlicher und politischer Einstellungen bilden. Und zwar nicht nur aufgrund der leiblichen Erschaffung der kommenden Generationen, sondern vor allem, weil Elternpaare, mit denen sich die Kinder identifizieren, die psychische Struktur dieser nächsten Generation prägen und durch das weitergegebene Erleben und Verhalten etwa für Solidarität, für den Umgang mit Fremden und für konkrete politische Entscheidungen den Boden bereiten oder eben nicht. Wer die Gesellschaft ändern möchte, muss auf diese unauslöschlichen Identifizierungsvorgänge achten. Wenn es Paaren gelingt, zu sich selbst zu kommen, ist es nicht nur das Beste für ihre Kinder, sondern auch für den politischen Zustand der Nation.

Das Paar wird morsch

Mir wird heute angesichts der Paare, die aus dem deutschsprachigen Raum zu mir kommen, brennend deutlich, dass der alles entscheidende Kreislauf der Paare, die wesentliche, wechselseitige Kommunikation, allgemein zusammengebrochen ist. Das macht den morschen Kern des Paarlebens aus. Mir ist die Lage in dieser Dramatik erst nach und nach klar geworden. Eine solche Wurzel des Paarsterbens muss dynamischer und energischer bewusst gemacht werden. Die Bundesregierung fordert eine *Partnerschaftsoffensive*, wegen des trägen Vorankommens des Rollenwandels bei Mann und Frau. Es fehlt jedoch an konkreten politisch gestützten Initiativen. Das Paarleben hat keine Chance, wenn der wechselseitige Austausch in der heutigen Zeit voller Belastungen und Veränderungen nicht entsprechend verstärkt wird.

23

BEZIEHUNGSMEDIZIN

Die Beziehungsmedizin, der ich mich in den letzten Jahren verstärkt widme, betrachtet bei Gesundheit und Krankheit das körperliche und seelische Geschehen in der Perspektive der wesentlichen Bindungen eines Menschen. Die Qualität der bedeutendsten Paarbeziehung steht dabei im Zentrum. Alles spricht dafür, dass die Erfüllung oder Nichterfüllung der zentralen Bindung den langfristig mächtigsten Faktor für Gesundbleiben und Erkranken darstellt. Gute und schlechte Beziehungen haben einen ununterbrochenen, sozusagen chronischen Einfluss, der über physiologische Veränderungen beispielsweise des Kreislaufsystems oder über psychoneuroimmunologische Prozesse schließlich auch körperliche Schädigungen bewirken kann. Die Medizin ist wegen ihrer Individualorientierung weitgehend blind für diesen Zusammenhang. Er lässt sich jedoch schon bei Tieren ermitteln – wie beispielsweise Dietrich von Holst an den monogamen eichhörnchenähnlichen Tupajas Südostasiens nachwies.

Drei Forscher leisteten in meinen Augen entscheidende Beiträge auf diesem Gebiet:

○ James Lynch, der nachwies, dass so gut wie alle Krankheiten bei Menschen, die allein leben, doppelt bis vierfach häufiger auftreten. Das für mich erstaunlichste und ermutigendste Ergebnis ist der indirekte Befund, dass trotz der globalen Krise der Partnerschaft Beziehungen im großen Durchschnitt einen günstigen Einfluss entfalten.

○ James Pennebaker, der von kleinen Gruppen bis zu ganzen Stadtpopulationen die immunstärkende und gesundheitsfördernde Wirkung des «Opening-up», der Offenheit sich selbst und anderen gegenüber, entdeckte und damit die generelle Wirkung aller Gesprächspsychotherapien, einschließlich der Psychoanalyse und der Selbsthilfegruppen, sicherte.

○ Dean Ornish, der in eigenen Forschungen und wissenschaftlichen Recherchen jede Form der Zuwendung und Liebe als bedeutendes Heilmittel auch für den «Spender» ermittelte und daraus seine «revolutionäre Therapie» ableitete.

Für einen unmittelbaren Zugang zu dieser der üblichen Organmedizin ungewohnten Ätiologie sorgen heute am ehesten psychoneuroimmunologische Nachweise. So hat das Forscherehepaar Kiecolt-Glaser bereits den Einfluss der Beziehungsqualität auf Gesundheit und Krankheit nachgewiesen.

Der entscheidende gesundheitspolitische Schluss liegt darin, dass die Paarbeziehung und alle weiteren Bindungen – wie Freundschaften – nicht nur für die Lebensqualität, sondern auch für die seelische und körperliche Gesundheit verantwortlich sind und deshalb an erster Stelle entwickelt und gefördert werden müssen.

3 «Das Buch ist ein Garten, den man in der Tasche trägt»

«Nie zuvor hatten wir so wenig Zeit,
um soviel zu tun.»
Franklin D. Roosevelt

«Das Leben nimmt dem Menschen sehr viel Zeit weg»

Von der Völkerwanderung haben die wandernden Völker nichts gewusst. So bewusstlos treiben auch die Paare im beschleunigten globalen Prozess der Veränderung von Zweierbeziehungen dahin. Je erfolgloser die große Suche nach dem Glück zu zweit bleibt, desto intensiver wird die Sehnsucht nach Erfüllung. Das ist eine von zahlreichen Paarfallen.

Liebe und Lust sind für mich Zeichen menschlicher Lebendigkeit. Sie entstehen nicht im Vakuum. Sie sind vielmehr angewiesen auf – teils genaue allgemeine, teils sehr individuelle – Bedingungen. Diese lassen sich zwar in innere und äußere aufgliedern, doch bilden beide Bereiche einen oft nur unzulänglich bewussten und wenig gewürdigten Wechselwirkungskreis.

Zu den äußeren Verhältnissen, ohne die eine entscheidende innere Bedingung, nämlich die Begegnung mit sich selbst, das heißt Selbstbesinnung, Selbstentwicklung, Selbstgewissheit und innere Balance, gar nicht möglich wäre, gehört vor allem Zeit, Zeit, Zeit. Diese Zeit muss dem Alltag entnommen, ja gestohlen werden. Im modernen Zeitmanagement-Jargon gesprochen muss man die «Zeitdiebe» ausfindig machen und selbst bestehlen. Lebendigkeit, Liebe, Erotik, Lust sind als schöpferische Initiative zuallererst eine Frage der entschlossenen Zeitinvestition. Ebendeswegen sprachen die Experten eines Zeit-Kongresses im Jahr

1999 von einem besonderen Wohlstand, der den üblichen materiellen Wohlstand, den Reichtum, an Bedeutung heute übertreffe: dem *Zeitwohlstand*. Er gründet in *Zeitsouveränität*: der Freiheit, über seine eigene Zeit zu verfügen. Sie ist schmaler, als wir meinen. Allein das Vorbereiten auf eine bessere Paarzukunft in Form des Lesens und Lernens braucht Zeit. Aber die Liebe selbst noch sehr viel mehr.

«Ich beginne den Tag mit dem Ziel, ihn ganz zu zerschlagen»

Das Gesicht des Tages muss sich ändern. Für ein besseres Zusammenleben sollte der Alltag einstürzen, das heißt: soweit es geht, reorganisiert und umstrukturiert werden. Das geht nur langsam und schrittweise. Aber schon einen Abend zu verändern kommt manchen Paaren wie eine Revolution vor. Da der Tag jedoch weitgehend bestimmt ist durch die permanente Strukturkrise der Arbeitswelt und die einflussreichen Setzungen der Massenmedienfreizeit, gehört sehr viel Energie und Phantasie dazu, mit dem Geschick der Organisationsentwicklung und dem geradezu psychoanalytischen Gespür für innerseelische Chancen und Barrieren den uns strukturierenden Alltag in die eigenen Hände zu nehmen und zu unseren Gunsten umzugestalten. «Ich beginne den Tag mit dem Ziel, ihn ganz zu zerschlagen» lautet deswegen zu Recht der Kernsatz eines Zweiergesprächs zur Selbsterkundung der besten Paarbedingungen in diesem Buch.

Zu dieser Initiative gehört eine zweifache Grundhaltung:

1. Die Dinge des Paarlebens zunächst anzuerkennen, wie sie sind, sie also anzunehmen (Kapitel 1).

Schon hier scheitern die meisten, die – wie eine große Untersuchung ergab – mit den beiden bevorzugten seelischen Methoden, Verleugnen und Beten, zu Rande kommen möchten. Abgesichert wird dieses unfruchtbare Vorgehen mit Idealisierung und hohen Erwartungen. Wer aber den tatsächlichen Zustand der Beziehung nicht zu sehen vermag, wird sie natürlich nicht umgestalten können.

2. Wer die Augen jedoch aufmacht, ist auch in der Lage, die Paarverhältnisse günstig zu verändern, die ihn im Zuge der Zeit bis in seine eigene Identität prägen und nicht nur nach Arthur Schopenhauer den «unsichtbaren Mittelpunkt aller Handlungen» ausmachen (Kapitel 2).

Wir werden so wie die Verhältnisse, in denen wir leben. Also geht es darum, unsere Verhältnisse so weit wie möglich umzugestalten. Erst schaffen wir uns eine bessere Gewohnheit. Dann lässt uns die Gewohnheit so werden, wie sie ist. Nicht von heut auf morgen, aber mit guten Aussichten auf Erfolg.

Wir wollen gern glücklich sein, aber nichts dafür tun

Blieben Sie in dieser Haltung stecken, könnten Sie das Buch getrost zuklappen. Diese erste Barriere – die resignative Passivität – ist nachgewiesenermaßen mit dem Unglück im Paarleben verknüpft – fachsprachlich: das «passive Coping». (Der englische Ausruck *to cope with* heißt: mit etwas Schwierigem «zu Rande oder zurechtkommen».) Man lässt die Dinge einfach liegen, kehrt sie nicht einmal unter den Teppich. Das ist der Hauptbeitrag zur lebenslänglichen Unzufriedenheit zu zweit.

Es gibt jedoch im Paarleben auch eine andere Form, mit den Ereignissen – vor allem mit den Belastungen – umzugehen. Sie ist mit dem Glück des Zweierdaseins verbunden: das angemessene Coping. Dieses besteht aus zwei wesentlichen aktiven Anteilen: Erstens ergreife ich selbst die Initiative, wenn ich etwas klären möchte, und warte nicht mit stillem Vorwurf auf den anderen. Zweitens fordere ich ihn zu etwas Bestimmtem auf: nämlich mit mir über die Angelegenheit zu sprechen.

Seit dreißig Jahren widme ich mich schwerpunktmäßig der Psychoanalyse der Paarbeziehung. Der spezifische Beginn war ein großes wissenschaftliches Projekt von 1971 bis 1981, finanziert von der Deutschen Forschungsgemeinschaft, zur Entwicklung der Paargruppenanalyse. Die Gruppenarbeit mit Paaren ist bis heute meine Hauptpraxis geblieben. Die Paare kommen aus dem gesamten deutschsprachigen Raum zu ihrer jeweiligen Selbsterfahrungsgruppe im Sinne einer Fortbildung in Partnerschaft. Vier Sitzungen finden einmal monatlich an einem Wochenende statt. Die Teilnahmedauer reicht von zwei bis zu sechs Jahren. Ich gewinne dadurch eine ungemein detaillierte Einsicht in die Dynamik der Paare, in ihre Wohn- und Schlafzimmer. Zu insgesamt vier Paargruppen gesellen sich seit anderthalb Jahrzehnten regelmäßige Zweiergesprächsseminare in mittlerweile mehr als zehn Städten. Auch die Paare in den Gruppen führen übrigens diese Zwiegespräche parallel zum Gruppenprozess durch. Dieses doppelgleisige Verfahren erhöht den Wirkungsgrad sowohl des professionellen wie des eigenständigen Weges und spart Zeit wie Kosten. Seit zwei Jahren kommen Wochenendkurzgruppen für Paare hinzu, in deren selbstgesteuerten Prozessen sich nahezu hundert Grundeinsichten des Paarlebens vermitteln. Von diesen Einblicken lebt auch das vorliegende Buch.

Ein Dilemma, in das ich sowohl als nicht-direktiver Analytiker wie als jahrzehntelanger Begleiter von Selbsthilfegruppen geriet, lässt sich etwa so umschreiben: Das Durcharbeiten der Konflikte, Defekte und Beziehungsstörungen mit dem fortlaufenden Gewinn an Einsichten reicht nicht aus, wenn es keine Zielvorstellungen gibt, wie eine gute Beziehung aussehen soll. Erstens muss der Analytiker selbst sein eigenes Paarbild überprüfen, sozusagen sein Arbeitsmodell, zweitens muss er dieses Vorbild auch vermitteln können. Und das ist sehr mühselig, weil es sich aufgrund der persönlichen Verwicklungen und Beeinträchtigungen der Paare – ganz zu schweigen vom Analytiker – nicht ohne weiteres kognitiv lernen lässt, es muss sozusagen von innen her, am eigenen Leibe erfahren werden.

«Nur wer die Liebe meidet, kann dem Schmerz entgehen»

Vom Zulassen eigener Verwundbarkeit

> «Nur wer die Liebe meidet,
> kann dem Schmerz entgehen.
> Es kommt darauf an, aus ihm zu lernen
> und weiterhin durch Liebe verwundbar zu sein.»
> JOHN BRANTNER

Die vielleicht stärkste innere Behinderung des offenen Umgangs mit sich selbst und anderen und damit die mächtigste Beeinträchtigung, sich dem Thema eigener Lebendigkeit und Liebe zuzuwenden, ist am besten mit einem einzigen Wort umrissen: Verletzung.

Ich meine die inneren seelischen Verwundungen der frühen Kindheit, sofern wir mit ihnen nicht gut zu Rande kamen, sie nicht als Herausforderungen erlebten oder nicht von schützenden Beziehungen begünstigt waren. Nirgends wird so viel vor sich selbst vertuscht wie in diesem Bereich innerer Schmerzen. Als Antwort auf diese Wunden, die mehrheitlich durch ein enttäuschendes, wenn nicht schädigendes Beziehungsklima zu Mutter, Vater oder anderen Bindungspersonen entstanden sind, entwickelten wir einen inneren Schutzpanzer, eine Isolierschicht gegen die zwischenmenschliche, seelische Kälte. Leider aber wirkt sich diese Isolation später in demselben Sinne gegen warmherzige Beziehungen aus. Wir lassen die anderen nicht an uns heran – und finden schließlich auch selbst keinen Zugang zu uns selbst.

Wer nicht psychoanalytisch orientiert ist, unterschätzt den prägenden Einfluss der ersten Beziehungen auf alle später folgenden. Sie wiederholen das alte Trauma. Dies aber hat einen Sinn: Nicht der Wiederholungszwang ist das Entscheidende, sondern die Hoffnung, den einstigen und nunmehr re-inszenierten Schaden in einer anderen inneren und äußeren Situation wenigstens lindern zu können, die unerledigte Aufgabe also ein Stück weiter zu lösen. Gelingen trotz der Altlast gute Beziehungen, haben sie eindeutig heilende Wirkung – für beide übrigens. Misslingen die späteren Beziehungen jedoch, verschlimmern sie die Störung. Ich widme mich, wie erwähnt, schwerpunktmäßig der Beziehungsmedizin, die den Zusammenhang von Beziehungsqualität und körperlicher Erkrankung erkundet. Auch auf diesem Gebiet werden meinem Empfinden nach die Beziehungen an sich idealisiert, das heißt geschönt. Gute Beziehungen sind ein Himmel auf Erden, schlechte aber ebenso eine Hölle. Und diese Finsternis macht langfristig krank.

Worum geht es im Kern? Wer seine Verletzungen abheilen lassen möchte, muss sich ihnen öffnen. Erst dann können sich langsam die Wunden schließen. Das Zulassen der eigenen Verwundungen und der eigenen Verwundbarkeit steht somit im Zentrum einer glücklichen Beziehung. Das ist für viele ein zu starkes Stück. Ich erinnere mich noch genau an jenen Moment, als mir der große Unterschied zwischen meinen Erwartungen und denen der Paare, die zu mir kamen, deutlich wurde.

Der Wendepunkt:
Verwundbar statt unverwundbar werden

Die meisten Menschen haben die Vorstellung, wenn sie eine Therapie beginnen, dass sie am Ende unverwundbar herauskämen, dass sie in der Behandlung gleichsam ein Bad im Drachenblut nähmen. (Aber auch dieses Siegfriedvorhaben bringt ja eine zentrale verwundbare Stelle, das Blatt im Rücken, mit sich.)

Beim Abschied einer mehrjährigen Paargruppe merkte ich nun, dass ich eine ganz andere Vorstellung habe, die mir damals selbst noch nicht so vollständig bewusst war. Sie lautet: Durch die Liebe verwundbar zu bleiben. Das sind zwei extreme Gegensätze in den Erfolgshoffnungen, die auch im professionellen Bereich aufzeigen: Meine Beziehung ist nicht deine Beziehung, obwohl es keine andere ist. Der Motto-Satz von John Brantner auf Seite 29 bezieht sich direkt darauf. Er meint die Fähigkeit, zu leiden und zu trauern und die Rüstung vor den eigenen Schwächen fallen zu lassen. Das ist kein Entschluss von heut auf morgen, sondern ein langwieriger, wenn auch wohltuender Reifeprozess.

«Auch ein Weg von tausend Meilen
beginnt mit dem ersten Schritt»

Es war für mich bestürzend, nach und nach gewahr zu werden, dass es so gut wie keine Basis grundlegenden Wissens bei Paaren gibt. Darum ist dieses Buch den Fundamenten eines guten Paarlebens gewidmet:

○ Gewidmet der Setzung eines Zieles für beide, nämlich den besten persönlichen Paarbedingungen, die ja erst einmal bewusst erarbeitet werden müssen (Kapitel 5).

○ Gewidmet der alles andere überragenden Konfliktfähigkeit, die mit der meist unbekannten Definition eines Konfliktes beginnt (Kapitel 6).

○ Gewidmet den neun bedeutendsten Einsichten, BIG NINE, in die Dynamik des Paarlebens (Kapitel 7).

Aber auch die schönen Einsichten sind nichts wert, werden sie nicht umgesetzt. Dieses Transferproblem gilt nicht nur für Neujahrsvorsätze, sondern auch für so gut wie alle Psychotherapien. Allein deswegen – weil nämlich die gewonnenen Erkenntnisse auch in der realen Situation ständig eingeübt werden müssen – ist ein expertenunabhängiger, alltagsbegleitender Weg zu entwerfen. Er hat darüber hinaus den Vorzug, sich sehr präzise nach den aktuellen, ganz spezifischen Bedürfnissen richten zu können, die von Paar zu Paar und oft genug von Tag zu Tag unterschiedlich ausfallen.

Als konkretes Werkzeug sind die wesentlichen Dyaloge entworfen, deren Anwendungsbreite in allgemeinen und besonderen Zweiergesprächen viele verblüfft (Kapitel 8). Von der politischen Anwendung in deutsch-deutschen Zwiegesprächen bis zur Belebung des brachliegenden Liebeserlebens in erotischen Zwiegesprächen reicht das Panorama der Selbsterkundung. In diesem Buch geht es um eine weitere dringend notwendige Fokussierung: Wie sehen meine besten persönlichen Bedingungen für meine Lebendigkeit, meine Liebe, meine Lust aus? Die Verlockung liegt in der Antwort auf die Frage, was sie denn bringen.

In zahlreichen Windrosen der Wirkungen (Kapitel 9) werden die Gewinne dieser Selbstnavigation aufgezeigt, die im Übrigen für den gesamten Bereich der professionellen Psychotherapie wie auch für jede gute individuelle Lebenserfahrung gültig sind.

Ein authentisches, ungekürztes, themenzentriertes Zwiegespräch bietet einen Einblick, wie es gemacht werden könnte (Kapitel 11).

Danach folgt ein in den Seminaren begehrter Ansatz, mit einer heiklen Lage im Paarleben konstruktiv verstehend statt destruktiv moralisch umzugehen: der aushäusigen Verliebtheit, die selten einem Paar erspart bleibt:

Die Hebung des Schatzes der Eifersucht (Kapitel 12). Sie ist neben der Konfliktlösung ein Paradebeispiel für etwas, was ich psychoanalytische Instrumente nenne. Darunter ist ein halbstrukturiertes Vorgehen zu verstehen, das auf dem Hintergrund psychoanalytischer Einsicht auch von Laien durchgeführt werden kann.

* * *

Damit ist nun das Quartett der Zwiegesprächsbücher vollzählig. Es war von Anfang an mein Ziel, mit diesen Beiträgen zu den wesentlichen Dyalogen den Entwicklungsweg von ungelernten zu gelernten Paaren zu fundieren:

«Die Liebe ist ein Kind der Freiheit» enthält neben grundlegenden Beiträgen zur brachliegenden erotischen Kultur – beispielsweise zum multiorgasmischen Mann – den Aperitiv über Zweiergespräche, einen Briefessay an eine Freundin, der sich in etwas mehr als zwanzig Minuten liest und sich deswegen für besonders widerständige Partner als schnelle Einführung eignet.

«Die Wahrheit beginnt zu zweit» ist das Handbuch für die wesentlichen Dyaloge.

«Worte der Liebe» ergab sich aus der Aktionsforschung in Zwiegesprächsseminaren und greift in fünf vollständigen Zwiegesprächen eine Tabuzone auf: die mundtote und daher unmündige Liebe, die sich nicht entwickeln lässt, wenn beide sie ausschweigen.

«Gelegenheit macht Liebe» setzt dort an, wo nichts mehr ist: Der Mangel an Zeit und Raum, an Kenntnissen und Erfahrungen, an selbst gesetzten Chancen und guten Gewohnheiten soll und kann behoben werden.

Der Dritte Weg:
Selbstentwicklung und Expertentum erhöhen im Verbund wechselseitig ihren Wirkungsgrad

> «Immer wird es Eskimos geben, die den Eingeborenen
> von Belgisch-Kongo Verhaltungsmaßregeln
> für die Zeit der großen Hitze geben werden.»
> STANISLAW JERZY LEC

Hinter diesen Arbeiten steht eine Ethik und Strategie, die ich den Dritten Weg nenne. Es wird keine sinnvolle Zukunft unter Menschen geben, wenn es uns nicht gelingt, zum puren Expertentum, das sich allzu häufig dem alltäglichen Leben der Menschen entfremdet, und zur reinen Selbstentwicklung, die sich aus Mangel an Kenntnissen die eigene Lage unnötig schwer macht, eine ergebnisreiche Integration der beiden Verfahren zu entwerfen, deren Potenz darin liegt, den Schwung der eigenen Initiative mit lösungsorientiertem Fachwissen der Professionellen zu einem wechselseitig höheren Wirkungsgrad zu verbinden. Die Massenmedien erfüllen bereits weitgehend diese Aufgabe, soweit sie Leser und Zuschauer heute mit entsprechend gut recherchierten Sachinformationen versehen. Öffentlichkeitsarbeit wird von Fachleuten zur Zeit energisch gefordert und hoch bewertet. Für die Therapie heißt dieser Ansatz: Konsequenterweise sollten alle psychotherapeutischen Behandlungen parallel begleitet werden von einem Selbstentwicklungsweg, der über die unentwegte, unüberschätzbare, aber auch unverbindliche innere Selbstreflexion hinausgeht. Das geschieht am einfachsten und ergebnisreichsten durch die Anwendung eines «seelischen Werkzeuges», das heißt des vereinbarten, kontinuierlichen Dyalogs mit dem Partner, einem Familienangehörigen oder im Freundeskreis. Das Quintett der Vorzüge liegt auf der Hand:

Fünf Vorzüge des Dritten Weges

1. So erzielt gewonnenes Wissen eine ungewöhnliche Breitenwirkung, die knappe Expertenenergie einen höheren Wirkungsgrad und die Interessierten wie das Gesundheitswesen eine überraschend hohe Einsparung von Kosten und Zeit.

2. So wird am klarsten das lange vergessene, bedeutendste Medikament realisiert, die menschliche Beziehung, die jenseits von Psychoanalyse und Psychotherapie durch psychoneuroimmunologische Forschungen zur Zeit einen ungewöhnlichen Aufschwung erlebt – James Lynch mit «Das gebrochene Herz», James Pennebaker mit «Opening up», Bill Clintons Arzt Dean Ornish mit «Die revolutionäre Therapie. Heilen mit Liebe» und viele andere wirken in diesem – verständlicherweise wenig lukrativen – Bereich der Beziehungsmedizin.

3. So wird am besten das bereits angesprochene Transferproblem gelindert, die mangelnde Umsetzung der Einsichten im Alltag.

4. So wird am wirkungsvollsten – nach einem berühmten Wort von Sigmund Freud – aus einer endlichen eine unendliche Analyse, weil der Reichtum des im professionellen Rahmen Entdeckten nach der Therapie häufiger erinnert, wiederholt und durchgearbeitet werden kann.

5. Und so wird schließlich der günstigste Beitrag für die zentralen seelischen Eigenschaften der nächsten Generation geleistet,

sofern die am Dritten Weg Interessierten Eltern sind oder sein wollen.

Sowohl als Psychoanalytiker wie als Selbsthilfegruppenengagierter bin ich ein «Begleiter der Selbstklärung». Indem ich nun zu wesentlichen Dyalogen ermutige und befähige, realisieren mit mir alle Interessierten an zentraler Stelle, am generativen Ort der Gesellschaft, im Paar nämlich, einen Auftrag, den der große Soziologe Norbert Elias, jenseits seines neunzigsten Lebensjahres, entscheidend für das Schicksal der Menschheit ansah: Alles werde davon abhängen, meinte er in einem Interview, ob es den Menschen gelingt, sich wechselseitig zu identifizieren. Dies geschieht nur über den dyalogischen Weg. Er geht aus von der Zweierbeziehung und kehrt durch Einüben zurück in die Zweierbeziehung. Das ist das vergessene Politikum der Intimität.

Psychotherapeuten sind viel mehr moralische Aktivisten, als ihnen bewusst und lieb ist

Kein Experte fühlt, denkt, forscht oder vermittelt wertneutral. So habe auch ich selbstverständlich meine Ethik – die mich allerdings auch nicht ganz vom üblichen andromorphen, kapitalistischen Eurozentrismus befreien kann. Statt sie verschwiegen auszuklammern, bedeutet es mir viel, sie den Menschen offen zu legen, mit denen zusammen ich an ihrem eigenen Lebensweg arbeite. Ich brauche nicht zu erwähnen, dass ich keiner Beziehungsbewahranstalt vorstehe, ich meine auch nicht, ein verbittertes, enttäuschtes Paar solle sich besser gleich trennen. Vielmehr geht es für beide darum, in intensiver, feiner Entwicklungsarbeit herauszufinden, ob sie zusammenbleiben oder sich lieber trennen wollen. Es gibt dabei die seltsamsten und auch von Experten nicht vorherzusehenden Paarverläufe: Partner, die sich trennen wollen, werden glücklich; zur Wahrung ihrer Ehe fest Entschlossene gehen schließlich neue, eigene Wege. In der Paar- und Eheberatung wirkt sich die Moral des Experten durchdringend aus. Das sollte jeder wissen, der Experten aufsucht. Allerdings lässt sich die persönliche Ethik nicht so einfach in Paragraphen wiedergeben. Sie ist in jedem Satz als Atmosphäre enthalten. Ja, sie kreiert den Satz selbst. Ein Psychotherapieforscher formulierte: «Wir sind viel mehr moralische Aktivisten, als uns lieb ist.» Helmut Thomä und Horst Kächele schreiben in ihrem maßgeblichen Psychoanalyse-Lehrbuch: «Ihre therapeutische und aufklärerische Funktion kann die Psychoanalyse nur im Rahmen wertender Stellungnahmen von Therapeuten erfüllen.»

Zwei Partner sind nur dann im Gleichgewicht, wenn sie gleiches Gewicht haben

Zu meiner Ethik gehört auch das Fundament des dyalogischen Ansatzes: Die Selbstbestimmung der Partner entscheidet. Das schmeckt nicht jedem Paterfamilias, aber auch nicht jeder Frau, die in sechs von zehn deutschen Paarformationen die Hierarchie anführt. Die Fähigkeit, sich selbst zu zweit zu erkunden, ist deswegen vor allen anderen Einsichten das erste Ziel. So fördere ich in den Paargruppen zuerst die parallel laufenden, häuslichen Zweiergespräche, bevor ich mich den zahllosen Konflikten zuwende, deren Gros durch Mangel an wechselseitigem Austausch herangewachsen ist.

Aus der Selbstbestimmung folgt, dass zwei Partner nur dann im Gleichgewicht sind, wenn sie gleiches Gewicht haben. Das beinhaltet die Finanzbalance und den Lastenausgleich von Arbeits- und Lebendigkeitschancen.

Maskierung und Enthüllung der Experten
durch ihr Konzept

Leicht ist zu erkennen, dass die Ethik ins Konzept eingegossen ist. Auf dem Gebiet der analytischen Gruppentherapie, der ich mich seit 1977 theoretisch und praktisch besonders widme, wurde mir deutlich, dass jedes der zwölf weltweit verbreiteten, unterschiedlichen analytischen Gruppenkonzepte seinen Widerstand unsichtbar in die Grundperspektiven eingebaut und damit dem kritischen Blick entzogen hat. So gibt es Psychoanalyse in der Gruppe, durch die Gruppe und die Psychoanalyse der Gruppe. Genau die gleichen Auffassungsformen existieren der denkbar kleinsten Gruppe gegenüber, dem Paar.

Ich möchte zur Illustration meines Konzepts nur drei Momente herausgreifen:

Jedes Detail trägt das Ganze in sich:
der holografische Gesichtspunkt

Jede Zeit hat ihre Gleichnisse, die sie dominanten Wissensgebieten entlehnt. Sigmund Freud folgte oft einem hydrodynamischen Prinzip bei dem Versuch, innerseelische Vorgänge sichtbar zu machen. Mir scheint unstrittig, dass von der klassischen Psychoanalyse, der wir das gesamte Fundament der Seelenkunde verdanken, die interpersonelle (zwischenmenschliche) Wechselwirkung so gut wie übersehen wurde. Manche sagen, die Psychoanalyse sei eine Einpersonenpsychologie. Das ist nahezu tragikomisch, weil innerhalb der therapeutischen Situation die unbewusste Wechselwirkung in Gestalt der Übertragungs-Gegenübertragungs-Prozesse im hochdifferenzierten Zentrum der Behandlungslehre stehen. Henry Dicks entdeckte das unbewusste Zusammenspiel, fachsprachlich: die Kollusion, die Jürg Willi mit seinen einprägsamen Büchern bei uns weithin bekannt machte.

Der holografische Ansatz geht noch darüber hinaus und heißt im Kern: Jedes Detail trägt das Ganze in sich. Die Frage, die ich stelle, die Antwort, die ich gebe, der Traum, den ich träume, die Entscheidung, die ich fälle, die Haltung, die ich einnehme – alles, was im Paarleben geschieht, jedes Erleben eines Ereignisses, kann nur verstanden werden, wenn man sich darüber im Klaren ist, dass es aus dem Ganzen stammt und das Ganze illustriert, nicht aber, wie üblich, ausschließlich in Ich-hier und Du-dort aufgespalten werden kann. So geht es im Zweierleben weniger darum, aus dem Zusammenhang gerissene Puzzlestücke zusammenzutragen, als vielmehr darum, zu verstehen, welche Bedeutung, welche Botschaft hinter einer Einzelheit steht – etwa dem gehüteten Geheimnis, dem eigenen Traum, der aushäusigen Verliebtheit, dem Vorwurf. Diese Blickbahn ist selbst für die meisten Experten ungewohnt. Das Paarleben besteht aber nicht aus der Wechselwirkung zweier sorgfältig voneinander getrennter Individuen – wie man es gern sieht –, sondern aus einem Magnetfeld mit zwei Dipolen, die beide das Gesamte in sich tragen. Das Selbst des Ich und das Selbst des Du bleiben keine vorgegebenen Größen, vielmehr stellen sie sich wechselseitig her. Die deutlichen Unterschiede zwischen dem Ich und dem Du ergeben sich nur durch die Brechung derselben Ereignisse auf dem Hintergrund einer anderen Lebensgeschichte.

Eine Trauer, welche die Matrix (die Gesamtheit) der beiden Partner bewegt und ihr aktuelles unbewusstes Thema ausmacht, kann beim einen zur gehässigen Abwertung, beim anderen zur autistischen Sachlichkeit führen. Der gemeinsame Nenner ist der Konflikt zwischen der Trauer und der Tendenz, sie etwa aus Angst vor zu großer Schwächung abzuwehren.

Kurz: Im Gegensatz zu aufspaltenden, detaillierenden Konzepten besteht die holografisch gesehene Wirklichkeit aus Einheiten, die jeweils das Ganze in sich tragen, und nicht aus Einheiten, die erst das Ganze zusammensetzen. Das bezieht sich übrigens schon auf einen Dachziegel, der so beschaffen ist, dass man mit ihm bauen kann. Der entscheidende Nachteil der verbreiteten Splitting-Konzepte liegt in einer irrealen Verkürzung: Man kann den Sinn, das Ziel des Ganzen nie erkennen und somit den Zusammenhang nie theoretisch begründen. Auf die weiten philosophischen Folgen will ich hier nicht eingehen.

Glück und Unglück erzeugen sich wechselseitig

Am einfachsten und schönsten fasste Laotse diese wechselseitige Erzeugung der Gegensätze, die unvermeidliche Polarität des menschlichen Lebens, in seine Verse:

*Alle unter dem Himmel können Schönes als schön wahrnehmen,
nur weil es Hässliches gibt,
alle können Gutes als gut erkennen, nur weil es Schlechtes gibt.*

Menschen sind vergleichende Lebewesen und vergessen das gern. Im Vergleichen wird eines vom anderen abgesetzt – und allein dieser Akt schafft die Polaritäten. Die für viele härteste Konsequenz liegt darin, dass wir uns so unbedarft Glück herbeisehnen, dabei jedoch ausblenden, dass dieses Glück seine wirkliche, erlebte Existenz der Tiefe des Unglücks verdankt, die wir bislang erfuhren. Wollen wir das eine, müssen wir also auch mit dem anderen einverstanden sein: Glück und Unglück erzeugen sich wechselseitig. Das ist für Paare, die nur das Glück suchen, ein harter Brocken.

Die Schriftstellerin Katherine Mansfield schrieb beispielsweise an ihre Freundin Ida Baker: «Ja, ich gebe es zu, ich versuche, alles leicht, glücklich, wunderbar zu machen. Denn wir müssen glücklich sein. Kein Scheitern. Keine Notlösung. Seliges Glück. Alles andere ist irgendwie ekelhaft.»

Die Entwicklung kann also nicht nur in Richtung Glück gehen, sie geht in die Richtung der gesteigerten Spannung zwischen Glück und Unglück, das heißt in Richtung eines intensiveren Lebens.

Polare Ordnungen durchziehen das Leben von Anbeginn, auch auf physiologischer Ebene: bei den Muskeln Beuger und Strecker oder beim vegetativen Nervensystem Sympathikus und Parasympathikus. Der Psychoanalytiker und Psychiater Stavros Mentzos hat auf diesem Hintergrund einen faszinierenden Entwurf der Psychosen vorgelegt, wobei sich auch mehrfache Bipolaritäten bündeln – wie zwischen Erregung und Stille oder Gedanken und Gefühl. Im Paarleben gibt es eine weltweit auftretende bipolare Struktur ebenfalls: distanziert gegenüber gefühlsverlangend. Das verteilt sich offenkundig auf Mann und Frau. Ob allerdings Mann und Frau eine Bipolarität darstellen, wird heute mehr und mehr bezweifelt. Offensichtlich sind es aber die Zuschreibungen, die den beiden Geschlechtern zukommen und sie vielleicht sogar gänzlich ausmachen. Hans Huttner hat zusammengestellt, welche Unterschiede zwischen Mann und Frau von Ursprung an existieren, und fand heraus, dass es bis auf das schnellere Erfassen rotierender Körper (bei Männern) keine gibt. Wir helfen dem ab, indem wir die Differenzen erst erschaffen und auf diese Weise geschlechtskonform geprägt auch unterschiedlich erleben und handeln. Manche meinen, um durch diese polare Spannung fruchtbare Mehrung zu fördern.

41

«Aller guten Dinge Ursprung ist tausendfältig»

Auch für das Paarleben ist das wegen seiner Einfachheit so verführerische Kausaldenken ungeeignet. Statt von der Ursache eines Verhaltens oder Erlebens zu sprechen, ist es hilfreicher, den Blickwinkel zu öffnen und das Bedingungsgefüge ins Auge zu fassen. Das ist zwar auf den ebenso detailreichen wie umfassenden Ebenen des Paardaseins ziemlich komplex, aber praktisch erfolgversprechender.

So sahen wir bereits die beiden großen Ströme der Paarbedingungen vor uns: auf der einen Seite den echtzeitigen *horizontalen* Strom der meist unbewusst bleibenden gesellschaftlichen Einflüsse – beginnend bei der Ehegesetzgebung, dem Zeitgeist, den Berufsstrukturen, der Ungleichstellung der Geschlechter bis hin zur Architektur der Wohnungen und den meist familienfeindlichen Freizeitverhältnissen. Und auf der anderen Seite sahen wir den lebensgeschichtlichen *vertikalen* Strom, dessen unbewusste Vergangenheit sich immer wieder als nackte Gegenwart inszeniert. Dieses Strömen der Geschehnisse erkennen wir nicht nur als auf das eigene Leben beschränkt, sondern nehmen die tausend Zuflüsse wahr, die sich aus dem Schicksal der Eltern, der Eltern der Eltern, der Eltern der Eltern der Eltern ergeben. Paare haben immer die Suppe auszulöffeln, die viele Generationen angerichtet haben.

Diese Sicht wird noch komplexer, wenn man sich klarmacht, dass die Gesellschaft stets geschichtlich, also auch vertikal, wirkt und dass die Lebensgeschichte vor allem als selbstverständliche und unhinterfragte Gegenwart, also auch horizontal, wirkt.

Bei Beginn einer Beziehung entstehen völlig neue Eigenschaften, die aus den bei beiden individuellen Partnern vorher gegebenen Eigenschaften nicht abzuleiten sind. Wegen dieses Auftauchens, der Emergenz, von zuvor nicht existenten Qualitäten sehe ich in einer Beziehung die «Kombination zweier Lebensgeschichten». Das bedeutet, dass jede Paarbildung ein Gemenge zweier voneinander oft sehr abweichender Familiengefüge mit sich bringt, was fast regelmäßig einen Kulturschock in Gestalt von Missverständnissen, Krächen, Enttäuschungen bewirkt. Die große Aufgabe, sich ebendeswegen wechselseitig zu übersetzen, wird nicht wahrgenommen. Sie ist je früher desto besser nur mit Dialogen zu klären.

Unser ersehntes Glück hängt also ebenso wie das Unglück ab von der Vorarbeit von Generationen – beispielsweise vom Gesprächsreichtum der Eltern und Großeltern –, von der weitsichtigen Handlung von Politikern – von der Einrichtung eines dreijährigen Erziehungsurlaubs während des Prager Frühlings etwa – oder von einsichtigen Entscheidungen der Wirtschaftsführer – etwa der siebenjährigen Bewahrung des Arbeitsplatzes für Frauen beim Automobilhersteller Audi.

Unerfassbarkeit

> «Das Universum ist einfach noch etwas seltsamer,
> als wir uns das derzeit vorstellen können.»
> JOHN D. BARROW

Dieses Buch könnte manchen aus eigener Hoffnung so vorkommen, als sei nun alles machbar. Tatsächlich könnte auch sehr viel mehr erreicht werden; denn Partnerschaften leben heute in der Regel unteroptimal. Gemessen an dem, was sie gekonnt hätten, sind Paare unglaublich weit zurückgeblieben. In der Tat sind die Erkenntnisse komplex, weitgehend und übertreffen wegen ihrer feinen Verzweigung und Verwurzelung alle Umfragedaten an Aussagekraft – und dennoch meine ich, dass menschliches Vorstellungsvermögen so wenig das Paarleben in seiner ganzen Struktur erfassen kann, wie es auch angesichts des Mikro- und Makrokosmos nicht mehr mitkommt. Die Weltformel beispielsweise wird in der paradoxen Gleichzeitigkeit eines zehn- und elfdimensionalen Raumes gesucht. Die biologischen und erst recht die seelischen Verhältnisse dürften noch komplexer sein. Dietrich Dörner hat nachgewiesen, dass das menschliche Denken für vernetzte, systemische Zusammenhänge nicht gut geeignet ist. Im Seelenleben ist jedoch praktisch alles mit allem verknüpft, was, wie erwähnt, mit dem üblichen Ursachendenken nicht zu vereinbaren ist; denn Ursachen werden so zu Wirkungen und Wirkungen zu Ursachen. Ganz zu schweigen von der Erkenntnis, die der Astrophysiker John Wheeler so formulierte: «Je größer die Insel unseres Wissens, desto größer das Ufer unseres Nicht-Wissens.»

Ich glaube beispielsweise an eine durchgehende schlichte Begrenzung – um nur eine praktisch greifbare zu nennen: dass jeder Mensch – natürlich auch die Experten – seine Wirklichkeit mit der *lebensgeschichtlichen Brille* wahrnimmt und sie dementsprechend auslegt. Er oder sie hat grundlegend das Recht dazu, falls danach je gefragt würde. Die sich auf diesem Hintergrund teilweise hart bekämpfenden unterschiedlichen Expertenauffassungen stehen für mich im Ergänzungsverhältnis. Eine versöhnliche Wissenschaft entfaltet sich aber erst, wenn die Selbstunsicherheiten der Disziplinen sich lindern. So muss man sich mit Tschuang Tse fragen:

«Die Menschen dieser Welt sind vergnügt, wenn Leute ihnen beistimmen,
und missvergnügt, wenn Leute ihre Ansichten nicht teilen.
Dass sie diejenigen lieben, welche ihnen zustimmen,
und diejenigen ungern haben,

welche von den ihren abweichende Meinungen vertreten,
zeigt, dass sie meinen, sie seien besser als die anderen.
Können aber Menschen, die vermeinen, sie seien besser als die
anderen,
wirklich besser als die anderen sein?
Statt seine eigene Meinung gegen die Vielen zu vertreten, ist es
vorzuziehen,
die Vielen einander vertreten zu lassen.»

Das Ganze des Paares aber bis in die Tiefe zu erfassen scheint mir wie die Erfassung großer Kunst nicht möglich. Bemerkenswerterweise hat das Erleben großer Kunst mit dem Erleben unserer bedeutendsten Paarbeziehung sehr viel gemeinsam. Der Kulturphilosoph Dieter Henrich versteht das Erleben eines einzelnen Kunstwerks als eine Bildungsgeschichte in nuce. Ihre Schritte verlaufen über die Stationen von Irritation, Konflikt und Verstehen. «An ihrem Ende steht eine erweiterte Selbsterfahrung des ‹gewahrenden› Subjekts.» Es geht in der Paarbindung um das Gleiche – also um Bescheideneres als die totale Erkenntnis, um «die Einheit von Heiterkeit und Ernst im Wissen von der so unvermeidlichen wie vergeblichen Anstrengung, herauszufinden», was das Paar ist, dem man zugehört. Denn das ist die entscheidende, lebendige, individuelle Wahrheit.

4 Die Liebe im Zeitalter
der narzisstischen Bedürftigkeit

«Ehepaare sind nur glücklich,
wenn einer nie Zeit hat.»
Victor von Bülow (Loriot)

«Kein Halt, der währt, kein Wert der hält»

Der Untergang verbindlicher Verhaltensweisen, vor allem der Sexualmoral, vollzog sich in wenigen Jahrzehnten: Alles ist erlaubt, aber das Paar sollte sich darauf einigen. Es wird mehr und mehr seine eigene Legislative. Auf die Aufgaben eines Zweierparlaments ist es aber überhaupt nicht vorbereitet. Der Umgang mit aushäusigen Verliebtheiten beispielsweise – obwohl nicht mehr mit Steinigung geahndet – ist hilflos, destruktiv und kenntnisblind. Konfliktfähigkeit ist unter Paaren fast unbekannt. Das Entwicklungspotential als höchstes Zweiergut liegt brach. Die Partner kennen nicht einmal die einfachsten Grundeinsichten in das Beziehungsleben. Woher auch? Sie fristen als ungelernte Paare ihr Leben und wursteln sich durch die nicht enden wollenden Belastungen einer Beziehung, von der sie sich genau das Gegenteil, nämlich selige Entlastung, ersehnten.

Wenn der erste Beruf des Menschen seine wesentliche Beziehung ist (oder doch sein sollte), so wäre die weithin unbemerkte, wenn auch mit hohem Aufwand täglich realisierte (oder doch zu realisierende) *Beziehungsarbeit* mit Partner, Kindern, Freunden und anderen eine besondere Arbeit erster Priorität, die alle anderen Arbeitsformen an Bedeutung übertrifft: die *Urarbeit*. Langsam gerät sie ins Blickfeld von Erhebungen.

Das Quintett der Finsternis

Merkmalsdiagnose des modernen Paarsterbens

1. Die Bewusstlosigkeit in der Beziehung

Selten wissen wir wirklich, dass wir uns unserer Beziehung zuwenden müssen, um sie aufrechtzuerhalten. Es gibt keinen Überblick über die Beziehung, ja nicht einmal das innere Empfinden, dass man für sie etwas tun muss. «Ich weiß nicht, dass ich nichts weiß», tröstet uns witzig unsere Inkompetenz. Wir leben in Beziehungen bewusstlos wie die Kinder, aber die Beziehung leben wir nicht. Diese allgemeine Narkotisierung bedingt natürlich auch die politische und persönliche Handlungsunfähigkeit.

2. Die Ahnungslosigkeit in der Beziehung

Tauchen Paare aus der Bewusstlosigkeit auf (meistens durch ein Leiden an der Beziehung, durch eine Störung), dann wissen sie nicht, was sie zur Behebung dieser Störung tun sollen. Sie haben nirgends ein Vorbild, nirgends eine Vorstellung, wie eine gute Beziehung aussehen könnte und wie man ein Störmoment, beispielsweise ständige Gereiztheit, Krach, Langeweile und erotische Einöde, angehen und beheben soll. Das Erkennen eigener Chancen bleibt ganz auf der Strecke.

3. Die Beziehungslosigkeit in der Beziehung

Paare, die zu wenig zusammen sind oder zu wenig kommunizieren, entwickeln eine Beziehungslosigkeit in der Beziehung, die um ein Vielfaches bedrohlicher ist als Scheidung oder Trennung, selbst wenn sie manchmal jahrzehntelang verschleppt worden ist. Es gibt kreative Scheidungen, weil beide Partner in einer neuen «Kombination der Lebensgeschichte» glücklicher werden. Hingegen ist die beziehungslose Beziehung bestenfalls ein glattes Nebeneinander statt eines lebendiges Miteinander. Die Paare geraten dahin, weil sie in der Regel zu wenig wesentlich miteinander sprechen. Das Paarsterben findet hier innerhalb der bestehenden Partnerschaft seinen stärksten Ausdruck.

4. Die Sprachlosigkeit in der Beziehung, Communication gap

Die «Kommunikationskluft» ist weltweit gesichert. Paare sprechen zu wenig wesentlich miteinander. Das heißt konkret: Sie tauschen ihr Erleben zu wenig aus. Ein durchschnittliches amerikanisches Paar widmet sich einem wechselseitigen Gespräch heute pro Tag nur noch vier Minuten, ein deutsches noch weniger. Davon kann keine Beziehung leben. Die einfachsten Konflikte können nicht geklärt werden, die einfachsten Empfindungen werden nicht mehr geteilt. Trauer, Enttäuschung und entsprechende Zornmengen sammeln sich unterschwellig auf dem Boden der Beziehung als Symptome einer unerledigten Aufgabe, eines nicht gelösten Konfliktes. Damit entstehen über Jahre Verbitterung und wechselseitige Entfremdung bis zum Doppelsingledasein.

5. Die Lustlosigkeit in der Beziehung, Ent-Erotisierung

Wenn in dieser Minutenbeziehung der Zeitmangelmenschen nichts besprochen werden kann, wird die beste Erotik unter der Last von Unerledigtem, Gereiztem und Resigniertem erstickt. Weltweit ist die Lust am Abnehmen. Konkret machen Paare weniger Liebe. Auch der Glaube an die große Liebe nimmt von Jahrzehnt zu Jahrzehnt ab.

paarpapier 1 3/2000

Die Sammlung dieser Dimensionen gleicht einem Beleg für Freuds Bemerkungen in «Die allgemeinste Erniedrigung des Liebeslebens»: «So müßte man sich denn vielleicht mit dem Gedanken befreunden, daß eine Ausgleichung der Ansprüche des Sexualtriebes mit den Anforderungen der Kultur überhaupt nicht möglich ist, daß Verzicht und Leiden sowie in weiterer Ferne die Gefahr des Erlöschens des Menschengeschlechts infolge seiner Kulturentwicklung nicht abgewendet werden können.»

Die fragmentierte Zukunft der Geschlechter

Paare leiden heute an wenigstens sechs gesellschaftlichen Belastungen:

1. An der überhöhten Dominanz des funktionalen Leistungsprinzips über das Prinzip der Lebendigkeit – was vor allem zur Sprachlosigkeit beiträgt;
2. an dem Mangel an Vorbildern für eine gesprächsreiche und erotische Beziehung;
3. an der Überlastung mit personalen und emotionalen Schwierigkeiten seit der historischen Entstehung des intimen Liebespaares im Zuge der industriellen Revolution vor bald zweihundert Jahren;
4. an den mehr und mehr frühkindlich beeinträchtigten Lebensgeschichten, die sich in jeder Paarbeziehung kombinieren;
5. an dem Resultat, dass selbst die üblichen, unvermeidlichen normalen Paarkrisen – wie die Bildungsphase, Familiengründung und Altersphase – nicht bearbeitet werden können;
6. an dem zur Zeit wohl stärksten seelischen Gift, der psychosozialen Beschleunigung, die zu immer schnellerem Rollenwandel der Geschlechter und zu immer intensiverer Aufarbeitung seelischer Veränderungen zwingt, ohne dass dem Paar entsprechende Mittel zuwachsen.

48

Paarblinde Politik

Die Politik versagt in ihrer zentralen Aufgabe, die besten Bedingungen für die Selbstaneignung und autonome Lebensgestaltung ihrer Bürger zu schaffen. Ja, sie sieht ihre Verantwortlichkeit der Qualität des Paarlebens gegenüber gar nicht, obwohl die Güte des Zweierdaseins doch das entscheidende Fundament ist von Freiheit, Demokratie, Menschenrechten und Anerkennung des Fremden. Atomisierung statt Autonomisierung ist das Resultat.

Paare sind die Hauptquelle, die wesentlichste Ursache der Einstellungen künftiger Generationen: Eine durch beeinträchtigende Bedingungen der frühen Kindheit, sprich durch schlechte Paar- und Familienbeziehungen, geprägte Jugend wird weder solidaritätsbereit noch dialogfähig, noch initiativereich. Weder die aktuelle Lebensqualität der Menschen als Zentralaufgabe der Politik noch die Sorge um die Zukunft gesellschaftlichen Erlebens und Handelns scheint im Blick der Legislative vorrangig zu sein. Und das angesichts der verheerenden Symptome wie Politikverdrossenheit – als Merkmal nachlassenden Gemeinschaftsinteresses – oder der Tatsache, dass Elternpaare in einer Geldgesellschaft gegenüber kinderlosen Paaren finanziell um etwa 400 000 Mark pro Kind benachteiligt sind. Selbst das süßeste Kind kostet sehr viel Geld, erfordert mehr Arbeitsstunden und lässt weniger persönliche Zeit. «Historisch hat sich die Familie von einer Zugewinngemeinschaft zu einem masochistischen Verlustunternehmen gewandelt.»

Beziehungslehre gehört in den schulischen Sozialkundeunterricht und ist als «Führerschein» vor der Hochzeit bedeutender als andere Heiratsformalitäten. Sie fehlt in der Medizin, obwohl die Erfüllung oder Nichterfüllung der jedem Menschen innewohnenden, lebensgeschichtlich erworbenen Beziehungsfigur als bedeutendster Faktor für seelische und körperliche Gesundheit und Krankheit anzusehen ist.

Aufbrechende Vielfalt der Beziehungsformen

Wie unmerklich sich die Beziehungsformen wandeln, ist an ihrem Außenbild nicht zu erkennen. Die Beziehungen der narzisstisch beeinträchtigten Form lassen sich am einprägsamsten in vier Sätzen wiedergeben:

1. «Wenn du mich liebst, bleibst du mir fern.»
2. «In unserer Beziehung ist kein Platz für zwei.»
3. «Wer mich liebt, ist nichts wert.»
4. «Vergiss mich nicht und verschwinde!»

Das komplexe Geschehen bezeichne ich als Paargrundstörung. Ihr Kernmerkmal ist die Selbstentwertung, die schnell in eine Entwertung des anderen verdreht wird – mit den Worten einer Frau in der Paargruppe: «Einen Menschen wie mich würde ich nie heiraten – und deshalb kann ich meinen Mann nicht achten.»

Die narzisstischen Schäden, die uns alle treffen, fördern die Sprachverarmung in den Beziehungen. Wer wenig mit seinem Beziehungspartner spricht, schützt sich vor diesem seelischen Elend. Er braucht sein schäbiges Selbst nicht zu zeigen, und er sieht nicht die strangulierende Beziehungsform heute, die der einstigen in der Kindheit so täuschend ähnlich sieht. Unzulängliches Reden schützt vor der bedrohlichen Bindung und paradoxerweise zugleich vor ihrem Verlust. Der Lyriker Franz Hodjak fasste die Lage in die Worte: *«Und weil sie sich nicht kennen, gibt es nichts, was sie trennt.»*

In unendlichen Graden von Abschwächungen kann man im Alltag der Paare die grassierende narzisstische Störung wahrnehmen – etwa in den Worten einer Frau: «Wenn ich mit ihm schlafe, habe ich wieder mit riesigen Distanzen zu rechnen.» Die Liebe schmilzt die Selbstgrenzen ein – das ist selig für Ungeschädigte, kann aber unsere narzisstisch lädierte Seite auch gefährden. Der äußere Abstand hilft dann wie eine Krücke, die schwachen Selbstgrenzen zu stabilisieren. So sagte die Frau eines Paares, das zum ersten Gespräch zu mir kam, zusammenfassend: *«Wissen Sie, ich käme gut mit ihm zu Rande, wenn nur seine Person nicht wäre.»*

Im öffentlichen Diskurs über die neuen Formen der Beziehung findet diese Perspektive der Bindungsschwäche nur geringe Beachtung. Vieles, was in gelockerten Normen erprobt wird – konsequentes Single-Dasein oder Wohngemeinschaften beispielsweise –, mutet wie eine Rationalisierung, ein moderner Vorwandsglamour, für die darunter liegende Beeinträchtigung an. Es wird dauern, bis die wirklich schöpferischen Lösungen klar erkennbar werden.

Die vielzitierte Lebensabschnittspartnerschaft ist das direkte Pendant zur Zeitarbeit, die heute schon das höchste Management erreicht hat. Beide stehen in wirtschaftlichen Diensten der Flexibilität und Mobilität. Die sukzessive Monogamie hat sich praktisch bereits etabliert, weil Geschiedene in der Regel wieder heiraten. Wir entwickeln uns zu Paarnomaden. Die Ehe ohne Trauschein wird in offiziellen Statistiken bezeichnenderweise um hundert Prozent unterschätzt: 1,7 statt 3 Millionen in Deutschland. Die Scheidungsquoten steigen, in Großstädten bald bis zur Hälfte der Hochzeiten. Von den einvernehmlichen stillen Trennungen der Eheleute redet keine Statistik. Und das dramatischste Symptom, die von beiden oft unbemerkte «Beziehungslosigkeit in der Beziehung», ist der weithin verleugnete Paarstandard. Dem Gesamttrend entspricht die Single-Revolution, nämlich eine Verdreifachung der Einpersonenhaushalte (25.–45. Lebensjahr) von den Sechzigern bis in die neunziger Jahre.

Das Paar: Einpersonenfamilie im Doppelpack

Ohnehin ist die hoch geschätzte Familie heute eine Mutter-Einzelkind-Union mit einem Trabantenvater. Noch drastischer und realistischer formuliert: Das heutige Paar gleicht am stärksten einer «Einpersonenfamilie im Doppelpack». Wer pro Tag nur vier Minuten in einer wirklichen Beziehung lebt, der steht beziehungslos allein. Die in der Vorstellung existierende, fast nur noch virtuelle Beziehung hat in der Tat die real gegenwärtige Partnerschaft längst überholt. Wir leben in Familien, aber die Familie leben wir nicht.

Haben wir erst die gelebte Zukunft der sozialen Verhältnisse wie im Silicon Valley, so wird man für die auf ein Kind pro Zweierbeziehung sich weltweit reduzierende und trotzdem vernachlässigte Nachkommenschaft nur variieren müssen: Einzelpersonenfamilie im Mehrfachpack.

Einzelkindfamilien sind in China bereits drakonisches Gesetz, in den entwickelten Industrieländern verbreiten sie sich unter den Zwängen der Wirtschaft, Finanzen, Medien und Reisefreizeit. Mit den Geschwistern sterben übrigens auch Tante und Onkel aus. Die Gelehrten streiten sich über die Folgen – je nach eigener Geschwisterposition, die das spätere Leben durchgehend prägt. Eines aber ist sicher: Es geht um dramatische Umbrüche, die das gesamte gesellschaftliche Dasein und die Paarkultur verändern wird, weil sie die in Rivalität und Solidarität der Geschwister früh erworbenen Einstellungen, das Urteam, schwinden lassen – wie das Teilen der Liebe, die Grammatik der Gefühle, das intensive Verflochtensein gemeinsamer Unternehmungen und vor allem die im Leben so dringend benötigte Versöhnungsenergie.

Der solitäre Sprössling repräsentiert – im Zuge einer elternlosen Gesellschaft eben wegen der raren realen Begegnungszeiten für sich allein – weitgehend unbemerkt eine Einzelstückfamilie –

gleichgültig, wo er oder sie untergebracht wird: bei der Tagesmutter, im Kindergarten oder aber geparkt vor dem hegemonialen Fernsehen, das ja in Belgien bereits für Zweijährige eingerichtet ist. Die Computernutzungen für die kindlichen Frühlinge sind mir (zum Glück) nicht geläufig, sicher ist, dass sie schneller wachsen als die kleinen Benutzer selbst. Unter diesen Umständen haben wir bereits die erweiterte Einpersonenfamilie.

Vom Zersplittern der Lust

Die große, die heilige Ganzheit des Eros, dessen bindende Energie einst und manchmal noch heute zwei Menschen, vor allem aber deren Selbste vereint, ist nicht nur verblichen und kraftlos geworden, sondern rissig und mehrfachen Aufspaltungen ausgesetzt. Ohnehin wurde sie auch früher schon mehrheitlich zu Abwehrzwecken selig gesprochen, dennoch gab es sie wirklich. Und zwar auf dem Hintergrund einer Fähigkeit zu großen Gefühlen, deren Stärke heute von den meisten Ichs nicht mehr auszuhalten ist. Wir haben die Intensität der Liebe und ihrer Leidenschaft zu ertragen verlernt. Wir haben als Paare andere Probleme – wie der Sexualwissenschaftler Volkmar Sigusch einmal lakonisch bemerkt hat.

Die erste Aufspaltung betraf die von Liebe und Lust, die zweite die vom ganzen Körpergefühl auf den kleinen Teil, die dritte eine Ausgrenzung der Lust aus dem Gesamtleben in ein Spezialfach, wo sie endgültig ihre wahre Identität als alles durchdringende Lebendigkeit verlor.

Ihre ursprüngliche Eigenschaft ist nicht nur die Vereinigungsfähigkeit, die Sigmund Freud in der Libido wirken sah, sondern in meinen Augen vor allem der Schöpfungsimpuls, der in der modernen Evolutionslehre nicht mehr die Arterhaltung, sondern deutlich darüber hinaus die Vielfalt des Lebens zu erreichen sucht. So wäre ein lebendiges Paar auch durch den Prozess zu einer letztlich nie endenden Vielfalt der Lebens- und Liebesformen charakterisiert. Die Schöpfungsenergie bezieht sich nicht nur auf die heute schon fast unfreiwillig komisch, feudal-agrarisch klingende Fortpflanzung, sondern auf das Erschaffen zahlloser anderer Werke. Das macht für mich die berühmte Verschieblichkeit der Libido aus. Aus diesem Grund der Schöpfungskreativität ist die Liebe-Lust-Sexualität-Lebendigkeit der Kunst so verwandt, wenn nicht mit ihr identisch. Arthur Miller, der amerikanische Dramatiker und zeitweilige Ehemann von Marilyn Monroe, schrieb: «Trotz meiner Naivität wusste ich, dass es für mich zwischen Sexualität und Kunst beinahe keinen Abstand gab.»

Die vierte Aufspaltung gleicht einer Aufsplitterung, die in der Psychoanalyse als psychische Fragmentierung bei schwereren narzisstischen Störungen erscheint. Volkmar Sigusch erkennt mit dem Detailblick des Experten den entsprechenden gesellschaftlichen Raum in einer neosexuellen Revolution: «Dissoziationen» liegen ihr zugrunde – der Sexualität von der Fortpflanzung durch die Pille, vom Geschlechtsverhältnis durch die Erkenntnis, dass Sexualität nicht vom Triebschicksal, sondern von der Mann-Frau-Differenz, vom Geschlechtsrollenverhalten und der Geschlechtsidentität abhängt, woraus sich unabhängig voneinander eine männliche und eine weibliche Sexualität ergab. Nicht zuletzt erfolgte die Dissoziation von aggressiven und libidinösen Anteilen in der Lust. Es treten neue Liebesarten, Neosexualitäten, isoliert voneinander auf: sadomasochistische, deren Mobiliar schon in öffentlichen Einrichtungshäusern erworben werden kann, fetischistische oder transsexuelle. Sexuelle Einzelpartikel zerstreuen den Eros. Diese «Dispersion» demonstriert Sigusch an heutigen Zeitungsannoncen: «FF, DS, TS, NK, ZA, TF, O, SBS, UB, SL, NS, AV, ZK usw. Beinahe alle uns gewissermaßen von

Amts wegen geläufigen Praktiken werden einzeln offeriert, vom Fist Fucking bis zum Zungenkuss in Aids-Zeiten.»

Diese zersplitterte Veröffentlichung aller Intimitäten ist ebenso im Fernsehen des «Ich bekenne» zu erfahren. Sigusch deutet nahezu analytisch eine narzisstische Störung: «Wildfremde sagen Wildfremden die persönlichsten Dinge und verschaffen sich dadurch das Gefühl, noch am Leben zu sein.»

Die neosexuelle Revolution muss natürlich ihre Parallelen im Beziehungsraum der Paare haben. Dass sich die Ehe von der Familie abgespalten hat, wird vielen gar nicht bewusst. Die Entwicklung zu immer neuen Variationen der Beziehungsformen nennt Sigusch «Diversifikation» als ein Kennzeichen der neosexuellen Revolution. Die einstige ganzheitliche Bindung zerfällt ebenfalls durch Aufspaltungen. Die Geburt des modernen Liebespaares geschah im Zuge der industriellen Revolution, als die Arbeit vom Leben abgespalten wurde. Die Zweisamkeit entstand mit allen Hoffnungen und Überforderungen, weil die Paare auf die neue Aufgabe, für die personale Identität zu sorgen, nicht vorbereitet waren. Ich skizzierte oben schon den Trend von der ganzheitlichen Bindung zur bestenfalls kontaktreichen Beziehungslosigkeit. Die Aufspaltungen werden weitergehen. Heute kann man aufblasbare Gummipartner erwerben oder doch gleich den ganz abgespaltenen, mobilen, automatisierten kleinen Teil in Gestalt von Vakuumpumpen oder elektrifizierten Dildos. Anschmiegsame, selbst lernende Eroboter sind unschwer vorauszusehen. Die Maschinen wurden erst erfunden, nachdem das menschliche Bewusstsein längst maschinenhaft war.

Die äußeren Sexkurzwaren spiegeln den innerseelischen Prozess. Das ist das Unheimliche, das Bezeichnende. Die äußere Fragmentierung entspricht der inneren. Der Sexkonsum, Beate Uhse beispielsweise, geht 1999 mit großem Erfolg an die Börse. Alles ist Wirtschaft, Beschleunigung, *speed and efficiency* als

Selbstnarkose. Der «Zwang zum Selbstzwang», die immer durchgreifendere Selbstbeherrschung, die schon normale Gefühle als Psychosen erscheinen lassen, setzt sich auch im Liebesleben durch: Der Geschlechtsverkehr kommt zum Erliegen, immer weniger Glaube an die große Liebe – ich würde sagen: weil es zu schwer fällt, sich auf sich selbst einzulassen. Man kommt nicht mehr dazu – und man kam schon immer zu wenig dazu. Meditationsangebote, Retreats, autogenes Training boomen wegen der ganz anderen, nämlich hektischen, besinnungslosen, fragmentierten gesellschaftlichen Lage, die mehr und mehr ins Virtuelle abdriftet. Selbst christliche Klöster werden deswegen wieder frequentiert. «Pater Pedro hetzt von einer Besinnung zur anderen.» So kann keine Liebe wachsen. Volkmar Sigusch greift einen wirtschaftlichen Begriff auf: *Lean Sex,* die schmale, erträgliche Leichtigkeit der Lust und Bindung, die nichts verstört und nichts mobilisiert. «Ich liebe nur einen kleinen Teil an dir.» Schon Nietzsche sprach im Zarathustra von der «kleinen Behaglichkeit»: «Ein Lüstchen für den Tag, ein Lüstchen für die Nacht.»

«Der Mensch spielt in seinem Leben nur eine kleine Episode»

> «Alles fließt.
> Keiner steigt als derselbe in denselben Fluss.»
> HERAKLIT

Die zwar ganz öffentliche, aber eben dadurch verborgene politische Bedeutung der Zweierintimität gerät erst in den Blick, wenn sie nicht als Zustand, sondern als Prozess gesehen wird – und zwar nicht nur bis zur weltweiten Trennungsklippe von vier Jahren, sondern über die Lebenszeit hinaus und über mehrere Generationen. Das Paar entpuppt sich als gesellschaftliche Ursache und Wirkung zugleich: Zum einen erschafft es die nächste Generation nicht nur körperlich, sondern prägt sie vor allem seelisch-geistig in Erleben, Verhalten, Entscheiden und allen Grundeinstellungen, zum anderen ist es aber selbst bis unter die Haut ein gesellschaftliches Symptom, das heißt ein politisches Produkt. Die Globalisierung wirkt sich zur Zeit verheerend auf Bindungen aus. Sie wird die heutige Vielfalt der Zweierlebensformen eines baldigen Tages gleichschalten – ich benutze wegen seiner strukturellen Gewalttätigkeit das Wort «gleichschalten» absichtlich. Paarformation und Gesellschaftsfiguration entwickeln sich in gleichen Schritten.

Die Berge wandern

> «Der Trieb an sich hat keine Gestalt
> und keine individuell spezifische Stärke.
> Er ist Anforderung zur Gestaltung
> und nicht selbst Gestalt.»
> MARTIN DANNECKER

Kurz: Kein Halt in klaren Rollen, keine gesellschaftlichen Vorbilder einer guten Beziehung, zunehmende Vereinzelung in der Familie, unzulängliche Unterstützung im politischen Raum, keinerlei etablierte Beziehungskunde, globale Zerreißproben der Bindung, Fragmentierung der Liebe und das stärkste seelische Gift, die psychosoziale Beschleunigung, sind schließlich in der Generationenbahn die entscheidenden Wurzeln des «Bruchstückmenschen», desjenigen, der sich immer wichtiger nehmen muss, weil er sich nicht wesentlich ist, der narzisstisch gestörten Person, zu der wir mehr oder weniger alle gehören. «Das Haus ist aus dem Fenster geworfen», wie das spanische Sprichwort sagt. Die Berge wandern.

Jede Gesellschaftsbewegung bringt neue Schäden mit sich, aber sie sorgt in der bipolaren Anlage des Lebens auch für neue Heilmittel. Die Entdeckung der «menschlichen Wirkung», die im Grunde mit der Entwicklung von Psychoanalyse und Psychologie im 19. Jahrhundert begann, lässt ein solches Medikament entstehen. Der Epoche machende italienische Dichter Francesco Petrarca (1304 bis 1374) brachte es schon vor über sechshundert Jahren auf den Begriff *medicamentum verborum*, das Heilmittel Sprache.

Die Antwort auf die allseits beschönigte Lage lautet für mich daher:

○ eine fundierte dialogische Beziehungskultur mit einem Grundbestand an lösungszentrierten Einsichten zu entwickeln und
○ diese auch umzusetzen, das heißt auf einem realistischen, nicht zuletzt erschwinglichen Wege alltagsbegleitend als Lebenspraxis einzuüben.

Arthur C. Clarke, der Verfasser von «2001 Odyssee im Weltraum», lässt in seinem mehrbändigen Rama-Epos über die Begegnung mit anderen Intelligenzen den Vater der Hauptfigur Nicole des Jardins eine Dankesrede im 22. Jahrhundert halten: «Man hat mich oft gefragt . . ., ob ich irgendeine besondere Weisheit angesammelt habe, die ich künftigen Generationen weitergeben möchte . . . Meiner geliebten Tochter, Nicole, und allen anderen jungen Menschen der Erde, habe ich nur eine einzige, ganz schlichte Erkenntnis anzubieten. Ich habe in meinem ganzen Leben zwei Dinge von unbezahlbarem Wert gefunden – *Lernen* und *Lieben*. Nichts sonst – nicht Ruhm und auch nicht Macht, nicht Erfolg um des Erfolges willen – kann jemals so dauerhaft wertvoll sein. Denn wer am Ende seines Lebens wirklich sagen kann: ‹Ich habe gelernt› und ‹Ich habe geliebt› – der kann auch sagen: ‹Ich war glücklich.›»

Zweiter Teil
Glücksbedingungen in der Partnerschaft

5 Am Anfang ist das Ziel:
Beste Paarbedingungen

«Dschu Ping Mau gab sein ganzes Vermögen dafür hin,
von Meister Dschi Li Yi das Drachentöten zu erlernen.
Nach drei Jahren war er in dieser Kunst bewandert,
doch gab es nirgends eine Gelegenheit,
seine Geschicklichkeit zu zeigen.»
Tschuang Tse

Das Ziel ist eine entlastende Struktur

Ohne Ziel existiert keine Gruppe – auch nicht die kleinste Gruppe: das Paar. Es geht darum, auf allen Wegen und in allen Lagen
das Ziel im Sinn zu behalten. Denn das Ziel organisiert auch
unbewusst Kräfte und Fähigkeiten. *«Begin with the end in mind»*:
Beginne mit dem Ziel im Sinn. Das Ziel wird zur Motivation,
zum Rückenwind.

Aber welches Ziel? Wir lernen ununterbrochen – selbst wenn
wir es so nicht bezeichnen, sondern von Erfahrung sprechen. Ein
verknotetes Paar lernt so immer wieder, sich zu verknoten. Im
Überfluss der Informationen kommt es darauf an, das Wissen zu
erfahren, das die Lebendigkeit fördert – und nicht eine Art Drachentöten.

Zuallererst geht es um das Entwickeln der Entwicklungsfähigkeit. Ohne sie kommt das Paar nur schlecht weiter. Das bedeutet:

Zusammenhänge der Entwicklungsfähigkeit und darüber hinaus des Paarlebens einzusehen. Dazu dient bereits der Entschluss, dieses Buch zu lesen.

Sich ein Ziel zu setzen, ist der erste Schritt, um sich eine entlastende Struktur zu geben. Tun wir es nicht selbst, strukturieren uns die Verhältnisse. Der übliche Alltag ist unser mächtigster und sehr oft ungünstigster Gesetzgeber. Wenn wir erkennen, dass uns die Verhältnisse bestimmen, dann haben wir eine bedeutende Erkenntnis gewonnen: Wir müssen unsere Verhältnisse gestalten, um uns auf diese Weise selbst zu entwickeln. Das geschieht im Menschenleben mit Gewohnheiten, Ritualen und Institutionalisierungen wie zum Beispiel dem gemeinsamen Mittagstisch. Sie sparen seelische Energie, heben Zwiespältigkeiten, Ambivalenzen, auf und geben uns gemeinsam eine Orientierung. Wenn die Gewohnheit die Menschen prägt, müssen wir vor allem für gute Gewohnheiten sorgen, die uns dann prägen werden.

So empfinde ich ein kleines, kontinuierliches Ritual wohltuend wie ein warmes Bad: «Die Goldwäsche». Jeder schildert dem anderen (und sich selbst) aus den letzten 24 Stunden seine beste Einsicht. Wer Lust hat, kann daraus auch machen: die schönste seelische Ansicht des Partners. Oder beides.

Der größte menschliche Ritualisierer ist allerdings der Beruf, der den Alltag weitgehend festlegt; gleich danach folgt dann die Freizeitindustrie. Diesen menschlichen Verplanern gewachsen zu sein wäre schon ein Ziel, ein Training für sich. Demoskopische Umfragen belegen beispielsweise, dass die Deutschen übermüdet sind, seit ein mächtiges Ritual eingeführt wurde, das sie auf ohnmächtige, hilflose Weise selbst bestimmen: das Fernsehen.

Wesentlich ist eine Unterscheidung menschlichen Handelns. Unser Tun hat wenigstens zwei fundamentale Ebenen: das *einfache Handeln* und das *strukturelle Handeln*.

Was ist mit strukturellem Handeln gemeint? Ein Handeln, das

die Strukturen schafft, in denen wir meist frei dahinfließend, ohne großes Nachdenken tätig sind. Strukturelles Handeln ist von höchster Bedeutung für das eigene Leben. Alle großen Entscheidungen – wie Partnerwahl, Berufsentschluss und Realisierung eines Kinderwunsches – gehören dazu.

Da wesentliche Ziele – wie die eigenen Chancen realisieren, Probleme zu verarbeiten oder die Zukunft zu entscheiden – komplex und von mächtigem Umfang sind, gilt es zuerst, große Ziele in kleine zu zerlegen, also «kleine Brötchen zu backen». Es geht ja zunächst um das Wenige, was viel zu viel scheint: um die Möglichkeiten, miteinander für eine angemessene Zeit, für nur eine Stunde etwa, zu sprechen. Und das geht nicht von selbst und reicht auch nicht nur für einmal.

Denn es gibt auch die Rückbildung einer gewonnenen Alltagsstruktur. Aristoteles hat zu seinen vier elementaren Ursachen aller Erscheinungen später noch eine fünfte hinzugefügt, die im Zuge der europäischen Geistesgeschichte so gut wie vergessen wurde: die Stéresis, den Verlust. Wer will bestreiten, dass das Leben eine große Gegenbewegung gegen das ständige Dahinschwinden ist? Wir brauchen also als Ziel auch die Erhaltung der Erhaltungsenergie, die ständige Erneuerung einmal getroffener Entscheidungen.

Es fällt natürlich schwer, auch noch den privatesten Bereich des Zweierlebens verplanen zu wollen. Aber selbst Spontaneität entstünde nicht, wenn sie keinen Platz fände. Planen wir nicht, werden wir durch andere Kräfte verplant. Selbst ein Nichtplanen wird so zu einer Handlung des Planens. Im Übrigen geht es keinesfalls um die Planung jedes Details, sondern um das Sichern von Entwicklungsräumen für die bedeutendste Bindung. Genau besehen geht es bei dieser Zielsetzung also um eine Gegenplanung gegen die uns verplanenden Verhältnisse.

Es gibt eine Strukturierung, die vielen Menschen den Schrecken des Planens nehmen kann: die Lust, in der Freizeit etwas gemeinsam zu unternehmen. Ferienplanung eignet sich somit gut als Modellvorstellung für die zentrale Zielsetzung, die besten inneren und äußeren Bedingungen für das lebendige Paarleben zu schaffen. Denn auch bei der Festlegung des Urlaubs werden Wochen der eigenen Existenz festgelegt, von denen nicht nur die Erholung, sondern meist auch längerfristig der Pegel an Lebensfreude und Selbstbesinnung abhängt. Ähnlich könnte sich ein Paar entschließen, sich selbst ernst zu nehmen und, was ihm am Leben fehlt, selbst zu realisieren. Das ist in erster Linie: gemeinsame Zeit.

My Seven Doctors

In der alternativen Medizin der USA ist es sehr beliebt, seine wesentlichen Gesundheitsquellen in Gestalt der eigenen «inneren Ärzte» anzugeben. Ich beantwortete diese Frage nach den allgemeinen lebensbewahrenden Zielen für mich so:

An erster Stelle steht die Qualität der *Beziehung* zu denen, die mir nahe stehen. Sie bestimmt auch mein seelisches Befinden.

An zweiter Stelle kommt die *Bewegung* in einer Gesellschaft, die bewegungslos mobiler wird.

Drittens ist die Basis eines guten Lebens der optimale Stress-Pegel, sprich Ruhe und innere *Gelassenheit*. Sie hängt sehr von der Lebensgeschichte und der Menge innerer Konflikte ab.

Viertens folgt die *Zufriedenheit am Arbeitsplatz* im Beruf. Arbeitsunzufriedenheit ist ein hochpathogener Faktor.

Erst an fünfter Stelle steht eine gute, möglichst frische *Ernährung*.

Sechstens ist ein Quantum *Licht* (Sonne) nötig – eine Viertelstunde täglich genügt.

Und schließlich gehört siebtens frische *Luft* dazu, die nach Aussagen des Bundesgesundheitsamtes allerdings nirgends auf der Welt existiert.

Dieses Profil könnte ein Paar, wenn es Lust dazu hat, auch einmal in einem themenzentrierten Zwiegespräch für sich selbst herausfinden. Es macht gesundheitswacher und schärft die Sinne für gute Bedingungen, um die es ja in diesem Buch geht.

Der große Widersacher
jeder guten Entwicklung

Erkundet man die besten Bedingungen der eigenen Beziehung, so ist es unerlässlich, sich über eine versteckte Bedingung klar zu werden, die so gut wie alles andere behindert, nämlich über jene Instanz im Innern, die fachsprachlich das Über-Ich genannt wird. Ich möchte keine langen Ausführungen dazu machen, weil sich die Lage schon dadurch wieder selbst vernebelt. Die klare und eindeutige Antwort auf das Rätsel, warum so viele gute Vorhaben einfach nicht gelingen wollen, ja oft schon im Keim ersticken, lautet: Wir gönnen uns den Entwicklungsgewinn nicht, weil wir uns nicht im Recht fühlen, anderen gegenüber privilegiert zu sein.

In der psychoanalytischen Praxis führt ein hoher, therapieresistenter Schuldgefühlspegel zur sogenannten «negativen therapeutischen Reaktion». Diese Klienten können sich den Gewinn aus der eigenen seelischen Arbeit nicht gönnen. Sie brechen die Behandlung schließlich ergebnislos ab. Ähnliches gibt es im Leben: die «Pechvögel» beispielsweise, denen alles misslingt, was sie anpacken wollen. Auch in der Selbstentwicklung der Zwiegespräche kann sich eine solche Gegenströmung im ewig erscheinenden Stillstand zeigen. Sigmund Freud machte am Ende seines Lebens darauf aufmerksam, dass die ganz gewöhnlichen Schuldgefühle in ihrer breiten Wirksamkeit auch von erfahrenen Analytikern übersehen werden.

Es gibt nur ein Gegenmittel: diese unbewussten, nicht empfundenen Schuldimpulse gezielt ausfindig zu machen, ihren Zusammenhang zu erleben, sie zu fühlen und schließlich auf dem Weg des Durcherlebens aufzulösen. Phänomene im eigenen Leben, die darauf hinweisen, dass man sich selbst behindert hat, sind hochverdächtig – bis hin zu Unfällen aus Versehen – sprich Fehlleistungen – oder Erkrankungen zu bemerkenswerten Zeiten. Ich erinnere mich an ein Paar mit zwei Kindern, das fünf Jahre nacheinander am Tag vor dem Aufbruch in die Ferien als ganze Familie schwer erkältet den ersehnten Urlaub absagen musste. So kann es auch mit der ganzen Beziehung geschehen: Scheidung aus Schuldgefühl. Nervende Kräche, mit denen sich beide Partner quälen, sprechen für solche modernen Büßerrituale. Schuldgefühle sind – anders formuliert – Strafbedürfnisse. Manchmal brauchen wir deren Befriedigung, um im seelischen Gleichgewicht zu bleiben. So kann es zu «Pflichtleidenschaft – wie ich es nenne – kommen, die sich erst emanzipatorisch als wahrhaftige Lustlosigkeit enttarnt. Eine meiner Deutungen im Paargruppenprozess lautet daher: «Mit begleitender Selbstbestrafung gelingt einem so gut wie alles.» Der behindernde Partner, der einem weder Entwicklung noch Genuss erlaubt, ist die wohl verbreitetste Erscheinungsform, ja Inkarnation der eigenen unbewussten Schuldgefühle.

Fast schien mir diese Sühnebereitschaft auch unter großen Experten aufzutreten, als sie – nach der zentralen Eigenschaft der glücklichen Beziehung befragt – wie folgt antworteten: Integrität; Frustrationstoleranz; Respekt; Gesprächsbereitschaft; Konfliktfähigkeit; Zuhören, Verlässlichkeit; Geborgenheit; Verträge, daher sich vertragen; Vertrauen und Ehrlichkeit. Alle zehn – unter ihnen nur eine Frau – gaben spontan aus ihrer großen Erfahrung jeweils ein anderes Moment an. Das beeindruckte mich zunächst am stärksten. Noch verblüffender war allerdings die fehlende Aussage einer gleichsam abwesenden Person: die Liebe. Allen war klar, dass sie entscheidend ist; keiner hatte sie erwähnt.

dyalog

Fortbildung in Partnerschaft

Paardynamik · Konfliktfähigkeit · Beziehungskompetenz

Erster Paarbrief

«GOLD UND GIFT»

*«Als wir das Ziel endgültig aus den Augen verloren hatten,
verdoppelten wir unsere Anstrengungen.»*
MARK TWAIN

Frankfurt, den 12. 1. 1998

Liebe Paare,

mit diesem ersten Brief wollen wir – Célia Maria Fatia und
Michael Lukas Moeller, miteinander verheiratet und für dyalog verantwortlich – eine Idee verwirklichen, die in unseren
entstehenden Zwiegesprächsnetzen Ermutigung, Bezie-
hungseinsicht und vor allem das praktische Leben zu zweit
fördert. So bleiben Sie und wir vielleicht auch etwas lebendiger miteinander verbunden, ohne dass die in Beziehungen
oft vergessene, wohltuende Distanz dabei verloren geht. In

Geschäftsführung: Célia M. Fatia, M. A.
in Zusammenarbeit mit Prof. Dr. med. M. L. Moeller, Univ.-Klinikum Frankfurt/Main
www.dyalog.de
Sekretariat:
Doris Heuser, Falltorstraße 4, D-35398 Giessen-Lützellinden
Tel. 0 64 03/7 79 02 94 · Fax 0 64 03/59 41, e-mail: Doris.Heuser@t-online.de

noch ungewissen Abständen möchten wir an Sie schreiben – auf jeden Fall aber, wenn der jährliche Termin bevorsteht.

***

Wie alle aus Erfahrung wissen, gibt es auch in Paarbeziehungen Gold und Gift. Diese bedeutenden Momente entscheiden erheblich über Wohl und Wehe einer Partnerschaft. Die drei wesentlichen Förderer eines guten Paarlebens und die drei geheimen Verderber der Partnerschaft sind schnell skizziert und gehören zum zentralen Beziehungswissen, das heute so unzulänglich ist.

Das dreifache Gold besteht in meinen Augen aus
1. der Selbsterläuterung,
2. dem sogenannten positiven Feedback und
3. dem Äußern des Verhaltenswunsches, das heißt der Mitteilung, wie man sich das Verhalten des Partners oder der Partnerin in einer heiklen Lage der Beziehung am liebsten wünschte.

Das dreifache Gift setzt sich nach meiner bisherigen dreißigjährigen Erfahrung zusammen aus
1. stillen Erwartungen,
2. einsamen Beschlüssen – auch dort, wo der Partner oder die Partnerin von der eigenen Entscheidung mit betroffen ist, und der
3. Verwechslung der eigenen Erlebniswirklichkeit mit der Realität.

Vielleicht sollte ich gleich zu Beginn hervorheben, dass dieses Gemisch – wie alles Verhalten in der Partnerschaft – doppelt bedingt ist, das heißt vom einen und dem anderen gleichermaßen hervorgerufen wird. Das lässt man fürs Gold bekanntlich gern gelten, nicht aber fürs Gift. Mit Hilfe der Zwiegespräche, in denen das eigene Verhalten gut zu betrachten ist, lassen sich diese sechs unterschiedlichen Momente rasch ausmachen.

Die Selbsterläuterung heißt, dass ich dem anderen mitteile, wie ich etwas erlebe, wie ich ein Ereignis auffasse oder was mich dazu brachte, mich gerade so zu geben oder zu entscheiden, wie ich es getan habe. Er kann es dann nachempfinden und mitvollziehen – ich lasse ihn mit meinen Augen sehen.

Das positive Feedback meint, dass ich dem anderen genauso klar und intensiv mitteile, was ich an ihm gut finde, wie ich sonst schnell hervorhebe, was mich an ihm stört. Wir haben im Alltag fast vergessen, deutlich zu machen, was mir an seinem Verhalten gefällt, was mir wohl tut, was ich an seiner oder ihrer Art bewundere. Man kann dieses übliche Versäumnis, das «Gute» zu betonen, als unterschwellige Aggressivität deuten oder nicht, für mich ist entscheidend, dass dieses konstruktive und realitätsbezogene Verhalten des positiven Feedbacks zum Bild einer genügend guten Beziehung gehört.

Das Äußern des Verhaltenswunsches – ein vorläufiger Versuch, ein Idealbild, wie der andere sich verhalten möge, auf den Begriff zu bringen – kann sehr hilfreich in kritischen Lagen sein, beispielsweise, wenn man sich in den Haaren liegt. Sehr häufig stellt sich im Erfahrungsaustausch von Zwiegesprächen oder in Paargruppen heraus, dass die Wut, die man aufeinander hat, zum großen Teil aus einer Hilflosigkeit, aus einer Ahnungslosigkeit stammt, wie man sich denn nun am besten verhalten könne. Wenn der andere dann erläutert, wie er sich ein Wunschverhalten vorstellt, ist oft viel bewirkt. So wollen etwa bei einer depressiven Verfassung des Partners viele unverzüglich helfen, das verursachende Elend abzustellen. Das Wunschbild des Verhaltens aber wäre viel eher, dass der andere einfach nur mitfühlt, wie schlecht es einem geht.

Wie nun verwandelt man die drei hauptsächlichen Gifte in Gold?

Die stille Erwartung – beispielsweise in dem Gefühl gegenwärtig, er oder sie müsse doch wissen, was man sich wünsche – ist eine grassierende Sehnsucht, deren Ursprung im Säuglingsalter zu finden ist. Denn damals wurde uns tatsächlich von der Mutter das eigene Bedürfnis von den Augen abgelesen, ohne dass wir sprachen. Im Erwachsenenalter ist diese Einstellung jedoch eine absolute Überforderung der Beziehung und sollte, wo es nur geht, sofort und gründlich aufgegeben werden. Die stille Erwartung hat viele Erscheinungsformen. Sie gleicht einer selbst gebastelten Beziehungsbombe, die sich vor allem in explosiven Enttäuschungen entlädt. An die Stelle dieses Giftes könnte ein Gold treten: Ich äußere stets offen, was ich wünsche – natürlich ohne damit die sofortige Erfüllung zu meinen.

Einsame Entschlüsse sollten zunächst zu zweit ausfindig gemacht und dann auf ihre verheerend langfristigen Folgen hin überprüft werden. Man fasst sie natürlich meist zum Besten des anderen, übersieht dabei aber die unterschiedliche Erlebniswirklichkeit des Partners. Selbst ein in schneller Vorsorge erworbener Rotkohl – von Vorhängen, Teppichen oder gar günstigen Urlaubsbuchungen abgesehen – kann oft wochenlange Kränkungsarbeit nach sich ziehen. Diese allein für beide gefällten Entscheidungen werden fast immer mit dem Argument gerechtfertigt, es sei einfacher, schneller, nicht so umständlich. Das ist es tatsächlich. Bedenkt man allerdings die enorme Nacharbeit an den Verstimmungen, weil man eben die Wirklichkeit und das Mitbestimmungsrecht des anderen nicht beachtete, lässt man bald davon ab. Statt dieses Giftes kann ein Gold zur Gewohnheit werden: Was beide angeht, können nur beide entscheiden.

Unser Leben lang sind wir die Augenzeugen der Realität. Das verführt schnell dazu, unsere Art, die Welt wahrzunehmen, mit der «allgemeinen Realität» zu verwechseln. Der berühmte

Streit eines Paares – «Nein, so war es gar nicht, es war vielmehr so» – hat nur scheinbar die «objektive» Realität zum
Ziel, in Wahrheit jedoch die Art und Weise, wie ich die Welt
wahrnehme, also meine Erlebniswirklichkeit. Dabei übersehe
ich die andersartige Erlebniswirklichkeit des Partners, letztlich lösche ich ihn mit dieser allgegenwärtigen Kolonialisierung aus. Statt also darum zu kämpfen, wie es wirklich
gewesen sei, ist es fruchtbarer, sich darüber klar zu werden,
dass wir beide eine unterschiedliche Erlebniswirklichkeit haben. So kommen wir auf ein weiteres, ein sechstes, Gold: Die
Kunst des Paarlebens besteht darin, die doppelte Erlebniswirklichkeit anzuerkennen und mit ihr zu Rande zu kommen.

**

Das wäre es für diesmal. Wir freuen uns, falls Sie uns schreiben und darauf antworten wollen. Lebendige Szenen zu
diesem Thema, konstruktive Kritik oder Ergänzungen, Wünsche, Korrekturen oder Hinweise sind sehr willkommen und
könnten die Lebendigkeit des Zwiegespräch-Netzwerkes
stärken – sicher fließen irgendwo Ihre Beiträge in Vorträge
oder Seminare ein, wenn es uns auch nicht möglich sein wird,
direkt zu antworten. Es soll jedoch nicht der erste und letzte
Brief sein.

Wir freuen uns auf das Wiedersehen mit Ihnen und Ihren er-
mutigten Freunden.

Ganz herzlich

Ihre

Célia M. Fatia   Michael L. Moeller

6 Konfliktfähigkeit ist entscheidender als Konfliktlosigkeit

«Die beste Art, zu vergessen, ist: sich zu erinnern.»

Konflikte sind der Boden des Beziehungsglücks

Wäre ich eine gute Fee, die zur Hochzeit eines jungen Paares eingeladen würde und ein schönes Geschenk mitzubringen hätte, so brächte ich Konfliktfähigkeit. Erst die Fähigkeit, mit Konflikten umzugehen, bewirkt eine dauerhafte, nachhaltige, echte Harmonie. Harmonia, die «Vereinigende», ist die Tochter von Aphrodite, der Liebesgöttin, und von Ares, dem Gott des Krieges und der Auseinandersetzung. Sie ist der Gegensatz zur falschen Harmonie, der vermeintlichen Konfliktlosigkeit des Ein-Herz-und-eine-Seele-Paares. Das Zweierleben ist ein problemproduzierendes Verfahren. Ein Paar muss also vor allem eines: Probleme lösen. So lautet ja auch der Spott der Singles: «Die Ehe ist ein Versuch, zu zweit mit den Problemen fertig zu werden, die man allein niemals gehabt hätte.» Fest verschließen sie dabei die Augen vor der fundamentalen Beziehungsbedürftigkeit des Menschen.

Konflikte beruhen auf Unterschiedlichkeit. Gäbe es keine Unterschiede, wäre eine Abgrenzung und damit eine Bindung zwischen zweien gar nicht möglich. So ist der Konflikt bemerkenswerterweise das Fundament unseres Beziehungsglücks.

Es fehlt allerdings eine Konfliktkultur. So haben wir alles von Anbeginn zu lernen. Das allerdings lohnt sich außerordentlich.

Was ist ein Konflikt?

Es beginnt damit, dass kaum einer ohne weiteres weiß, was ein Konflikt ist. Auch besonders interessierte und überdurchschnittlich intelligente Menschen antworten mit Achselzucken. Weiß man aber nicht, worum es in einem Konflikt geht, kann man den Konflikt natürlich auch nicht lösen. Ja, noch mehr, man fühlt sich verunsichert, bedroht, verängstigt und will davon am liebsten nichts wissen. Genau so konfliktscheu und konfliktvermeidend verhält sich auch das durchschnittliche Paar. Der Konflikt selbst bleibt davon unberührt und entfaltet seine schädliche Wirkung jenseits des Bewusstseins.

Die Antwort auf die Frage, was einen Konflikt ausmacht, die Definition also, ist in ihrer einfachsten Form: Ein Konflikt ist der Widerstreit zweier Wünsche, zweier Strebungen, zweier Bedürfnisse, zweier Interessen.

Dieser Widerstreit kann in mir selbst auftreten. Das wäre ein innerseelischer, ein *intrapersonaler* Konflikt: Ich liebe und ich hasse einen Menschen gleichzeitig und gerate in einen Konflikt, wie ich mich verhalten soll. Ich möchte gern ein Kind haben, aber auch meinen Beruf nicht beeinträchtigen – und bin deswegen im Konflikt.

Bei intrapsychischen Konflikten unterscheidet man solche bewusstseinsfähigen von unbewussten Konflikten, die durch Verdrängung und andere Abwehrvorgänge kompliziert werden.

Dabei entstehen sekundäre Konflikte auf dem Hintergrund der primären Konflikte, die nach einer mich überzeugenden Analyse von Stavros Mentzos alle Variationen des Konfliktthemas Selbstständigkeit (Autonomie, Trennung, Initiative, Chancen, Selbstverwirklichung) versus Geborgenheit (seelische Sicherheit, Abhängigkeit, Anlehnung) darstellen. Diese zweitrangigen oder gar drittrangigen Konflikte liegen wie Schalen um die Grundkonflikte und können ähnlich wie ein an sich der Körperabwehr dienendes Fieber, wenn es zu hoch steigt, oder eine zu heftige allergische Reaktion selbst zum Hauptproblem werden. Es gibt auf diese Weise oberflächliche – fast könnte man sagen: falsche – Konflikte, die ursprüngliche Konflikte verstecken.

Durch Konflikte entsteht Angst. «Das Ich ist die eigentliche Angststätte», formuliert Freud. Vier innerseelische Angstquellen lassen sich unterscheiden: aus dem Konflikt des Ichs mit der Realität, aus Konflikt mit dem Gewissen, aus Konflikt mit den aggressiven und libidinösen Triebregungen und aus dem Konflikt mit sich selbst – beispielsweise unter zu hoher seelischer Belastung die Selbstgrenzen zu verlieren oder zu zerfallen.

Naheliegender für das Paarleben ist allerdings der Widerspruch zwischen deinem und meinem Wunsch: Das ist ein zwischenmenschlicher, ein *interpersoneller* Konflikt. Auch diese können bewusstseinsfähig oder unbewusst sein. Die unbewussten Konflikte werden durch unbewusstes Zusammenspiel, durch Kollusion, im Paarleben abgefangen, in Familien entsteht dadurch eine besondere Dynamik, die jedem sozusagen seinen Platz mit einer besonderen Rolle zuweist.

Hat ein Paar Kinder, so wirken sich auch alle in der Paarbeziehung und Familiendynamik schwelenden Konflikte unmittelbar auf die Nachkommen aus. Und zwar nicht nur direkt und sozusagen von außen kommend, sondern viel machtvoller und langfristiger durch die unvermeidliche und unbewusste Identifikation der Heranwachsenden mit den Eltern und anderen zu dieser Kindheitszeit bedeutenden Menschen. Denn die seelische Struktur eines Menschen bildet sich vor allem aus den frühen wesentlichen Beziehungen zu Mutter, Vater und Geschwistern – nach unseren vorläufigen Erhebungen (an 286 Personen) sind es durchschnittlich etwas mehr als vier (4,2) lebensprägende Bindungspersonen –, die durch Verinnerlichung

(Internalisierung) den qualitativen Grundaufbau der Seele vor-
geben.

Herkunft und Identität

Auf die einzige Frage eines so genannten Shorty «Durch welche
Personen der Kindheit fühlen Sie sich wie stark geprägt?» antworteten von 286 Personen beiderlei Geschlechts im Alter von 25
bis 72 Jahren:

durch die Mutter (genannt zu 100 Prozent):   44,88 Prozent
durch den Vater (97 Prozent)   26,39 Prozent
durch die Kinderfrau (8 Prozent)   13,93 Prozent
durch die Großmutter (61 Prozent)   13,81 Prozent
durch den Großvater (31 Prozent)   7,32 Prozent
durch die Schwester (49 Prozent)   11,73 Prozent
durch den Bruder (51 Prozent)   11,43 Prozent
durch die Tante (23 Prozent)   11,31 Prozent
durch den Onkel (13 Prozent)   10,31 Prozent

Aus der Fülle der Einsichten, die eine solche Erhebung mit sich
bringt, hebe ich nur einiges hervor: Die Mutter überragt den
Vater in ihrem identitätsbildenden Einfluss erheblich. Eine dynamische Mehrgenerationenfamilie ist durch die Großmutter in
61 Prozent, durch den Großvater nur in 31 Prozent gegeben. Wo
eine Kinderfrau angegeben wurde (8 Prozent), übertrifft ihr Einfluss mit rund 14 Prozent alle außer die Eltern. Geschwister und
Onkel oder Tante spielen immerhin noch mit Wirkungen um je
11 Prozent eine Rolle.

Unsere Identität fließt als seelische Mitgift in unsere Paarbeziehung ein, sodass sich durchschnittlich ergibt: Acht Bindungs-

75

personen (zweimal 4,2) sind für das Grundklima der Partnerschaft mitverantwortlich. Das gilt mit variierten Zahlen auch schon für die Eltern von Mann und Frau, womit für nur zwei Generationen 25 Personen zusammenkommen (8,4 + 2 x 8,4). In meinem Erleben heißt die bedeutendste Einsicht: Unsere so privat erlebte Individualität oder unser Paarleben ist durch und durch ein Gruppenphänomen, eine Gemeinschaftsleistung von fünfundzwanzig Menschen. Und das ist nur ein Teil der vertikalen Perspektive, nämlich der frühen Vergangenheit. Die horizontale Dimension ist darin nicht enthalten. Ich komme leicht auf über tausend Beziehungseinflüsse, wenn ich alles mit beachte, was auf ein einziges Paar einwirkt.

Das Besondere an diesem Befund ist die Handspiegelwirkung, die ganz genau auf einen selbst oder die besondere, einzigartige Paarbeziehung und nicht auf allgemeine Durchschnittswerte bezogen ist. So schwanken natürlich die für maßgeblich angesehenen Bindungspersonen in ihrer Anzahl – von zwei bis neun in dieser Untersuchung eines einzigen Zwiegesprächsseminars.

Letztlich lassen sich alle inneren Konflikte in ihren Entstehungswurzeln auf äußere Konflikte, genauer gesagt vor allem auf die interpersonellen Elternkonflikte und Eltern-Kind-Konflikte zurückführen. Ich bin zwar einerseits mit vielen anderen der Überzeugung, dass unser Kindheitsschicksal – unsere Traumata und ein schädigendes Familienklima – nicht zwangsläufig zu einem belasteten Leben führt, sondern abhängig ist von der Art und Weise, wie es einem Kind gelingt, mit diesen Konflikten als Herausforderungen umzugehen. Andererseits färben wir, um unsere Angst vor Unangenehmem abzuwehren, nirgends so viel schön wie in unseren Innenverhältnissen und Herkunftsbedingungen.

Das ist natürlich längst nicht alles. Häufig stehen nämlich mehr als zwei Wünsche im Widerstreit – in mir, in dir oder zwischen uns. Das sind Mehrfachkonflikte. Einer sagte: «Ich möchte eine Heldentat vollbringen, bin jedoch im Grunde faul, und beides steht im Konflikt mit meinem Wunsch, eine Familie zu gründen.»

Noch komplexer werden Konflikte, wenn sie beispielsweise gegensätzliche Anschauungen betreffen: Ich bin katholisch, du bist evangelisch – wie soll sich das vertragen, hieß in alten Zeiten ein solcher oft tödlicher Konflikt. Heute dreht sich der heftigste Paarkonflikt ebenfalls um Anschauungen: um die Kindererziehung.

Natürlich sind die tiefen unbewussten Konflikte schwer erreichbar für die meisten Paare, obwohl die guten Seiten einer langfristigen Beziehung nach meiner Erfahrung wirklich durcharbeitende und heilende Wirkung entfalten können. Hier geht es um die erste Schicht, die bewusstseinsfähigen Konflikte. Sie werden dahinter liegende, tiefere Konflikte nach und nach freilegen. Die redliche und tätige Arbeit an ihnen schafft ein völlig neues Klima im Hause, das sich direkt und über die erwähnte Verinnerlichung auch wohltuend und konstruktiv auf das Seelenleben der Kinder auswirken wird.

Es reicht also zum weiteren Entdecken und Lernen, wenn wir von einem alltäglichen Konflikt ausgehen, dem zwischen den Wünschen des einen und den Bedürfnissen des anderen.

Die Bereitschaft, den Konflikt anzunehmen

Um konstruktiv voranzukommen, braucht das Paar eine gemeinsame Vereinbarung: Konflikte nämlich anzugehen, wenn sie auftauchen. Erst diese Bereitschaft bringt alles in Gang. Das Paar benötigt eine ungestörte Zeit und setzt sich «das goldene Paargleichgewicht» zum Ziel. Es lautet: «Wir sind bereit, deine wie meine Wünsche gleichrangig wahrzunehmen, und wollen versuchen, sie gemeinsam zu gleichen Teilen zu realisieren.» Damit gewinnen wir in diesem obskuren Konfliktbereich Orientierungssicherheit. Ohne sie führen die mit dem Konflikt einhergehende Erregung und Aggressivität zu Vorwurfsduellen und raschem Scheitern der Bemühungen.

Jeder ungelöste Konflikt führt zu Enttäuschung, Trauer und Wut

Ein Konflikt bleibt in der Regel ungelöst, weil das Paar ihn gar nicht sichtbar macht. Oder er wird schlecht gelöst. Er endet dann in einem faulen Kompromiss, was bedeutet, dass eine Seite weniger beachtet wird.

Hier ist eine Einsicht hilfreich: Gleichgültig, ob deine oder meine Bedürfnisse zu kurz kommen, es entsteht in unserer gemeinsamen Beziehung dadurch immer eine Enttäuschung, weil entweder deine oder meine Wünsche nicht ebenbürtig berücksichtigt sind. Jede Enttäuschung bewirkt eine Reaktion von Trauer und Zorn. Sie rieseln so gut wie täglich in kleinen Mengen auf den Grund der Beziehung und ätzen über Jahrzehnte in die Gesichter verbitterte Mienen.

Und sie betreffen immer uns beide. Wenn ich mich mit meinen Wünschen durchsetzte und du enttäuscht wärest, dann hätte ich in der Beziehung die unterschwellige Unzufriedenheit täglich mitauszulöffeln. Kurz: Im Paarleben gibt es keine abgegrenzten Bereiche von Hier-Ich und Dort-Du, vielmehr leben wir gemeinsam in einem Feld. Egoismus und Altruismus sind aufgehobene Begriffe.

Das begründet die Ethik der Win-Win-Strategie. Beide sollten gleich gewinnen, keiner verliert etwas. Es führt auch dazu, dass ich dir beistehe, deine Bedürfnisse wirklich herauszufinden, selbst wenn sie meinen widersprechen sollten.

Es wächst dadurch auch eine kooperative statt konkurrierende Sichtweise des Zweierdaseins heran: Deine und meine Bedürfnisse sind ein einziger, gemeinsamer Pool, eine ungleichgewichtige Enttäuschung trifft nicht nur den offenkundig Zukurzgekommenen, sondern auch den Bevorteilten. Kann man diese bodenständige Solidarität in der Gesellschaft nicht gut begreifen, so ist sie doch in ihrem Miniaturmodell, dem Paarleben, vergleichsweise leicht einzusehen.

Das Konflikterstellen ist
die schwierige Hauptaufgabe

Der erste Schritt besteht darin, dass zunächst einer, dann der andere seine Wünsche möglichst klar und konkret benennt. Beide stellen ihre Wünsche wie Gläser auf ein Silbertablett und lassen sie dort erst einmal stehen.

Das hört sich einfach an, ist aber in der Praxis verflucht schwer. Es benennt nämlich die entscheidende Barriere: das starke Auffluten unbewusster Schuldgefühle, wenn ich mich mir selber zuwende, also eine Art innerer Verdammnis, ein Selbstbestrafungsimpuls, weil ich «so egoistisch» sei. In unseren liberalen Zeiten, in denen sich 63 Prozent der Jugendlichen von ihren Eltern liebevoll aufgezogen fühlen, erstaunt viele diese alte Einsicht der Macht spontaner Schuldgefühle, die Freud wie erwähnt noch am Ende seines Lebens hervorhob. Ich will hier auf die Wurzeln nicht eingehen. Es genügt, zu wissen, dass sie häufiger und heftiger auftreten, als uns lieb ist.

Und eben dieses unbewusste Gewissen wirkt sich so aus, dass ich meine Wünsche nur pauschal, also nicht konkret, oder gar verschoben vorbringe. Das Paar muss sich vielleicht sogar mehrere Sitzungen Zeit nehmen, bis sich das Gefühl einstellt, nun seien die Bedürfnisse wirklich auf dem Tisch.

Schwieriger als die Konfliktlösung ist also diese Konflikterstellung. Sie setzt voraus, dass der eine wie der andere in seiner Selbstbeziehung so frei von Scham und Schuldgefühlen ist, dass er wirklich seine zentralen Bedürfnisse wahrnehmen und vorbringen kann. Das ist nicht die Regel. So sagte eine Frau nach drei Jahren Paargruppenanalyse: «Erst jetzt bin ich in der Lage, wirklich herauszufinden, was ich möchte, und es meinem Partner auch freundlich mitzuteilen.»

«Erst war ich selbstlos, jetzt zieh ich selbst los»

Das Standardproblem in der Praxis des Konfliktlösens besteht darin, dass jeder sehr schnell bereit ist, seine Wünsche nahezu unauffällig, sozusagen sang- und klanglos, aufzugeben. Gerade die wesentlichen Bedürfnisse, die natürlich ebendeswegen stärker unter Gewissensdruck stehen, ziehen sich zurück wie Mimosen bei der kleinsten Berührung. Wenn mir aber unversehens die Bedürfnisse des anderen wichtiger scheinen als meine eigenen, leiste ich Anpassung. Man sagt oft, Frauen neigten stärker dazu; sie verzichteten ja auch schneller den Kindern gegenüber. Meine Erfahrungen machen mich skeptisch. Ich halte Männer nicht für emanzipierter als Frauen.

Einsicht in die widrigen inneren Verhältnisse allein hilft nicht viel. Es geht darum, die eigene Wunschäußerung wirklich einzuüben. Dann allerdings fällt die Konflikterstellung bald leichter.

Der Führerscheinverlust. Ein Konfliktfall

Ralf fährt wiederholt zu schnell in der Stadt. Julia regt sich immer wieder darüber auf. Sie ist sich aber im Klaren darüber, dass sie ihren Partner nicht ändern kann. Nun wird Ralf der Führerschein entzogen. Es geht in Ralfs Beruf als Elektroinstallateur darum, dass er jemanden für zwei Wochen braucht, der ihn chauffiert. Er fragt Julia, die sich in einer von ihr sehr gewünschten Ausbildung befindet. Sie sagt pflichtbewusst zu – aber allen in der Gruppe, sogar Ralf, ist klar, dass sie es nicht so ganz vorbehaltlos bejaht.

Hier geht es um einen eindeutigen Konflikt zwischen den Bedürfnissen Julias und Ralfs. Doch genügt diese schnelle Anfrage und Antwort nicht für eine gute Konflikterstellung. Der Konflikt ist nicht klar und scharf genug, weil die Bedürfnisse pauschaliert bleiben.

So fragt die Paargruppe nach: Wie sieht denn bei Ralf der Bedarf an Gefahrenwerden konkret aus? Und hat Julia wirklich im Sinn, vierzehn Tage ihrer Zeit und Verpflichtung einfach zu opfern?

Ohne konkrete Konturen verliert der Konflikt seinen Wert

So wird der Konflikt konturenstark erstellt. Nach längerem Klären stellt sich heraus, dass Ralf an fünf Tagen in der Woche täglich je dreimal eine Stunde einen Chauffeur benötigt. Das sind fünfzehn Stunden pro Woche und dreißig Stunden für die vierzehn Tage. Darüber hinaus wird er im Schnitt zweimal in der Woche zu unvorhersehbaren Notfällen gerufen. Zweimal möchte er auch seinen zweistündigen Massagetermin wahrnehmen.

Keiner in der Gruppe würde an Julias Stelle von morgens bis

abends in Bereitschaft stehen. Julia wird bestärkt, sich auf ihre Wünsche zu besinnen.

Sie möchte einerseits Ralf beistehen, weil es ja der gemeinsame Betrieb ist, von dem sie beide leben, anderseits hat sie ja ihre eigenen Termine.

Sie konkretisiert also auch ihre Bedürfnisse: einen Arzttermin von insgesamt zwei Stunden mit An- und Abfahrt, zwei wöchentliche Sporttermine, die ihr sehr wichtig sind; von denen könnte sie einen im Notfall auch auf den Abend verschieben, wenn Ralf dann das Kind betreute. Und ab vier Uhr das Zusammensein mit dem Kind bis zum Zubettgehen.

Die Massagetermine möchte sie nicht übernehmen. Dafür müsse Ralf anders sorgen. Nottermine, die in den Zeiten lägen, die sie nicht zur Verfügung stellen könne, müssten ebenso von anderen übernommen werden.

Konflikte verkletten sich gern mit allen anderen

Dabei bringt Julia mit breitem Aufwand noch vor, sie sei ohnehin sehr zwiespältig, weil das schnelle Fahren von Ralf sie schon immer nerve. Da sich Ralf nicht ändere, sei das nächste Mal schon abzusehen, und sie habe keine Lust, ewig die Scharten auszuwetzen.

Solche hinzukommenden Momente (erstens sein schnelles Fahren und ihr gegenteiliger Wunsch; zweitens der nächste Führerscheinentzug) sind nicht nur häufig, sondern fast die Regel. Es gilt also für beide, den Konflikt klar auf ihn selbst zu begrenzen. Da viele Konflikte bei einem Paar ungelöst liegen geblieben sind, müssen sich Anfänger auf diesem Weg darauf gefasst machen, dass sie sofort ein ganzes Bündel von Konflikten in sich wachrufen. Vor allem aber legieren sich die bewusstseinsfähigen Konflikte mit den unbewussten Konflikten. Davon später mehr.

Diese Konfliktverklettung ist schon für sich schwierig, steht darüber hinaus aber noch im Dienst des Widerstandes. Sie sorgt nämlich meist dafür, dass außer einer generellen Erregung nichts weiter geschieht.

So spaltete Julia diesen hinzukommenden Teil vom jetzigen Konflikt ab und bearbeitete ihn nachträglich. Sie wolle jetzt schon ihren Wunsch konkretisieren, beim nächsten Mal nicht mehr als Chauffeur einzuspringen. Ralf konnte das verstehen.

Konfliktspannung aushalten und unbewusst wirken lassen

Beim nächsten Schritt kommt es, überspitzt formuliert, darauf an, den Konflikt *nicht* zu lösen. Vielmehr geht es darum, die nun entstehende Konfliktspannung zwischen den widerstreitenden Wünschen für einige Zeit auszuhalten.

Wozu? Damit beide Partner zunächst Zeit haben, das gesamte Bedürfnisensemble wirklich in sich aufzunehmen – also die Konfliktwahrnehmung zu schärfen. Dann aber auch, damit der sofort einsetzenden unbewussten Konfliktverarbeitung Raum gelassen wird, tausend Möglichkeiten vorbewusst durchzuspielen.

So wurde im skizzierten Beispiel Julia sich bewusst, dass sie ohne weiteres zu einem Bedürfnis von Ralf ja gesagt hatte, ohne wirklich zu wissen, worum es bei ihm und bei ihr eigentlich gegangen war. Ihre Konfliktwahrnehmung war diffus geblieben. Ihr wurde zudem klar, dass Ralf mit seinem Wunsch, auch zur Massage gefahren zu werden, sich viel deutlicher zu seinen eigenen Wünschen bekannte. Das half ihr im Sinne eines Lernens am Modell, also durch Identifikation mit einem Vorbild, sich auch für ihre eigenen Wünsche bei der kommenden Konfliktverarbeitung einzusetzen, beispielsweise für die vierzehn Tage nicht ihre

Sporttermine aufzugeben, sprich: sich Ralfs Wünschen einfach anzupassen. Sie erkannte in diesem Feld der Konfliktspannung auch, dass sie sich bisher immer den Wünschen anderer angepasst hatte – den Bedürfnissen ihrer Eltern, ihrer Kinder, ihrer Freundinnen, ihres Mannes, der Kunden des Betriebes.

Konflikterläuterung entspannt

In einem Konflikt geht es um Wünsche. Wünsche tragen unter üblichen Umständen ihre Berechtigung in sich selbst, sie müssen nicht gerechtfertigt werden. Dazu kommt es allerdings schnell – eben wegen der unbewussten Gewissensnot, hier etwas für sich zu tun. Was dagegen sehr wohltuend wirkt, ist die Erläuterung der Wünsche. Dann kann der andere sich viel besser einfühlen. Oder anders gesagt: Beide machen sich damit einfühlbar.

So erläuterte Ralf, warum er nicht auf die Massage verzichten wollte. Er arbeite hart – und diese Massage sei eine Oase der Entspannung, auf die er gerade in diesen härteren vierzehn Tagen zum Ausgleich am wenigsten verzichten könne. Julia beschrieb die Innenansicht ihres Sports: Er sei für sie der Inbegriff, für sich selbst etwas zu tun, was ihr ja sonst so schwer gelinge: für ihre Gesundheit, ihre körperliche Selbstwahrnehmung, ihr Wohlgefühl. So lernten beide aneinander Facetten kennen, die sie bisher wenig beachtet hatten.

Leichter, als einen Konflikt zu erstellen, ist es, ihn zu lösen

Mit klaren Konfliktkonturen weiß jedes Paar, woran es ist. Das Lösen des Konflikts stellt sich in der Paarpraxis fast immer als der leichteste Teil heraus. Offensichtlich unterschätzen wir unsere schöpferische Findigkeit. Ich habe darin mittlerweile durch die vielen Beispiele der Konfliktlösungen große Zuversicht gewonnen. Da beide sich auch auf den Konflikt – und das heißt genau besehen: auf sich selbst! – eingelassen haben, fällt es auch leicht, eine gleichgewichtige Lösung zu entwickeln.

Als Ziel gilt das oben erwähnte Paargleichgewicht: deine und meine Bedürfnisse sind vollständig gleichberechtigt. Wir versuchen gemeinsam und kooperativ beide Seiten zu gleichen Teilen zu realisieren. Natürlich wird dann nicht alles erfüllt werden können, aber es kommt zum Ausgleich zwischen uns.

Ralf hatte in der Konfliktspannungszeit von nur zwei Stunden zum einen seine Wünsche Julia gegenüber neu bewertet: Er fand sie selbst zu hoch und bezweifelte, ob er im umgekehrten Falle Julia so entgegenkommen würde wie sie ihm. Zum anderen hatte er eine Vielzahl von Chauffeuren ausgemacht: zwei aus seinem Büro, einen Freund, den studentischen Hilfsdienst und das Taxi. Im Übrigen war es ihm klar geworden, dass er seine Fahrzeiten selbst festlegen konnte. Julia schlug vor, dass sie beide am Abend zuvor einen Plan für den nächsten Tag machten, damit sie Ausbildung und Lernen gut unterbrächte. So konnte sie ihn täglich durchaus dreimal eine Stunde fahren. Für die Nottermine und die Massage sorgte er mit seinen fünf Chauffeuren selbst.

Der Kern der Konfliktlösung ist, paradox gesagt, nicht die Tatsache, dass der Konflikt gelöst ist. Was ist er dann? Er ist das tief versöhnliche Empfinden, dass ich vom anderen in meinem wesentlichen Verlangen wahrgenommen, als Person ernst genommen und endlich konkret so gesehen worden bin, wie ich bin. Immer wieder wird diese innere Erfüllung und Stärkung der Beziehung nach einer gelungenen Konfliktlösung deutlich. Eine Frau kommentierte das so: «Es ist eine Lust zu spüren, dass man sich verständigt. Und ich kann nun in der Beziehung, die mir so oft hinderlich und wie ein Gefängnis vorkommt, freier atmen – vor allem deswegen, weil ich jetzt eine Perspektive habe, wie ich mit Problemen umgehen kann. Ich habe auch Hoffnung gewonnen für alle anderen Konflikte, die wir noch gar nicht in Angriff genommen haben und die noch kommen werden.»

Bewusste Konflikte vertreten oft unbewusste

Manchmal wird nach der Konfliktlösung deutlich, dass bewusste Konflikte nur ein Symptom sind für unbewusste Widersprüche. Auch diese Ebene wird in Zwiegesprächen übrigens besser entwickelt, als manchem Experten lieb ist. Dennoch ist klar, dass es dieser Perspektive bedarf, um noch etwas tiefer zu sehen.

Lena und Dieter bekommen trotz ihres großen Wunsches kein Kind. Körperlich sind Empfängnis- und Zeugungsfähigkeit ungestört. Es könnte sich, psychosomatisch gesprochen, um eine seelisch bedingte Unfruchtbarkeit handeln. In der Paargruppe kommen beide auf einen ernsten Konflikt. Lena hat das Gefühl, ihre über Jahre mit viel Einsatz und Gelingen aufgebaute Boutique wäre durch ein Baby gefährdet, wenn Dieter, der ebenfalls sehr stark in seinen Beruf eingespannt ist, nicht zeitweise das Kind übernehmen könnte. Auch Dieter sieht nicht recht, wie das Leben mit einem Kind möglich wäre, weil er um seine berufliche Position fürchtet.

So nehmen sie die Chance wahr und erstellen den Konflikt.

Ich skizziere nur den Vorgang, um dann auf den Symptomcharakter zu kommen:

Konkret, ruhig und genau formulieren sie ihre Wünsche und entdecken dabei, wie sehr sie sich im anderen täuschten. Beide erwiesen sich nämlich zur wechselseitigen Überraschung als ausgesprochen entgegenkommend. Lena wünschte sich drei späte Zeiten von vier Stunden in der Woche. Dieter konnte sie aber nur vormittags zur Verfügung stellen. Die vorgesehenen Zeiten der Kinderfrau wurden auf den späten Nachmittag verlegt. So hatte plötzlich die geheime Not ein Ende. Beide fühlten sich sehr entlastet, zum einen dadurch, dass dieser ihnen bislang unbekannte Konflikt überhaupt zum Vorschein kam, zum anderen dadurch, dass er nun gleichgewichtig gelöst war. Bald schwand auch die wechselseitige Gereiztheit.

Es offenbarte sich aber bei dieser Konfliktarbeit noch etwas anderes: Nicht nur das künftige Baby hatte keinen Raum, vielmehr war das Lebensgrundgefühl beider davon geprägt, dass sie selbst keinen Platz hätten. Äußerlich waren sie sehr erfolgreich – eben weil sie beide getrieben waren, sich einen Platz zu schaffen. Innerlich aber fehlte ihnen die freie Luft für den eigenen Atem. Die Konfliktklärung für das Kind hatte gezeigt, dass das wirkliche Problem tiefer lag. Wie soll man ein Kind bekommen, wenn einem selbst die Luft zum Atmen fehlt?

Ich glaube, dass auch solche unbewussten Situationen in den wesentlichen Dyalogen nach und nach auftauchen und bearbeitet werden können. Sicher ist zu erwarten, dass es mit Expertenhilfe schneller ginge. Eines sollte das andere nicht ausschließen. Viele Paartherapeuten empfehlen inzwischen Zwiegespräche parallel zur Therapie der Partner. Zwiegespräche und professionelle Psychotherapie steigern wechselseitig ihren Wirkungsgrad.

Konfliktlösungsbarrieren

Es gibt wenigstens sechs große Barrieren bei der Konfliktlösung. Ebendeswegen ist zu empfehlen, den Umgang an konkreten kleinen Beispielen einzuüben. Nach zehn Lösungsversuchen ist man in der Regel herangereift. Schon das Wissen um diese Barrieren hilft konkret und entlastet bei der Lösungsarbeit.

1. Die allgemeinste Konfliktlösungsbarriere ist eine *aggressive Hektik*. Sie entsteht durch die hintergründige Wut und Resignation angesichts der bisherigen Unfähigkeit, mit Konflikten umzugehen. Dagegen ist die Vereinbarung einer nach Kräften freundlichen Haltung gesetzt. Sie hilft wirklich.

2. Eine tiefere Wurzel ist das mobilisierte *Schuldgefühl*. Es drängt sich unter seinem Einfluss schnell auf, der andere dominiere. Die wahren Verhältnisse sind komplexer: Durch meine Selbstunterdrückung lösche ich meine Wünsche aus, sodass nur noch die des anderen bleiben. Die meisten so genannten Dominanzen entstehen auf diese Weise durch den «Unterdrückten», durch seine inneren Verbote, zu sich zu stehen.

3. Die dritte bedeutende Barriere entsteht durch *Übertragungs-Gegenübertragungs-Gereiztheiten* nach dem Motto: Ich erlebe dich wieder einmal wie meine Mutter, und du hast auch nichts Besseres zu tun, als ihr aufs Haar zu gleichen. Das wächst sich allmählich aus mit der Entwicklung in Zweiergesprächen, es bleibt aber hilfreich, diese Perspektive im Sinn zu behalten.

4. Die vierte Hauptbarriere stammt aus dem, was ich die *Verfilzung der Gefühle* nenne. Das bedeutet: Ich mache dich für meine Gefühle verantwortlich. Beliebt sind hier: «Du machst mir Vorwürfe und damit Schuldgefühle» oder «Du kränkst und entwertest mich». Selbst wenn der andere es täte, liegt mein Anteil darin, dass ich mich durch Vorwürfe und Verlet-

88

zungen nur dann betroffen fühlen kann, wenn ich entsprechende Selbstvorwürfe oder Eigenabwertungen in mir trage.

5. Die fünfte zentrale Barriere habe ich bereits bei der *Konflikt-verklettung* beschrieben: Eine Fülle von Zusatz-, Folge- und Ursprungskonflikten verpufft in lauten Vorwürfen, die in geheimer Absicht zu nichts führen sollen.

6. Relativ selten wird die sechste Barriere erkannt: Wir haben es schwer, zahlreiche *widerstreitende Empfindungen*, die uns regelmäßig bewegen, gleichzeitig zuzulassen und wahrzunehmen. Das Unbewusste lässt sie nach dem Gesetz des Und-Und nebeneinander existieren, das Bewusstsein – Anna Freud nannte es die synthetische Funktion des Ichs – möchte im Sinne des Entweder-Oder klare Verhältnisse.

Konfliktverschiebung

Schließlich ist beachtenswert, dass nicht nur Libido, Lust und Wünsche außerordentlich verschieblich sind, sondern auch ihre Erscheinungsformen, die Konflikte. Eine starke Wut kann so an der falschen Stelle aufkommen.

Beliebt und bekannt ist die «Verschiebung aufs Kleinste»: Der Staub auf der Kommode, der offene Kühlschrank, die herumliegenden Schuhe im Wohnzimmer sind zwar auch für sich lästig, stehen aber meist für Bedeutenderes. Das Gefühl, in solchen Handlungen nicht genügend beachtet worden zu sein, führt beispielsweise zu dem Konflikt: Ich möchte von dir wahrgenommen werden, aber ich habe es schwer, von dir etwas so Wesentliches für mich zu verlangen.

Unbewusste Konflikte resultieren oft im Gefühl der Angst, die aus der Spannung zwischen einem Wunsch und seinem Gegenteil, nämlich seiner Abwehr, entspringt.

Der Konflikt, keine Konflikte zu haben

Fasziniert hörten sich Bernd und Astrid die zahlreichen Konflikte während der Wochenend-Paargruppe an und sagten dann: «Das Einzige, was uns wach macht, ist unser gemeinsames Gähnen. Wir haben ganz im Kontrast zu euch den Konflikt, keine Konflikte zu haben. Seit Jahren ringen wir darum, endlich einmal einen zu haben, aber wir vertragen uns bis dorthinaus.»

Das geht natürlich nicht mit rechten Dingen zu. Vielleicht wären beide wirklich konfliktfähig, aber dann hätten sie eben auch ihre Probleme äußern können. Später wurde klar, dass beide extrem gewohnt waren, auf die eigenen Wünsche zu verzichten, und dass sich ebendeswegen auch kein Konflikt herstellen konnte. Sie litten darunter, dass sie nicht zu sich selbst kamen, sozusagen nicht wirklich lebten.

Ein Wunsch vertritt einen anderen: Stellvertreterkonflikte

Christine sagt: «Ich habe immer Millionen Wünsche, aber ich suche mir einen davon aus und bringe ihn vor. Ich möchte beispielsweise an einem Sonnentag im Wald Pilze sammeln. Das hört sich ja harmlos an. Aber dieser Wunsch ist erfüllt von allen anderen Millionen Wünschen – und wenn Peter dann absagt, wird es zu einer katastrophalen Enttäuschung.»

Jeder Wunsch kann einen anderen vertreten. Es wird schnell deutlich, dass der innere psychische Zusammenhang aller Bedürfnisse und die enorme Verschiebungsleistung des Unbewussten dazu führen, dass im Grunde jeder Wunsch, den wir haben, verknüpft ist mit unendlich vielen anderen Wünschen und damit einen Stellvertretercharakter gewinnt. Alle Bedürfnisse, die ich habe, sind Stellvertreterwünsche. Das macht das Seelenleben und den Umgang mit Konflikten so komplex. Eben aus diesem Grunde tauschen sich schon Menschenaffen im Umfang von zwei Dritteln ihrer Existenzzeit miteinander aus. Wahrscheinlich wurzelt die Entstehung der menschlichen Sprache im Konflikt. Wer sprechen konnte, war besser in der Lage, seine Konflikte zu klären. Die stummen Vertreter unserer Gattung waren deutlich im Nachteil und sind vielleicht deswegen ausgestorben. Ich huldige damit nicht der Soziobiologie, sondern skizziere die Lage als Gleichnis für die Paare: Die stummen sind im Nachteil, was ihre Lebensqualität und ihre Bindung betrifft. Sie geraten nicht zuletzt schneller in Trennung und Scheidung. Scheidungen sind so gesehen Symptomhandlungen. Wut und Resignation sind meist Symptome der Unfähigkeit, Konflikte zu erstellen und zu lösen.

Der lebendige Kompromiss entspricht der Paarsymmetrie

Eine gelungene Konfliktlösung endet in einem lebendigen Kompromiss. Er unterscheidet sich vom faulen Kompromiss dadurch, dass beide Seiten gleichrangig beachtet worden sind. Beide siegen.

Nun taucht eine interessante Frage auf: Wie können sich wesentliche Wünsche des einen und des anderen überhaupt unterscheiden, wo doch beide im Magnetfeld ihres unbewussten Zusammenspiels eingebunden sind? Tatsächlich hängen beide Bedürfnisseiten wie mit kommunizierenden Röhren verbunden auch zusammen. Das war schon am oben beschriebenen Dilemma von Lena und Dieter deutlich geworden. Dort ergab sich offenkundig das gemeinsame unbewusste Thema als das Erleben, keinen eigenen Platz zu haben.

In anderen Fällen sind beide Wunschfelder unterschiedlich, ja polarisiert, spiegeln aber eben deswegen immer auch die Bedürfnisse des jeweils anderen. Anders gesagt: Deine und meine Wünsche gehören zusammen und bilden einen ganzheitlichen seelischen Raum, dem wir in der Konfliktlösung gerecht werden, ja noch mehr: den wir gemeinsam herstellen. Im erotischen Leben wird das an den zerfallenen Seiten des weiblichen und männlichen Wunsches offenkundig. Frauen wünschen sich mehr Zärtlichkeit, Männer mehr den Akt selbst. Beide Seiten gehören völlig gleichberechtigt zusammen. Sie machen erst gemeinsam unsere erotische Lebendigkeit aus.

Vernachlässigte Voraussetzungen der Konfliktfähigkeit: Die beiden großen Balancen des Paarlebens

«Heirate nie um des Geldes willen.
Du leihst es billiger.»
Schottisches Sprichwort

Psychoanalytiker achten auf die inneren Bedingungen der Liebe. Die Liebe hat aber auch äußere Bedingungen. In der Regel gleichen diese Bedingungen eher Behinderungen als Förderungen. Sehr viel dramatischer wird die Lage, wenn sich innere Behinderungen und äußere Behinderungen miteinander verflechten und verhaken.

Zu den äußeren Bedingungen gehören zwei kaum zu überschätzende Momente, die von der Psychoanalyse in der Regel nicht beachtet werden. Es geht um die unterbelichtete Tatsache, dass jede Paarbeziehung auch eine Arbeitsbeziehung und eine Geldbeziehung umfasst.

Der Lastenausgleich

Damit ist eine einigermaßen gerechte Verteilung von Arbeit und Lebendigkeit gemeint. Die Arbeitsmöglichkeiten oder Arbeitsbelastungen sollten ebenso gleich verteilt sein wie die Chancen zur Lebendigkeit. Das ist heute nicht der Fall. Ein Paar muss eine sehr detaillierte und längerfristige gemeinsame Klärungsarbeit leisten, nämlich eine Arbeitsanalyse. Dahinein gehörte die Gesamtarbeitsleistung des Paares, das bedeutet, die Erwerbstätigkeit im Beruf, die Hausarbeit und die Familienarbeit als Ganzes. Ebenso wie die Haus- und Familienarbeit meist unterschlagen und gesellschaftlich nicht hoch gewertet wird, weil sie nicht bezahlt wird, wird auch die Erwerbstätigkeit des Mannes in der Debatte um seine Mitarbeit im Haushalt oftmals gänzlich unterschlagen. Nur ein Viertel der Frauen ist zufrieden, weil die Hausarbeit gerecht verteilt sei, wenn auch sechs von zehn Frauen angeben, dass ihr Partner im Haushalt helfe. Doch ändert sich die Gleichverteilung der Hausarbeit dramatisch: Fast die Hälfte der Frauen zwischen 30 und 60 Jahren muss sie allein leisten, aber nur noch ein Zehntel der Frauen bis dreißig.

Es gibt ganze Bücher über eine sorgfältige Analyse qualitativer und quantitativer Art einer durchschnittlichen Arbeit, die eine Frau mit zwei Kindern und einem Ehemann täglich zu leisten hat. Ihr Mindestnettoeinkommen beliefe sich auf monatlich 3200 DM. Solche Studien können von Paaren herangezogen werden. Es geht dann darum, den je individuellen, paarspezifischen besten Weg zu ermitteln.

Ein Ungleichgewicht in den Belastungen führt immer zu einer Minderung der Beziehungsqualität. Ist eine Frau finanziell vom Partner abhängig, muss sie unbewusst dankbar sein. Sie gerät vielleicht manifest in Wut und Rebellentum gegen diese Abhängigkeit, kann aber wirkliche Aggressionen nicht zeigen. Damit wird das Paar konfliktunfähig.

Finanzbalance

Jenseits des Lastenausgleichs muss das Paar eine Balancierung der Finanzen erreichen. Jeder braucht ein eigenes Konto, von dem er Dinge bezahlen kann, die ihn persönlich angehen – meinetwegen Kleidung, Kosmetik, Schmuck und Geschenke. Es ist völlig unmöglich, dass ein erwachsener Mensch auf die Gönnerschaft des jeweils anderen angewiesen ist, wenn er persönliche Dinge erwerben möchte. Vielleicht muss auch eine krisensichere Vereinbarung über eine Art Paargehalt getroffen werden, wenn einer nichts verdient.

Da die Realität heute die finanzielle Asymmetrie im Paarleben ist – nicht zuletzt auf politischem Hintergrund, nämlich der im europäischen Raum noch immer existierenden 25-prozentigen Unterbezahlung der Frauen für gleiche Leistung –, bleibt als der noch am wenigsten ungerechte Weg: die von den Paaren bevorzugte Prozentregelung. Was heißt das? Das Paar setzt das, was dem einen und dem anderen zur persönlichen Verfügung bleibt, in ein prozentuales Verhältnis und begleicht daraus gemeinsame Unternehmungen und Dinge. Verdient einer ein Viertel des anderen, beteiligt er sich bei gemeinsamem Essen, Geschenken oder Urlaub zu einem Viertel, der andere zu drei Vierteln. Die seelische Wirkung geht tief: Jeder fühlt sich selbst wirklich beteiligt und anerkannt.

Bertrand Russell schrieb in «Ehe und Moral»: «Sollten endlich alle Möglichkeiten der Ehe ausgeschöpft werden, dann müssen Mann und Frau begreifen lernen, dass beide in ihrem persönlichen Leben frei sein müssen, wie auch das Gesetz sich dazu stellen möge.»

Zu diesen beiden Balancen gesellt sich ein drittes unbesehenes Thema, das ich deswegen anfüge:

Leben und Leisten – Paarneidspannung

Ein beliebtes und häufig heilsam schockierendes Shorty – Kürzestfragebogen zu unaufgeklärten Aspekten des Paarlebens – betrifft das Verhältnis von Pflichtarbeit und Chancen zu selbstbestimmter Lebendigkeit in der Gesamtzeit der eigenen Existenz (bei achtstündigem Schlaf geht es also um sechzehn Stunden pro Tag).

Ich erinnere noch deutlich den ersten Schritt in dieses abgründige Spannungsverhältnis, das meist unausgesprochen, ja unbekannt bleibt. Ein Arzt gab an, er sei zu 98 Prozent in Pflichtleistung eingespannt und könne nur für 2 Prozent wirklich frei bestimmt leben. Schon individuell gesehen möchte keiner gern mit ihm tauschen. Noch verheerender aber wurde dieser Befund angesichts der Angaben seiner Frau, die ihren Halbtagsberuf als Lehrerin für geistig und körperlich behinderte Kinder sehr liebte. Sie fühlte sich zu 20 Prozent in der unvermeidlichen Pflichtleistung, meinte aber zu 80 Prozent das Leben so genießen zu können, wie sie es sich wünschte. Diese gegensätzlichen Werte innerhalb eines Paares sorgen für eine chronische Neidspannung. Über ein einziges Jahr gesehen lebt die Frau subjektiv vierzigmal mehr (80 zu 2 Prozent Lebendigkeit) als ihr Mann.

Das Shorty liefert viele weitere Hinweise, da auch nach den Einschätzungen über den Partner, nach dem Ideal und dem Leerlauf gefragt wird. Studierende und Rentner haben höhere Lebendigkeitschancen. Es lassen sich Ungereimtheiten entschlüsseln, wenn man vom Partner etwas gänzlich anderes annimmt, als er angibt. Beispielsweise hält man seine Pflichtleistung für gering, während er sich schuften sieht. Solche Zuschreibungen, die manchmal Racheakten gleichkommen, lassen sich natürlich gut in Zwiegesprächen klären. Überraschend sind die so unterschiedlichen Ideale. Im Paradies gibt es nicht wenige, die eine ansehnliche Pflichtleistung zu absolvieren trachten (Höchstwerte liegen bei 75 Prozent, 60 Prozent werden schon häufiger genannt). Auch die Gruppierung in Leistungspaare (beide über 75 Prozent Pflichtarbeit) und Lebendigkeitspaare (beide mehr als 50 Prozent Zeit für frei bestimmtes Leben) lässt auf sehr unterschiedliche Paaratmosphären schließen.

Ich füge zur groben Orientierung drei Tabellen über Durchschnittswerte an, über die Gesamtheit, die Frauen und die Männer, und empfehle die entsprechenden Werte auch einmal als Paar zu erheben und zu vergleichen – eine handschriftlich übernommene Tabelle nach dem folgenden Muster reicht für eine Belebung der Thematik aus.

Gesamtheit
(325 Personen der Zwiegesprächsseminare aus mehreren Städten)
Näherungsweise Prozentangaben

	Pflichtleistung	Lebendigkeit	Leerlauf
Selbst	61,0	31,3	7,6
Partner/in	62,9	29,1	7,3
Ideal	39,0	57,2	3,1

Frauen
(170 Frauen der Zwiegesprächsseminare aus mehreren Städten)
Näherungsweise Prozentangaben

	Pflichtleistung	Lebendigkeit	Leerlauf
Frau	61,8	31,3	6,5
Partner	66,0	26,6	6,7
Ideal	41,1	55,0	2,3

Männer
(155 Männer der Zwiegesprächsseminare
aus mehreren Städten)
Näherungsweise Prozentangaben

	Pflichtleistung	Lebendigkeit	Leerlauf
Mann	60,2	31,2	8,7
Partnerin	59,5	31,9	8,0
Ideal	36,7	59,6	3,5

In der Gesamtheit lässt sich tendenziell erkennen, dass die Lebendigkeit gegenüber der Pflicht im Alltag deutlich ins Hintertreffen gerät: 31 Prozent zu 61 Prozent. Die Real-Ideal-Spannung ist entsprechend hoch: Statt 61 Prozent Pflicht wünschen sich die Befragten 39 Prozent, statt 31 Prozent Lebendigkeit 57 Prozent. Jeder Atemzug des Lebens ist von diesem Missverhältnis geprägt. Dennoch läge ein paradiesischer Idealzustand der Pflichtarbeit, über sieben Tage gesehen, höher als die Gewerkschaftsvorstellungen: 39 Prozent von sieben 16-Stunden-Tagen ergibt 43,7 Wochenstunden. Allerdings ist darin auch die Familienarbeit enthalten.

Frauen und Männer unterscheiden sich im Realbild ihrer Einschätzungen nicht. Bemerkenswert erscheint nur, dass die Frauen idealerweise etwas mehr arbeiten wollen (4,4 Prozent) und entsprechend weniger Lebendigkeit wünschen als ihre Männer.

Die jeweiligen Partner werden anders eingeschätzt: Frauen meinen, ihre Männer arbeiten mehr (4,2 Prozent) als sie selbst und hätten weniger Zeit für ihre Lebendigkeit. Dabei übertreffen sie auch die Angaben der Männer: 66 statt 60,2 Prozent seien die Männer in der Pflichtleistung. Man kann nicht ermitteln, wer Recht hat. Das ist auch nicht der Sinn dieses Shortys. Vielmehr geht es innerhalb der eigenen Beziehung um eine gemeinsame Klärung der Ansichten.

Die Männer denken nicht so wie die Frauen: Sie schätzen die Pflicht- und Lebendigkeitszeiten ihrer Partnerinnen ungefähr so ein, wie diese es selbst sehen.

Natürlich glätten diese Mittelwerte über zahlreiche Paare die Unterschiede in einer einzelnen Partnerschaft. Sie können, wie gesagt, erheblich sein. Dass wir, Frauen und Männer, doppelt so viel pflichtarbeiten wie leben, ist in meinen Augen der generelle Hauptbefund. Daraus ließe sich ein Ziel gewinnen: Mehr Zeit für die eigene Lebendigkeit.

7 Big Nine
Die neun bedeutendsten Einsichten in das Paarleben

Vorbemerkung

Die bewegte, wenn nicht stürmische Atmosphäre in Zwiegesprächsseminaren, Einzelpaarbehandlungen oder Paargruppenanalysen bringt ein besonderes Dilemma mit sich, das mir
deswegen so interessant scheint, weil es in latenter Form auch den
Einzelanalysen innewohnt: Es reicht keineswegs, die Defekte und
Konflikte aufzuarbeiten, vielmehr ist es nötig, eine genügend
gute Beziehung definieren zu können und zu vermitteln.

Als Psychoanalytiker kommt man hierbei zwangsläufig in die
Lage aufzuzeigen, wohin die Reise geht. Damit ist natürlich nicht
gemeint, eine gegebene Beziehung zu bewahren, wiederherzustel-
len oder auseinander gehen zu lassen. Weder die wesentlichen
Dyaloge noch Paaranalysen jeglicher Form dienen der Ehebewah-
rung. Es geht allgemein um eine Entscheidungsfindung: Wollen
wir auf ganz neuen Fundamenten zusammenbleiben oder uns in
bleibender Freundschaft trennen? Das ist ein analysekonformer,
nicht-direktiver Bereich, der dem selbständigen Suchen und Finden in der neuen «Freiheit kritischer Auseinandersetzung» überlassen bleiben kann.

Was aber nicht vorhanden ist, weder vorbewusst noch unbewusst, ist die Art und Weise, wie eine gute Beziehung beschaffen
ist. Denn die verinnerlichten Elternbeziehungen, die Bindung an
die Mutter, die Bindung an den Vater, die Beziehungen zu den

Geschwistern, wenn überhaupt noch welche vorhanden sind, bieten meist negative, entmutigende Vorbilder. Wie aber sieht beispielsweise eine gesprächsreiche und erotische Beziehung aus, wenn es kein kulturelles Ideal dafür gibt? So wird der Analytiker, um seine eigene Arbeit beginnen zu können, zusätzlich ein Vermittler.

Was ist das Gute? Auch ich wusste das anfangs nicht. Die Qualität der Dyaloge beruht auf fünf paaranalytischen Einsichten:

1. auf dem Eingeständnis, dass ich über den anderen zu wenig weiß, was mich in die dialogische, sokratische Position bringt: «Ich weiß, dass ich nichts weiß» – aber ich kann mit dir sprechen;
2. auf der Anerkennung des unbewussten Zusammenspiels;
3. auf dem Bewusstsein, dass das wesentliche Gespräch den Kreislauf einer Beziehung ausmacht;
4. auf der Bildersprache, das heißt auf der Selbsterläuterung in kleinen erlebten Szenen;
5. auf der Selbstverantwortlichkeit für jedes meiner Gefühle (wie für meine Träume).

Das höchste Gut, damit das erste globale Ziel der Paargruppenanalyse, der wesentlichen Dyaloge wie auch jeder festen Beziehung, die ja ebenfalls ein ununterbrochenes seelisches Wachstum darstellt, ist die Entwicklungsfähigkeit. Da man sie nicht von vornherein hat, ist das Ziel also: das Entwickeln der Entwicklungsfähigkeit.

Allmählich entstand aus den über hundert gesammelten Einsichten die Essenz, eine Trias von je drei Einsichten. Ich versah sie mit dem Aufmerksamkeit erregenden Titel Big Nine, damit man wenigstens dieses Maß nicht vergisst. Sie bilden den wesentlichen

Gehalt der Entwicklungsfähigkeit und die Beschreibung ihres konkreten Handelns, ihre Operationalisierung.

Diese intensive Entwicklung grundlegender Einsichten in das Beziehungsleben ergab sich aus meiner paaranalytischen Arbeit in drei Jahrzehnten. Sie hatte keinen linearen Charakter. Vielmehr wuchsen die Erkenntnisse – wie auch sonst in der Evolution – verzweigt, buschartig. Wesentlich ist dabei, dass eine neue Einsicht weitere Einsichten möglich macht. Die Bewusstseinsbildung verstärkt sich also wechselseitig, sodass sich nach und nach entfaltet, was ein Paar ausmacht und braucht. Das wird auch jedem Laien, jedem Leser, so gehen.

Zunächst spürte ich bei den Paaren, mit denen ich an ihrer Beziehung arbeitete – darunter auch viele Kolleginnen und Kollegen –, ein manchmal verzweifeltes Verlangen nach Orientierung, nach einer klaren Perspektive, wie sie selbst vorgehen könnten. In der Fülle des komplexen Beziehungsgeschehens brauchten sie eine einfache, grundlegende Sicht des Geschehens. So filterte ich aus den zahlreichen Einsichten Prioritäten heraus. Ich fragte mich dabei: Was sollte ein Paar vor allem erkennen und umsetzen?

Wie lauten nun diese neun Grundeinsichten für den Weg zu einem glücklicheren Paarleben?

Big Nine

Die neun bedeutendsten Bedingungen
für ein besseres Paarleben

Basistrias

1. Initiativ werden
2. Zeit zu zweit reservieren
3. Ungestörtheit garantieren

Kommunikationstrias

4. Wesentlich sprechen
5. Anerkennen der doppelten Wirklichkeit
6. Wirkliche Gleichberechtigung

Entwicklungstrias

7. Balance im Urkonflikt Selbstzuwendung –
Partnerzuwendung
8. Anerkennen des unbewussten Zusammenspiels
9. Konfliktfähigkeit:
Konflikte erstellen und lösen können

In der Initiative bleiben –
statt der Hemmung nachzugeben

Am Anfang war die Initiative (der Begriff kommt von lateinisch «inire»: hineingehen, anfangen). Jedes Handeln, ja jedes Verhalten und sogar jedes Erleben beginnt mit Initiative. Ohne sie kann nichts geschehen, selbst wenn sie sich so passiv gibt wie das berühmte Wort von Laotse: «Tue nichts und alles ist getan.» Denn diese letzte, wohl abgründigste Initiative verliert sich nicht in Überaktivität, sie wirkt aus der Ganzheitlichkeit, aus dem eigenen Zentrum und bleibt daher wesentlich.

Die moderne Erforschung der Lebenskunst hat ein zentrales Moment ermittelt: «In der Initiative bleiben». Im Glück wie in der Trauer, in der Niederlage wie im Erfolg ist diese persönliche Aktivität ausschlaggebend für das Empfinden, sich selbst einzubringen, zu leben und nicht zuletzt zu überleben. Die Lebendigkeit eines Menschen und eines Paares wird immer mit bewegter Unternehmungslust verknüpft.

Die Psychoanalyse sieht in dieser «Wendung in die Aktivität» den grundlegenden Vorgang für jede seelische Strukturbildung, für die Bildung des Ichs beispielsweise. Beim Kind, das wir alle ja auch einmal waren, ist die aktive Verarbeitung aller möglichen Erlebnisse durch das Spiel, durch das Reinszenieren aus der aktiven Rolle heraus, zu beobachten. Sigmund Freud formulierte: «Das Ich, welches das Trauma passiv erlebt hat, wiederholt nun aktiv eine abgeschwächte Reproduktion desselben, in der Hoffnung, deren Ablauf selbsttätig leiten zu können. Wir wissen, das Kind benimmt sich ebenso gegen alle ihm peinlichen Eindrücke, indem es sie im Spiel reproduziert; durch diese Art, von der Passivität überzugehen, sucht es seine Lebenseindrücke psychisch zu bewältigen.»

Auf diese Weise überwinden wir auch als Erwachsene Schicksalsschläge, Paarkrisen und Trennungen. Vor allem aber vermeiden wir damit die gefährlichste Einstellung im gemeinsamen Leben: die passive Antwort, die sich nicht einmal dazu aufrafft, das Problem unter den Tisch zu kehren. Sie ist wie Pech und Schwefel mit dem Beziehungsunglück legiert. Die aktive Beteiligung erlaubt ein persönliches Einflussnehmen, eine Mitbestimmung, ein Gestalten der Lage. Ihre Mitwirkung wird weithin unterschätzt. Lange Zeit hielt man das Neugeborene für passiv, jetzt gilt es als «der kompetente Säugling». Selbst in der psychoanalytischen Behandlung, jener auffällig verwandten, hochintimen Zweierbeziehung, gilt die Initiative als zentraler heilender Faktor: «Günstige Bedingungen zur Erledigung in der Behandlungssituation (und Paarsituation M. L. M.) sind solche, die es dem Patienten ermöglichen, das passive Erleiden der ursprünglichen pathogenen Traumatisierungen in aktives Handeln umzugestalten.»

Meines Erachtens verlaufen jeder Lernprozess und jede seelische Strukturbildung auf diesem Wege von der Rezeption zur aktiven Wiederholung. Hier geht es darum, seine fundamentale Bedeutung für die günstige Entwicklung der eigenen Beziehung zu erkennen, also ein verheerendes Moment, ein regelrechtes Gift, in der Beziehung aufzugeben, das unausrottbare Herumoperieren mit stillen Erwartungen an den anderen, was im Erwachsenenleben eine Überforderung darstellt.

Der Psychoanalytiker Erik H. Erikson entwarf im Auftrag der amerikanischen Regierung ein Modell des lebenslangen seelischen Wachsens. Er setzte nicht nur die drei berühmten Entwicklungsperioden der Kindheitszeit – die orale, anale und ödipale Phase – bis ins hohe Alter fort, sondern erweiterte sie um die wesentlichen Beziehungsqualitäten: das Urvertrauen für die orale, die Autonomie für die anale und die Initiative für die ödipale Zeit. Misslingt dieses letztere Werden zwischen vier und sechs

Jahren, reagieren wir mit Hemmung. Es ist nicht einfach, sich von ihr zu befreien. Gibt man ihr aber nach, fördert man sie unversehens durch dieses unbeabsichtigte Einüben.

Nicht die Erfahrung der frühen Kindheit allein und für sich entscheidet, sondern unser Umgang mit ihr.

Initiative bewegt – und gerade das verunsichert und macht Angst. «Entwicklung kennt keine Sicherheit», sagt Tschuang Tse. Selten empfinden Menschen wie der Architekt Rem Koolhaas: «Nichts hasst er mehr als Gewissheit. Die Wahrheit kann man nur suchen, nie finden, ist seine Überzeugung.»

Initiative heißt also: Sich zum Handeln entschließen. *«Be proactive»*, sagen amerikanische Management-Gurus. Zu Deutsch (mit Erich Kästner): «Es gibt nichts Gutes, außer man tut es.»

Initiative gilt somit als die oberste Eigenschaft seelischer Gesundheit. Aber sie hat auch einen Haken: Bei der Trauerarbeit kann die Initiative zur Abwehr verwendet werden, sofern sie Aktivitäten betrifft, die mit der Trauer nichts zu tun haben. Sie kann zur Flucht vor der Trauer dienen, statt aktiv die Trauer zu verarbeiten. Es müsste also genauer *Initiative mit dem richtigen Ziel* heißen.

Zeit zu zweit reservieren

Sich Zeit zu zweit reservieren, statt sich von den Verhältnissen verplanen zu lassen

> «Man verliert die meiste Zeit damit,
> dass man Zeit gewinnen will.»
> JOHN STEINBECK

Von allen notwendigen Bedingungen für eine gute Lebensqualität, für eine glückliche Beziehung, gilt mit riesigem Abstand die Zeit füreinander als die höchste Notwendigkeit. Diese Zeit haben wir üblicherweise nicht. Auch die Arbeitszeitverkürzung als politischer Beitrag zu einem besseren Zweierleben hilft nicht ohne weiteres. Denn nicht nur der Beruf, auch der Freizeitsektor mit dem Hauptbeispiel Massenmedien und Fernsehen nehmen einem die Zeit für die Beziehung. Misst man Beziehungszeiten, stellt man fest, dass das, was für die Beziehung übrig bleibt, sich nur noch in Minuten pro Tag messen lässt. Ein durchschnittlicher Bundesbürger konsumiert Massenmedien mehr als fünf Stunden pro Tag – allem voran Fernsehen mit drei Stunden, aber die persönliche Zeit zum Sprechen wird kaum länger als in den USA sein, wo wie erwähnt ein durchschnittliches Paar sich täglich nur noch einem Wechselgespräch im Umfang von vier Minuten widmet. Wer ratlos ist, woher er oder sie die Zeit für das Zusammensein nehmen soll, weiß nun, bei welchen «Zeitdieben» er ansetzen kann.

Wir müssen also unseren Alltag umstrukturieren, um zur Zeit füreinander zu kommen. Das ist eine strukturelle Tat. Sie erfordert nicht zuletzt neben dem Überblick auch Organisationsfähigkeit. In ihr steckt allerdings eine schwerwiegende Tücke: Die Fähigkeit, sich selbst sich zuwenden zu können, ist durch starke unbewusste Schuldgefühle behindert. Etwa in dem Sinne: «Ich darf nicht privilegiert vor den anderen sein und, schlicht gesagt, gut wegkommen.» Dieses unbewusste Handicap ist der übersehene Stolperstein aller frohgemut bewusstseinsorientierten Selbstmanagementtrainings. Diese haben dafür allerdings einen scharfen Sinn für kleine aufbauende Schritte.

Es gilt zunächst, sich selbst Zeit zu nehmen. Hier hapert es noch mehr als bei dem Vorhaben, sich zu zweit etwas zukommen zu lassen, weil die Vorstellung entfällt, ja auch dem anderen etwas Gutes zu tun. Da die Zeit zu zweit aber ganz wesentlich abhängig ist von der Selbstbeziehung der beiden Partner, gehört zu ihr auch die Zeit, die man sich selbst einräumt, um zur Reflexion, zur Besinnung zu kommen.

Man könnte diese Zeitreservationen als Brunnenbau für die Beziehung ansehen. Doch starke Schuldgefühle mit dem oft nur vorgeschobenen Argument, Arbeit zu versäumen und selbst zu egoistisch zu sein, verhindern in der Regel ein fruchtbares Vorgehen. Diesen Widerstand in sich selbst wahrzunehmen und zu überwinden ist also der allererste Schritt.

Das, was die Psychologen Real-Ideal-Spannung nennen, ist zudem im Zeitbereich besonders hoch. Meine Erhebungen ergaben, dass sich Paare von den sechzehn Wachstunden pro Tag etwa 3,2 Stunden sowohl für sich allein als auch füreinander wünschen. Für diese insgesamt sechseinhalb Stunden reicht nicht einmal der völlige Verzicht auf Massenmedien. Der Arbeitszeitwunsch dürfte, wie gesagt, die Gewerkschaften freuen: etwa eine 35-Stunden-Woche. Mit dem Weg zum Arbeitsplatz von bundesdurchschnittlich hin und zurück einer Stunde käme man werktags auf acht Stunden für den Beruf, so blieben acht Stunden für das private Leben. Wer aber Kinder hat und berufstätig ist, kommt unvermeidlich in die Zeitklemme: Paare mit kleinen Kindern wünschen sich 3,6 Stunden mit ihnen, erst wenn die Kinder erwachsen sind, sinkt der Wunsch weit unter die Zeit, die man mit Freunden verbringen möchte: eine dreiviertel Stunde – verglichen mit zweieinviertel Stunden für die immer wieder in ihrer Lebensbedeutung unterschätzten Freundschaften.

Kurz: Die Realität sieht zeitbeklommen aus. Am Selbstmanagement führt nichts vorbei, will man allein oder zu zweit ausgewogen und glücklicher sein.

Drei Jahrzehnte Paargruppenanalyse haben natürlich einen Strom von Ideen und Lösungen mit sich gebracht. Deren Essenz sieht so aus: Paare wünschen sich pro Woche einen Abend ganz für sich – und auch hier liegt die Tücke im Maß: nicht zwei, sondern mindestens vier, wenn nicht sechs Stunden. Sie wollen jedes Vierteljahr ein großzügiges Wochenende – ab Freitag nachmittag – ebenso ohne Beruf und Kinder, am liebsten fort von zu Hause in einer anderen Stadt. Einen Abend pro Woche braucht jeder für sich allein, was Männer schwerer aushalten als Frauen. Täglich sollte eine Stunde zu zweit möglich sein. Und der Clou folgt in einer späteren Einsicht: Wenigstens einmal pro Woche ein ungestörtes Gespräch von anderthalb Stunden Zeit. Dazu gehört als Voraussetzung ein besonderes Zeitempfinden: für das langsame Tempo seelischer Vorgänge nämlich, die sehr viel stärker mit allen anderen inneren Abläufen verbunden sind als beispielsweise das rasche bewusste Denken.

Ein Paargruppenmitglied sagte: «Meine grundlegendste Einsicht in diesen vier Gruppenjahren ist: Die Arbeit in dieser Gruppe und in den Zwiegesprächen war die beste Investition meines ganzen Lebens, ich bin jetzt ein freier Mann. Aber ich habe auch gelernt, dass die seelische Entwicklung unendlich viel langsamer geht, als ich es mir je vorgestellt hatte.»

Psychotherapeuten wissen, wie ungeduldig und hastig die Menschen sind, was ihre seelische Entwicklung und Heilung betrifft. «Es bedarf großer Geduld, um sie zu lernen», sagt Lec.

Ungestörtheit garantieren

*Für Ungestörtheit sorgen, um Konzentration
und Kontinuität für die Beziehungsentwicklung
zu fördern, statt sich ständig unterbrechen zu lassen
und sich zu zerstreuen*

Hat man sich genug Zeit eingeräumt, geht es um die Qualität dieser Zeit. Ihr Hauptmerkmal ist die Ungestörtheit. Sie erlaubt einem erst, die Beziehung zu sich und zum anderen zu fokussieren. Erich Fromm analysiert die Kunst des Liebens als «Konzentration auf den anderen».

Sich wirklich ohne Unterbrechung für eine kurze Zeit dem anderen zu widmen, sich wirklich auf ihn einzustellen, sich wirklich auf ihn zu beziehen, erschafft die Beziehung, klärt die Chancen, behebt die Probleme, erhöht die wechselseitige Einfühlung. Schaffen wir uns selbst nicht ein solches «Naturschutzgebiet für die eigene Beziehung», dann werden wir eben durch die Verhältnisse verplant.

Konzentration erreicht man durch Kontinuität. Kontinuität ist im heutigen Leben eine Rarität. Sie gilt als das Medium, das in frühen Zeiten das Glück des Menschen ausmachte. Es ist uns verloren gegangen.

Mich hat ein kleiner Versuch sehr beeindruckt. Suchen Sie sich irgendein Objekt aus, das Sie ungestört für nur fünf Minuten meditativ gelöst betrachten.

«Alles, was verlangt wird, ist, dass wir eine kleine Zeit lang unseren Blick und unsere Aufmerksamkeit ungeteilt auf irgendeinen einfachen, konkreten äußeren Gegenstand richten.

Dieser Gegenstand der Kontemplation kann irgendein ganz beliebiger sein: Ein Bild, eine Statue, ein Baum, eine ferne Hügelkette, eine grüne Pflanze, fließendes Wasser, kleine Lebewesen, wir brauchen nicht mit Kant bis zum Sternenhimmel zu gehen. ‹Ein kleines Ding, nicht größer als eine Haselnuss.›

Blicken Sie also den Gegenstand an, den Sie gewählt haben, . . . konzentrieren Sie so Ihre ganze Aufmerksamkeit auf diesen einen Akt des Sehens, dass alle anderen Gegenstände vom Bewusstseinsfeld ausgeschlossen sind . . .»

Sie werden feststellen, wie Ihnen diese Kontinuität und Konzentration das beachtete Ding immer schöner erscheinen lassen. Nichts beweist mir mehr als dieses Experiment, wie sehr eine solche Ungestörtheit zu einem genügend guten menschlichen Leben gehört und uns die Welt in anderem Licht erscheinen lässt.

Auch hier meldet sich natürlich der Widerstand, der sich gegen jede Selbstentwicklung wendet. Manchen gelingt die Ungestörtheit nur schwer, weil sie nicht in der Lage sind, sich sich selbst zu überlassen. Tragikomisch sind erste vereinbarte erotische Abende, an denen zur großen Enttäuschung der in unbewusste Schuldgefühle Nichteingeweihten so gut wie alles schief geht. Aber auch das legt sich bald. Weniges ist so fügsam und anpassungsbereit wie das Über-Ich, das Gewissen, besteht es doch selbst weitgehend aus Anpassung. Ein persisches Sprichwort sagt zudem: «Alles ist schwer, bevor es leicht wird.»

Diese knapp skizzierten ersten Einsichten – einschließlich der Zielsetzung – sind übrigens die Basis eines jeden Lernprozesses und damit einer jeden Entwicklung. Nichts würden wir erreichen, wenn wir nicht Initiative, Ziel, Zeit und Ungestörtheit garantierten – nicht einmal Anfang und Ende eines Sprachkursus.

Wesentlich sprechen

Wenn zwei miteinander einen Dyalog führen, dann übersetzen sie sich wechselseitig. Denn wie immer, wenn Partner dasselbe sagen, meinen sie damit nicht das Gleiche. Diese Dimension wird meist unterschlagen. Doch möchte man ihr gern gerecht werden. Der in der Gruppendynamik erprobte «Kontrollierte Dialog» vollzieht sich beispielsweise mit abstruser Gründlichkeit: A sagt einen Satz, dem B nur etwas entgegnen kann, wenn B zuvor diesen Satz in seinen Worten wiedergegeben hat und von A bestätigt wurde. Dann sagt B etwas . . . und so fort. Das mutet fugendicht an. Ich habe diese Prozedur selbst mehrfach durchlitten. Dennoch entsetzt die meisten der Befund, dass auch auf diese vermeintlich sichere Weise nur etwa 35 Prozent des Gesagten wirklich wechselseitig vermittelt werden können. Dagegen hat der Sprachgebrauch die Redundanz gesetzt: Wir müssen dasselbe wiederholt mit anderen Worten mitteilen, um wirklich verstanden zu werden.

Setzt man Maschinen ein, um ganz sicher zu gehen und den fehlerträchtigen «menschlichen Faktor» auszuschalten, wird es nicht besser. Wie ein Gleichnis für die Tücken aller Kommunikation klingt folgende Anekdote: Man wollte eine Übersetzung vom Englischen ins Russische durch zwei miteinander verbundene Übersetzungscomputer überprüfen. Der zu übersetzende Satz stammte aus der Bibel: «Der Geist ist willig, doch das Fleisch ist schwach.» Die Prüfung bestand darin, das übersetzte Russische wieder ins Englische rückzuübersetzen, um zu sehen, ob es mit dem Ursprungssatz übereinstimmte. Und wie lautete das Resultat bester Bemühungen? «Der Wodka ist gut, aber das Fleisch ist verfault.» Ich denke an dieses Beispiel, wenn ich mich meiner Frau unbedingt verständlich machen möchte.

Wesentliches Sprechen ist Sprechen über das, was ich persönlich erlebe. Und das macht die Lage noch komplexer. Es geht also um den vom Aussterben bedrohten wechselseitigen Austausch, wie ich und du einander, die Beziehung, das Leben und die Welt erleben.

Dies entspricht dem «Opening-up», der Selbstoffenheit, die bis in den körperlichen Bereich hinein über eine Stärkung des Immunsystems die Gesundheit fördert. Damit entpuppt sich wesentliches Sprechen auch als eine bedeutende Form der Initiative. Alles, was als Gold in der Beziehung gelten kann, hängt mit diesem wesentlichen Sprechen zusammen, beispielsweise die unüberschätzbare Selbsterläuterung meiner Wünsche, Phantasien und Entscheidungen. Allem, was als Gift in der Beziehung wirkt, mangelt dieses frische, unmittelbare Reden – beispielsweise den stillen Erwartungen, den einsamen Entschlüssen und der Überdosis wortlosen Verstehens. Selbst eine Angst, die man verschweigt, trennt zwei Menschen; spricht man sie dagegen aus, verbindet sie beide. Bringt man sich in die Beziehung mit wesentlichem Sprechen ein, ist der Lebendigkeitsgewinn groß, ganz abgesehen von der erhöhten Einfühlung. Auch für die Selbstbeziehung gibt es keinen besseren Weg, um sich mit sich selbst zu vereinen, um sich selbst zu integrieren – wie schon die «Redekur» der Psychoanalyse zeigt. So gelingt es einem noch am ehesten, den oft betäubten Schmerz wegen einer besonderen Form von Isolation, des Von-sich-selbst-Verlassenseins, der Einsamkeit in der Beziehung zu sich selbst, zu beheben. «Am schlimmsten ist es, in sich selbst vereinsamt zu sein» (Lec).

Im wesentlichen Sprechen entwickelt sich so gut wie alles, vor allem kann eine schöpferische Entwicklung der Beziehung durch Erkennen eigener Chancen und durch Lösen unerledigter Probleme in Gang gesetzt werden. Das wesentliche Miteinandersprechen macht den «Kreislauf der Beziehung» aus, der ebenso wenig zusammenbrechen darf wie der Blutkreislauf des Körpers. Diese

Grundvoraussetzung guter Partnerschaft führt aus der «Beziehungslosigkeit in der Beziehung» heraus und schafft einen fruchtbaren Boden für die Entwicklung der Erotik. Das auf Seite 47 vorgestellte «Quintett der Finsternis» (Bewusstlosigkeit, Ahnungslosigkeit, Beziehungslosigkeit, Sprachlosigkeit und Lustlosigkeit der Paare) taut in diesem Klima wie ein großer Gletscher ab.

Innere, unbewusste und wortlose Dialoge

«Mein Schweigen sagt alles auf einen Blick.»
Jean Tardieu

Es gibt selbstverständlich unbewusste Zwiegespräche, die ohne das gesprochene Wort auskommen – sowohl mit Partnern als auch mit sich selbst. Diese inneren Dialoge werden manchmal als Selbstgespräche offenkundig. Ihr wesentliches Moment liegt jedoch darin, dass sich wahrscheinlich in jedem üblichen Zwiegespräch zugleich auch noch ein oder gar mehrere unbewusste Dialoge abspielen, die teils an unausgesprochene Worte gebunden, teils aber ohne Worte sich in Gesten, Mimik und Vorstellungen vollziehen. Vielleicht geht es darum, dass das, was man ausspricht, nach und nach diesem inneren Dialog gleicht. Talleyrand, der große französische Staatsmann, meinte ja sogar: «Die Sprache ist dem Menschen gegeben, um seine Gedanken zu verbergen.»

Eine enge Verbindung von innerem Dialog und offenem Zwiegespräch ist die Bildersprache. Damit ist gemeint, dass ich alles, was ich mitteilen möchte, möglichst mit jener manchmal winzig erscheinenden Szene beschreibe, die mir durch den Sinn geht, wenn ich ein Wort wie «phantastisch», «schrecklich» oder «öde» verwende. Ein Bild sagt mehr als tausend Worte.

Eine seltsame Mischung aus Sprechen und Schweigen wurde in einer Paargruppensitzung bewusst:

Notwortschatz

Margret entdeckte, dass sie ihre Assoziationen und Feinheiten der Sprache verlor, wenn sie vor mehreren Menschen sprach. Das aber sei beruflich ihr täglich Brot. Sie habe – wie sie selbst formulierte – nur noch einen «Notwortschatz» zur Verfügung. Mit diesem könne sie zwar das Wesentlichste sagen, aber nicht mehr wiedergeben, wie ihre Mitteilung in die Vielfalt seelischer Zusammenhänge eingebettet sei. Ihren Begriff «Notwortschatz» finde ich sehr treffend.

Er bezeichnet das Symptom einer Art Denkstörung, wie man sie auch bei Prüfungen erleben kann. Ein Geschichtsstudent sprach in auffälliger Weise nur noch mit einem Notwortschatz, bis seine vier Prüfer, die ihn über Jahre als besten Studierenden kannten, den Verdacht schöpften, hier gehe es nicht mit rechten Dingen zu. Nach kurzer Beratung miteinander fragten sie den Kandidaten, was denn 60 geteilt durch 4 ergebe. Nach minutenlangem Grübeln stammelte der Prüfling: «Ungefähr 25.»

Monika kennt diese Angst vor dem Sprechen auch, doch ist ihr «Notwortschatz» nicht beschränkt auf ein rudimentäres Vokabular, im Gegenteil erzeugt ihre Not einen Wortschwall. Das war der Gruppe und mir schon lange aufgefallen: Monika hatte die Angewohnheit, sehr viel zu sprechen, minutenlang, ohne dass man greifen konnte, was sie nun mit all ihren Mitteilungen sagen wollte.

Dies sind zwei Angstsprechweisen. Alle kennen auch das Umgekehrte: die gelöste Zunge beispielsweise, wenn einem das Herz überläuft.

Die Mehrheit der Männer, denen ich seit dreißig Jahren in den Paargruppen und Zwiegesprächsseminaren intensiv begegne, benutzen, verglichen mit Frauen, nur einen Notwortschatz. Die karge Ausdrucksweise der Männer könnte ein Angstsymptom sein. Vielleicht Angst vor Gefühlen? Auf alle Fälle entsteht der männliche Notwortschatz unter gesellschaftlichem Druck: nämlich unter der höheren «Verwirtschaftung», der von Kindheit an stärkeren Funktionalisierung der Männer.

Schweigekommunikation

> «Eine Stimme sagte:
> Geh in dich.
> Aber dort haben sie mir
> schon aufgelauert.
> Ich war der Feinde voll
> bis an den Mund,
> mit dem ich sie alle
> verschweigen wollte.»
> STANISLAW JERZY LEC

Schweigen ist wie Sprechen eine Form der Kommunikation. Es gibt ebenso viele Schweigeformen wie Gesprächsformen. Vom seligen bis zum eisigen Schweigen kann die ganze Skala menschlicher Empfindungen sich auch im Schweigen ausdrücken. Das schwierigste Schweigen ist allerdings das Ergebnis der Zerstörung einer offenen Beziehung, die sich im Gespräch äußert.

Der Vater einer Analysandin schwieg in ihrer Kindheit weitgehend. Er saß immer nur im dunklen Zimmer, redete einfach nicht. Die Patientin war die Einzige, die eine emotionale Beziehung zu ihm aufbauen konnte. Erst viele Jahrzehnte später wurde deutlich, dass ihr Vater von seinem Vater permanent entwertet worden war und seine Wut in diesem Schweigen äußerte, das nichts anderes als den Zusammenbruch einer lebendigen offenen Beziehung darstellte.

So war es auch im Zwiegespräch dieser Frau mit ihrem Partner. Sie inszenierten beide eine wechselseitige Entwertung (genauer gesagt: eine Selbstentwertung, die als Paarstörung projektiv als Entwertung durch den anderen erschien) und erzeugten damit eine «stählerne» aggressive Spannung. Das kommentierte der Partner mit der Bemerkung: «Mir ist alles entfallen, was ich eigentlich auf dem Herzen hatte, was mich bewegt und was ich dir erzählen wollte. Ich habe in der Wut auf meiner inneren Tastatur die Taste ‹delete› gedrückt, alles ist gelöscht.» Daraufhin schwieg er. Er verhielt sich wie der Vater seiner Partnerin – nicht nur aus unbewusster Rollenzuschrift, sondern auch aus seiner eigenen Lebensgeschichte heraus, in diesem Falle aus dem Wunsche, sich gegen seine aufdringliche Mutter abzugrenzen.

Versöhnende Wirkung wesentlicher Worte

Als der große Soziologe Norbert Elias am Ende seines Lebens gefragt wurde, was er als die zentrale Frage der Menschheit ansehe, antwortete er, wie bereits erwähnt: Alles komme darauf an, ob es den Menschen gelinge, sich miteinander zu identifizieren. Wechselseitige Identifikation, das heißt Einfühlung, gelingt jedoch am besten über das Miteinandersprechen. So schwindet – wie im Verhältnis zwischen Völkern der Rassenhass – auch in der Zweierbeziehung der allgegenwärtige Paar-Rassismus. Alle Zwiegesprächler lernen dieses Versöhnungsgefühl mit der Zeit kennen.

Anerkennen der doppelten Wirklichkeit

«Jedes Problem erlaubt zwei Standpunkte:
unseren eigenen und den falschen.»
CHANNING POLLOCK

Spricht man wesentlich miteinander, wird frappierend sichtbar, dass dieselben Ereignisse von jedem der beiden Partner gänzlich unterschiedlich erlebt werden können. Jeder hat eine andere Lebensgeschichte, und allein dadurch gewinnt jedes wahrgenommene Ding im großen Raum der inneren Assoziationen eine andere Bedeutung. Ein Paar lebt also nicht in einer einzigen Realität aus einem Guss, sondern in zwei Realitäten, zwei unterschiedlichen Erlebniswirklichkeiten. Erst das Anerkennen dieser doppelten Wirklichkeit schafft die Atmosphäre einer guten Beziehung.

Der Kernirrtum besteht darin, dass ich meine eigene Erlebniswirklichkeit, weil ich ihr ständiger Augenzeuge bin, mit der allgemeinen Realität verwechsle. Mit dieser Realität lösche ich alle anderen Realitäten aus. Genauer gesagt: Ich gemeinde sämtliche anderen Erlebniswirklichkeiten in meine Form des Wahrnehmens ein, ich schalte sie gleich, ich kolonialisiere sie als kleine Provinz in mein Weltreich ein.

Das Anerkennen der doppelten Wirklichkeit bedeutet seelisch gesehen eine Ablösung vom anderen. Vor allem heißt das, die Angst vor der Trennung durchzustehen, die mit diesem Akt der Separation verbunden ist. Sie stellt darüber hinaus eine enorme Kränkungsarbeit dar, weil man nicht mehr das Maß der Dinge ist, sondern sich selbst relativieren muss.

Aber erst wenn die doppelte Wirklichkeit im Paar von beiden anerkannt wird, setzt die wirkliche Bindung ein. Diesen Vorgang, der manchmal Jahre beansprucht, halte ich für den wesentlichen Reifeschritt eines Paares.

Üblich ist, ganz im Kontrast dazu, der herrschende Paardogmatismus: Ich halte dich einfach für denjenigen, den ich wahrnehme.

Ein Paar namens Rosalinde

In einer Paargruppe kam es zum Disput zwischen Männern und Frauen über die Frage, wer wen stärker bestimmt. Plötzlich rief ein Mann: «Ein Paar namens Rosalinde.» Alle lachten. Das war auf eine Beziehung zwischen zwei Gruppenmitgliedern gemünzt.

Der Ruf erinnert mich an den Satz, den eine Mutter ihrer Tochter entgegenhielt: «In unserer Beziehung ist kein Platz für zwei.»

Eine repräsentative Untersuchung deutscher Paare zeigte, dass von zwölf unterschiedlichen Paar-Typen nur zwei egalitär, zehn jedoch hierarchisch strukturiert waren. Unter diesen wurden sechs von der Frau und vier vom Mann geführt. Das Matriarchat überwiegt etwas.

Das Aufbrechen der vermeintlich einzigen Realität des Paares in zwei lebendige Wirklichkeiten wäre in diesem Falle der entscheidende innere Ablösungsschritt in der Paardynamik. Er führt beim Partner oft zum Schock: «Du bist so anders, als ich dachte! Es hat doch keinen Sinn, dass zwei so unterschiedliche Menschen zusammenbleiben.»

Aber jetzt beginnt erst die wirkliche Beziehung. Sie wird so gescheut, weil Paare nie gelernt haben, mit Unterschiedlichkeiten, sprich Konfliktstoffen, umzugehen.

Das offene Garagentor

In einer Paargruppe berichtet Karl, dass er seit vielen Jahren abends, wenn er nach Hause kommt und sein Auto in die Garage stellt, das zweite Garagentor öffnet. Das sei für seine Frau gedacht, die später heimkehrt. Sie müsse dann nicht aussteigen. Mit dieser liebevollen Geste wolle er ihr entgegenkommen. Aber – klagte er schließlich – in all den Jahren habe er nicht ein einziges Dankeschön zu hören bekommen.

Gerät ein Paar in eine solche Lage, hilft es sich selbst am besten, wenn es an die doppelte Wirklichkeit denkt. Daraus ergibt sich der nächste Schritt: Die andere Seite sollte ihr Erleben schildern.

Karls Frau Elga berichtet, wie sie es sieht. Sie erlebt das geöffnete Garagentor überhaupt nicht als eine liebevolle Entlastung, sondern umgekehrt als bedrohliche Ermahnung in dem Sinne: «Ich hoffe, dass du rechtzeitig zu Hause bist!» Die offene Garagentür erscheint ihr als Mahnung, nur ja keine Minute zu verlieren.

Die beiden hatten in der Paargruppe zum ersten Mal ihr so unterschiedliches Erleben ausgesprochen und waren plötzlich sehr entlastet. Nun konnte Elga die liebevolle Geste von Karl verstehen, und Karl konnte nachfühlen, wie Elga sich von dem aufgerissenen Garagentor vorwurfsvoll angeschnauzt fühlte. Erstaunt war die Gruppe, dass ein Paar über fünf Jahre lang, also über tausendmal, diese rituelle Handlung vollzog und erlitt, ohne darüber zu sprechen, ohne sich zu verstehen. Ich habe gelernt, darin eher die Regel denn die Ausnahme zu sehen.

Der Apfel

Burkhard umsorgt seine Frau. Er genießt frisches Essen wie Obst und Salate. Jeden Abend schält er seiner Frau einen Apfel, teilt ihn in Stücke und stellt ihn auf den Nachttisch. Jeden Abend isst Alexandra diesen Apfel. Aber erst in der Gruppe wird deutlich, dass sie Äpfel gar nicht mag. Sie hat sich an Burkhard angepasst, weil er doch so lieb sei. Doch ist es für Burkhard gar nicht so schwer, wie Alexandra befürchtete, die Ablehnung seiner Apfelgabe hinzunehmen.

Auch dieses Paar unterwirft sich jahrelang einem Ritual, wortlos und ohne die doppelte Wirklichkeit auch nur zu ahnen.

Realitätsrigidität

In der Paargruppe entdeckte ich, wie häufig starke, nicht zugelassene Entwertungsempfindungen zusammen auftreten mit der strikten Behauptung, die eigene Erlebniswirklichkeit sei die Realität schlechthin.

Lisa und Reinhold, seit Jahren in der Gruppe, haben es in dieser Hinsicht besonders schwer. Beide können kopfschüttelnd und beleidigt nicht verstehen, wieso der andere nicht so fühlt wie sie selbst.

Lisa sagt zu Reinhold nebenbei: «Nimm die offene Milchtüte und nicht eine neue Packung für den Kaffee.» Reinhold fühlt sich wie ein Schuljunge behandelt (als wenn er nicht wüsste, dass man selbstverständlich die angebrochene Packung nimmt) und wird laut. Lisa wendet sich entsetzt von ihm ab, weil er solche Bagatellen so aufbauscht.

Hintergrund ist die Tatsache, dass Lisa tatsächlich, um ihrem eigenen tiefen Entwertungsgefühl zu entgehen, sich in die Position einer Bewerterin begibt. Sie sagt später, sie sei als Kind ständig entwertet worden und habe sich immer ganz wertlos gefühlt. Deswegen sei sie Lehrerin geworden, um, statt bewertet zu werden, andere zu bewerten. Sie dreht den Spieß also um, bemüht sich um die Wendung in die Aktivität und neigt dazu, andere – vor allem natürlich ihren Reinhold – zu entwerten. Das ist die eine Seite. Die andere Seite ist Reinhold, der die kleinste Bemerkung von Lisa als Belehrung erlebt, die ihn zum Schüler machen solle. Ebenfalls eine Entwertung. Beide sind so fixiert auf ihre eigene Erlebniswirklichkeit, dass man von einer *Realitätsrigidität* sprechen könnte.

Solche Abwehrprozesse entgehen einem in der Einzelanalyse so gut wie gänzlich. Sie wären höchstens sichtbar als Protest gegen die Auffassungen des Analytikers. In der Paaranalyse wird ein solches Verhalten allerdings außerordentlich auffällig, präsent, ja prominent.

Wie nun hängt die Rigidität mit der Entwertung zusammen? Wenn ich mich entwertet fühle, ist auch meine Erlebniswirklichkeit entwertet. Sie könnte fragil und labil sein und jederzeit zu Fall gebracht werden durch eine andere Wirklichkeit. Aus diesem Grunde beginne ich, meine Wirklichkeit mit großer Energie stabiler zu machen, sie zu fixieren, zu betonieren, bis sie als allein selig machende Doktrin alles beherrscht. Das ist der im Paarleben, und nicht nur dort, übliche Alltagsdogmatismus.

Andere kaprizieren sich auf die objektive Realität: Stand die Tür gestern offen oder nicht? Hat man im Streit mühselig gefunden, was «wirklich war», kann man mit dieser Wahrheit nicht viel anfangen. Viel wesentlicher ist es, sich zu fragen, warum du sie für geschlossen hältst und ich sie für offen. Die Kunst des Paarlebens bedeutet, mit den beiden Wirklichkeiten für beide gewinnbringend umzugehen.

Die bedeutendsten Folgen für die Partnerschaft ergeben sich

aus der Anwendung der Einsicht in die doppelte Wirklichkeit auf die Zweierbeziehung selbst und auf die eigene Identität. Die Kernsätze lauten: «Meine Beziehung ist nicht deine Beziehung, obwohl es keine andere ist.» Und noch radikaler: «Ich bin für dich ein anderer als derjenige, für den ich mich immer halte.» Damit erweitern sich die Balancierungen in der Kunst des Zweierdaseins. Das Paar hat es mit zwei unterschiedlichen, wenn auch aufeinander abgestimmten Beziehungen in einer einzigen Bindung zu tun und zudem noch den Jongleurakt zu erlernen, mit vier Identitäten zugleich zu Rande zu kommen: wie du dich siehst, wie ich dich sehe, wie ich mich sehe und wie du mich siehst.

Die Veranstaltung

Wilhelm dämmert die doppelte Wirklichkeit. Er drückt das so aus: «Mehr und mehr wird mir klar, dass ich nur die eine Hälfte der Veranstaltung bin.» Das Paarleben eine Veranstaltung? Das klingt komisch, hat aber seinen wahren Kern. Das Bild ist wegen der unentwegten Inszenierungen eines Paares durchaus zutreffend.

Vollständige Gleichberechtigung

Ein Paar geht ins Kino. Der Mann ist begeistert. Auf dem Nachhauseweg schwärmt er von dem Film. Ein Seitenblick auf seine Frau enthüllt, dass sie alles andere als begeistert ist. Er versteht die Welt nicht mehr. Er denkt: Wie kann sie nur so blöd sein, einen so guten Film nicht gut zu finden? In diesem Moment setzt er nicht nur seine Erlebniswirklichkeit absolut («Ich erlebe den Film als gut, also ist er [allgemein] gut»), sondern wertet die andere Erlebniswirklichkeit seiner Partnerin ab. Erlebst du die Welt anders als ich, dann kann etwas nicht stimmen – und zwar kann mit dir etwas nicht stimmen. Das von meinem abweichende Erleben des anderen ist eine Kränkung. Diese Kränkungsarbeit muss man zunächst leisten. Weil ich verletzt bin, mich zurückgesetzt fühle durch dein anderes Erleben, drehe ich den Spieß um und entwerte dich. Die Erfahrung zeigt, dass das Alltagsleben der Beziehung von diesem Paar-Rassismus geprägt ist.

Erst wenn die vollkommene Ebenbürtigkeit des anderen innerlich akzeptiert wird, ist ein Paar gut in der Lage, die Bedürfnisse des einen und des anderen vorzubringen. Sie werden durch den Partner nicht einfach offen oder versteckt gedeckelt. Es kann in der Entwicklung des Paarlebens als Wendepunkt bezeichnet werden, wenn man diese Gleichberechtigung gerade dann im Sinn hat, wenn der andere so fühlt und handelt, dass es einem gegen den Strich geht.

Ein Mann, der hohen Gewinn aus dem Paargruppenprozess gezogen hat, sagte: «Nach meiner Einschätzung brauchte ich vier Jahre, bis ich meine Frau in ihrem Erleben und Verhalten in jeder Situation als wirklich völlig gleichrangig erlebte. Vertrat sie eine Auffassung, die mir völlig gegen den Strich ging, und zeigte sie Gefühle, die ich zunächst nicht verstehen konnte, war mir klar, sie hat ebenso ein Recht auf ihre Gefühle wie ich auf meine.»

Ein anderes Paar hielt drei Jahre regelmäßig Zwiegespräche und entwickelte sich in dieser Zeit völlig aus einem unentwegten Kampf gegeneinander heraus. Sie erläuterten es so: «Wir haben hundertmal in den Zwiegesprächen erfahren, dass die andere Meinung des anderen ihre völlige innere Berechtigung hatte.» Voraussetzung, diese Gleichberechtigung zu akzeptieren, ist daher das wesentliche Sprechen; die Methode, sich einfühlbar zu machen, ist das Zwiegespräch.

Wirkliche Gleichberechtigung bedeutet eine Revolution im Paarleben. Erst wer Freiheit in Gleichheit erlangen will, wird Humanität *(fraternité)* ermöglichen und feststellen, wie weit davon entfernt er noch ist.

Balance im Urkonflikt zwischen Selbstzuwendung und Partnerzuwendung

Eine Paarbeziehung existiert nicht ohne zwei Selbstbeziehungen

Roberta sagt in der Paargruppe, sie sei in letzter Zeit alle naslang wütend auf ihren Partner Fred, genauer gesagt auf das, was von ihm wieder unordentlich in der Wohnung herumliege, wenn sie nach Hause kommt. Sie ergänzt dann aber in Selbsteinsicht: Sie beginne immer, pausenlos an ihm herumzunörgeln, wenn sie mit sich selbst unzufrieden sei. In diesem Fall ist ihre Beziehung zu sich selbst maßgebend für ihre Beziehung zu ihrem Partner.

Mein Hinweis in den Gruppen lautet deswegen: Wir sind innerhalb einer Paarbeziehung völlig abhängig von der Beziehung, die unser Partner oder unsere Partnerin zu sich selbst hat. Die meisten sind sich über dieses Ausmaß nicht im Klaren. Dass man von der Stimmung des anderen beeinflusst wird, weiß jeder, nicht aber, dass die sehr differenzierte und meist unbewusst bleibende Art und Weise der Selbstbeziehung durchgehend die Qualität der Partnerschaft bestimmt – und zwar doppelt, nämlich von zwei Seiten her.

Die damit gegebene Spannung und Vielschichtigkeit einer Paarbeziehung geht aber noch weiter. Sie bewirkt, wie George

Bateson betonte, dass ein Partner allein das Zweiergeschehen nicht kontrollieren kann. Abhängigkeit und Unkontrollierbarkeit sind vielen Menschen so bedrohlich, dass sie es mit Bindungen schwer haben.

Die Vierdimensionalität der Beziehung

Wie gesagt, wir glauben meist, eine Paarbeziehung sei die seelische Einheit einer einzigen Bindung. Bei genauerer Betrachtung sehen wir aber, dass diese Paarbeziehung von zwei weiteren Beziehungen abhängig ist: von der Selbstbeziehung der Frau zu sich und von der Selbstbeziehung des Mannes zu sich.

Die Paarbeziehung besteht also genau genommen aus drei Beziehungen. Jeder Entwicklungsschritt muss sich in diesen drei Beziehungen vollziehen. Wer in den Dimensionen von Egoismus und Altruismus denkt, wird daraus für beide Haltungen eine gleichrangige Begründung gewinnen.

Der menschliche Urkonflikt besteht in jeder Sekunde darin, wie viel ich mich mir selber zuwende und wie viel ich mich dem Partner zuwende. Und wie sähe die Lösung aus? Was soll ich tun? Die Zuwendung sollte nach Möglichkeit zu gleichen Teilen erfolgen. Wende ich mich dem Partner zu wenig zu, steigen meine Schuldgefühle. Wende ich mich mir selbst zu wenig zu, steigen mit der Zeit meine Schamgefühle aufgrund einer chronischen Selbstvernachlässigung.

In der Paarbeziehung ist es allerdings bedeutsam, dass *beide* Partner diese Balance einhalten. Gelingt einem Partner seine Selbstbeziehung nicht, erkennt er beispielsweise nicht seine eigenen wirklichen Bedürfnisse, dann kann ich erstens nichts wirklich an ihm erkennen, kann aber auch keine Chancen, ja nicht einmal Probleme wahrnehmen.

Die Dreidimensionalität der Beziehung ist aber immer noch zu kurz gegriffen. Denn diese Dreieinheit ist ununterbrochen in Verwandlung. Die Beziehung ist kein Zustand, sondern ein Vorgang, ein Prozess, eine Entwicklung. So kommt noch eine vierte Dimension hinzu: die Zeit. Da aber Entwicklung keine wirkliche Sicherheit kennt, macht die Wahrnehmung dieser Zeitdimension so viel Angst, dass sie in der Regel verleugnet wird. Gerade eine sehr gute Beziehung ist sich des nächsten Morgens nicht gewiss. Der Mut, sich mit der eigenen Beziehung auf einen letztlich ungewissen Prozess einzulassen, fehlt den meisten. Ganz abgesehen davon, dass hinter jeder tiefen Zeitwahrnehmung die eigenen Grenzen sichtbar werden und damit die eigene Sterblichkeit. Andererseits bestimmt der Grad dieses Todesbewusstseins das Leben in seiner Vitalität. Auch diese Gegensätze von Leben und Tod, Lebendigkeit und Sterblichkeit, erzeugen sich wechselseitig. Unsere Existenz ist durchgehend und in allen Dimensionen bipolar.

Nähe-Distanz-Dosierung

Üblicherweise läuft der Urkonflikt zwischen Selbstzuwendung und Partnerzuwendung unter einem anderen Begriff, den viele mit ihm gar nicht zusammenbringen, nämlich dem des Nähe-Distanz-Problems. Jedes Paar ist einzigartig und muss für sich selbst die Dosierung von Nähe und Distanz herausfinden. Wir haben eine Kultur, die Bindung und Nähe erleichtert, Selbstrückzug und Distanz aber erschwert. Es ist wesentlich, zu verstehen, dass der Distanzwunsch gleichbedeutend ist mit dem notwendigen Bedürfnis, sich schuldfrei zurückziehen und sich selbst zuwenden zu können.

Nach einiger Zeit in den Paargruppen oder im Verlaufe regelmäßiger Zwiegespräche kommt ein stärkerer Wunsch nach einem eigenen Raum auf. Die Aufteilung der Wohnung wird verändert. Es wird als günstiger angesehen, dass jeder sein eigenes Zimmer hat, als dass ein Esszimmer und ein Wohnraum vorhanden sind. Selbstverständliche Rückzugsorte für jeden Partner sind meiner Erfahrung nach Grundvoraussetzung für eine gute Partnerschaft. Das ist ebenso wichtig wie die Finanzbalance und der Lastenausgleich.

Gewissensnot der Selbstzuwendung

Wie es einen «vorauseilenden Gehorsam» gibt, so kann man auch von einer «vorauseilenden Anpassung» sprechen. Sie tritt manchmal sogar bizarr auf, indem man sich nämlich an die vermuteten Erwartungen des Partners anpasst, die er in Wirklichkeit gar nicht hat. Wenn das auf beiden Seiten geschieht, verfilzt sich die Beziehung erheblich.

Anpassung bedeutet, dass ich die Bedürfnisse des anderen höher bewerte, wichtiger nehme, wesentlicher finde als meine eigenen Wünsche. Die Balance zwischen Selbstzuwendungsfähigkeit und Anteilnahme ist dann gestört. Wodurch? Durch überschwappenden Einfluss des Gewissens, das jede Selbstzuwendung nicht nur argwöhnisch als Egoismus betrachtet, sondern direkt zunichte machen will. Dafür einige Beispiele.

Die eigene Lebendigkeit

Was will ich eigentlich vom Leben? Um diese latente Frage geht es in Zwiegesprächen, in Paargruppen und in jeder Selbstbesinnung. Kommt in einer Gruppe diese Frage zur Sprache, so enthüllt sich verblüffend, wie unterschiedlich die Konzepte vom wahren Leben für die einzelnen Menschen sind: Einer will sein Lebenswerk schaffen, ein Buch schreiben. Er sieht das als das wirkliche tätige Leben. Eine andere will entpflichtet sein und spielerisch im Halbschatten schaukeln. Ein Dritter will irgendwie künstlerisch etwas gestalten – durch Malen, Modellieren, Stücke-Inszenieren. Und eine vertritt feurig die These, jedes Ziel sei sinnlos, man müsse in jedem Moment aus dem Bauch heraus entscheiden, was man zu tun wünsche, und dies dann auch tun.

Solche Vorstellungen lassen das Selbst aus der Tarnkappe der Anpassung auftauchen. Die Menschen werden sichtbar. So geschah es Ulrike. Zum ersten Mal konnte sie frei und unabhängig von den Geboten und Verboten der Mutter in der Gruppe sprechen. Dann aber erwischten sie kurz danach starke Kopfschmerzen. Sie musste sich bestrafen für die Sünde der Autonomisierung.

Ähnlich ging es Kurt. Er hatte ein Seminar mit einer Frau zu leiten, das er schließlich allein übernahm. Er rang mit dem Stoff und der Strukturierung. An einem Tag gelang es ihm glänzend, seine eigenen Ideen zu realisieren, die ganz anders waren als die der ehemaligen Leiterin. Am Abend reagierte er mit so schweren Kopfschmerzen, dass er den letzten halben Tag des Seminars kaum noch durchstehen konnte.

Am erschütterndsten war in der Paargruppe die Reaktion einer Frau, die einst an Magersucht gelitten hatte, dann eine Krebserkrankung überstand und intensiv um ihre Lebendigkeit rang. Sie hatte eines Nachts einen überwältigenden erotischen Traum, in dem ein Ochsenkarren nackte üppige Frauen voller Lebenslust einem lockenden Ziel entgegenschaukelte. Sie selbst erkannte sich und ihre sich langsam befreiende Lebendigkeit. Erlöst und erfüllt reiste sie von der Gruppensitzung nach Hause. Am nächsten Morgen ging es ihr elend. Drei Tage lang konnte sie ihrem Arztberuf nicht nachgehen. Ihr war schon früher bewusst geworden, dass jede unmittelbar aufbrechende Freude von stärksten Gewissensnöten im Sinne einer Selbstbestrafung gefolgt war.

Anna Freud nannte als Ziel der Psychoanalyse die «Über-Ich-Zersetzungsarbeit». Die genannten Beispiele sprechen dafür.

Bei dieser psychischen Geburt im Erwachsenenalter tritt also als Erstes das massive Schuldgefühl auf, wenn einer sich selbst lebt. Diese Ablösungsschuldgefühle sind tiefer, schwerer, dramatischer als Schuldgefühle wegen sexueller oder aggressiver Handlungen – obwohl sie natürlich nicht leicht abzugrenzen sind.

Das zweite Phänomen schilderte Helga: Sie habe in sich ein Chaos, wisse nicht, wo oben und unten ist, kenne keine Orientierung, wisse nicht, was zuerst und was zuletzt drankommt.

Menschen, die von klein auf nie spüren, was sie selbst wollen und wünschen, haben selbstverständlich zunächst überhaupt keine innere Strukturierung und Fähigkeit, «sich selbst zu lesen». Das Chaos ergibt sich also zwangsläufig.

Und schließlich tritt noch ein drittes Phänomen auf: die Scham. Man weiß genau, was man will, aber man schafft es nicht. Man erlebt es so, als ob eine fremde Kraft einen ununterbrochen daran hindert. Er will ein großes Werk schreiben, hat sich aber völlig übernommen. Er möchte voranstürmen und kommt nur langsam voran. Er wird perfektionistisch, weil er die innere Schwäche durch Überaktivität kompensieren möchte. An der Überaktivität aber scheitert er. Das Phänomen bedeutet also: Da ich selber noch ganz schwach bin und mich dessen schäme, versuche ich mit Hyperaktivität mich aus der Schwäche zu holen und scheitere an dieser Übertriebenheit und an diesem Perfektionismus.

Unbewusstes Zusammenspiel
Doppelte Bedingtheit sexueller Störungen

Der vorzeitige Samenerguss, die Ejaculatio praecox, wird in der psychoanalytischen Literatur als ein Symptom gesehen, das «Angst vor der Frau» ausdrückt – mit dem vorzeitigen Samenerguss entgeht man ihr, tritt man die Flucht nach vorne an.

In der Paargruppe ergab sich eine verblüffende Einsicht in diese verkürzte Deutung, die ja nur auf der individuellen Lebensgeschichte fußt und nicht auf der Kombination von Lebensgeschichten oder auf der Zweierdynamik.

Harald und Norbert litten an ihrem vorzeitigen Samenerguss. Aber er trat nicht jedes Mal auf. Ihre beiden Frauen sagten, dass sie nachträglich erkannt hätten, sie hätten dann aus irgendeinem Grund den Geschlechtsverkehr nicht gewünscht. Nur in diesen Zeiten trat der vorzeitige Samenerguss auf. Das bedeutet: Die unbewusste Dynamik führt dazu, dass solche Männer eine Frau erleben, die nicht will, dies aber nicht ausspricht. Der vorzeitige Samenerguss wäre dann eine Art Kompromissbildung dieser bipersonalen Psychodynamik. Die Entdeckung Freuds, dass ein Symptom ein Kompromiss zwischen Befriedigung und Abwehr ist, gilt auch für die Zweiergesamtheit.

Diese Einblicke sind sehr wichtig, weil praktisch alle sexuellen Symptome – insbesondere bei Umfragen – an Individuen erhoben werden, deren Verflechtung mit dem Partner in einer wesentlich unbewussten Beziehung gar nicht beachtet wird.

Acht Neuntel der Beziehung wirken unbewusst

Eine Beziehung besteht aus einem Neuntel bewusster Beziehung und acht Neuntel unbewusster Beziehung. Die unbewusste Beziehung macht Stimmung, Fühlen und Intuition aus. Sie wird von uns erlebt, wenn auch nicht bewusst. Sie steuert so gut wie alles. In ihren blitzartig oszillierenden Wechselwirkungen werden beispielsweise die Rollen von Mann und Frau festgelegt. Fachsprachlich nennt man diesen Wechselbezug Kollusion. Er hat enorme Auswirkungen auf das bewusste Seelenleben: Es wird nämlich deutlich, dass die so ersehnte Eigenständigkeit, Selbständigkeit und Autonomie nicht existiert. Alles, was im Paar geschieht, ist von beiden bedingt. So fällt die Individualität dahin. Sie wird aber im selben Moment wieder geboren, weil wir zwar ein gemeinsames Unbewusstes konstellieren, das uns beide steuert, jedoch jeder aufgrund unserer unterschiedlichen Lebensgeschichte anders mit diesem gemeinsamen Unbewussten umgeht.

Wäre beispielsweise das gemeinsame Unbewusste erfüllt von Trennungsangst, so könnte der eine die Flucht nach vorn antreten und abenteuernd die Weite suchen, während der andere mit einer andersartigen Kindheitsgeschichte ein Klammeräffchen wird. Beide erscheinen dem Laien völlig unterschiedlich, dennoch verarbeiten sie dasselbe Thema.

So ist das Sein des einen mit dem Sein des anderen untrennbar verknüpft. Die Revolution im Alltagsleben bedeutet beispielsweise, dass es keine Schuldzuweisung mehr gibt: weder an den Partner noch an sich selbst. Schuldgefühlen und Vorwürfen ist endgültig der Boden unter den Füßen weggezogen, weil ich am Erleben und Verhalten des Partners ebenso mitwirke wie er selbst. Mein Handeln, Entscheiden, Fühlen und Träumen ist unmittelbar mit dem anderen verwoben.

Betrachtet man in dieser paardynamischen Perspektive das Leben, so wird deutlich, dass ein Paar von morgens bis abends und selbst nachts unbewusste Inszenierungen veranstaltet, welche die alten unerledigten, beispielsweise traumatischen, Szenen wiederholt, um sie der Lösung einen Schritt näher zu bringen. Meine Individualität ist also die Art und Weise, wie ich mit dem Stoff umgehe, der unser gemeinsames Unbewusstes konstituiert.

Aus dem unbewussten Zusammenspiel folgt auch die Paarsymmetrie. Wie eine Gruppe hat auch die Zweierbeziehung ein gemeinsames unbewusstes Thema, um das sich zum gegebenen Zeitpunkt so gut wie alles dreht. Die Träume von Frau und Mann aus derselben Nacht zu vergleichen und durch freie Assoziationen aufzuschlüsseln führt direkt auf dieses Kernfeld.

Viele sind verblüfft, ja erschrocken, wenn sie daraus ableiten, dass auch eine aushäusige Verliebtheit zu zweit gemacht sein muss. Der schmerzvoll Verlassene hat an dem unbewussten Zusammenspiel ebenso mitgewirkt wie der offiziell Verliebte. Das sprengt sowohl vom Gefühl wie vom Umfang her den Rahmen dieses Abschnitts. Ich gehe darauf später in einem eigenen Kapitel ein (siehe Seite 262).

Der menschliche Urknall: die ersten drei Minuten

Der erwähnte Ausdruck «die ersten drei Minuten» stammt aus der Kosmologie. Die Astrophysiker meinen damit die ersten drei Minuten nach dem Urknall, die relativ überblickbar sind. Sie beziehen sich also auf die «Schöpfung» der Welt, in der wir leben.

Etwas Ähnliches vollzieht sich im Menschenleben. Es ist der Moment, in dem zwei Menschen sich finden. Dieses Ereignis ist ein Wendepunkt, der oft unterschätzt wird: Bleiben die beiden zusammen, so werden ihre zwei Leben durch diesen Vorgang geprägt. Und nicht nur das: auch die nächste Generation wird in ihrer Art und Weise vorbestimmt, weil wir seelisch nicht mehr und nicht weniger sind als die Verinnerlichung der frühen Beziehungen zu unseren Bindungspersonen, also vor allem zu Mutter und Vater wie zum Elternverhältnis selbst.

Der Big-Bang-Theorie zufolge war der gesamte Kosmos kurz vor Beginn des Urknalls unendliche Energie, kleiner als ein Atomkern. In Milliardstelsekunden dehnte sich beim Urknall der Kosmos auf eine kosmische Größe aus in der so genannten «inflationären Phase». Ebenso dürfte der «Urknall der ersten Verliebtheit» in einem hoch energiegeladenen Ereignis und tatsächlich vielleicht in Sekunden – «Liebe auf den ersten Blick» – die fundamentale Wirklichkeit des Paares herstellen, die dann später nur noch ausgestaltet wird.

Wenn es «funkt», ergibt die Kombination zweier Lebensgeschichten blitzartig eine andere Realität, insofern wirklich etwas Neues. Alles Schöpferische kann nie nur die Wiederholung der Vergangenheit sein – zum einen aufgrund der Kombination selbst, zum anderen aber, weil diese neue Kombination andersartige Entwicklungsbedingungen konstelliert, die völlig neues seelisches Wachstum ermöglicht. In der Evolution und Ethologie spricht man von «Fulguration» (Aufblitzen).

Vielleicht ist die Partnerwahl als direktes Ergebnis des unbewussten Zusammenspiels sein weitreichendstes Resultat, wenigstens in jenen Kulturkreisen, in denen nicht schon die Kinder von den Eltern zur Ehe versprochen werden, und vorausgesetzt, dass die Partnerwahl als Grundabstimmung zweier Menschen bedeutender ist als ihre Fähigkeit, eine Beziehung zu führen.

Konfliktfähigkeit

Konfliktfähigkeit war früher, bevor mir als das höchste Gut eines Paares die Entwicklungsfähigkeit bewusst wurde, das Geschenk, das ich einem Hochzeitspaar am liebsten hätte mitbringen wollen (siehe Seite 72). Konfliktlosigkeit, von der alle träumen, weil sie mit weniger Arbeit verbunden ist, gibt es im Paarleben nicht. Besser gesagt: Konfliktlosigkeit ist bei gut entwickelter Konfliktfähigkeit nur vorübergehend zu genießen. Jede Zweierbeziehung ist, wie gesagt, ein problemproduzierendes Verfahren. Und selbst wenn dem nicht so wäre: Die äußeren Verhältnisse lassen mit Widrigkeiten für beide nicht auf sich warten. Da aber die meisten Paare einen Konflikt noch nicht einmal definieren können, können sie nicht mit ihm umgehen und haben schon deswegen Angst und eine tiefe Abneigung gegen Konflikte. So hat Konfliktfähigkeit ein eigenes Kapitel verdient (siehe Seite 72).

Dritter Teil
«Es gibt nichts Gutes, außer man tut es»

8 Die Politik des Paares.
Das beste Werkzeug
Was können Paare konkret für sich tun?

Die gute Gewohnheit regelmäßiger Gespräche

Was kann ein Paar für seine Entwicklung tun? Darauf gibt es vor allem eine Antwort: Zu einem gemeinsam vereinbarten, festen Termin regelmäßige, wesentliche Gespräche führen, die nicht zu einem zermürbenden Kreisdiskutieren verkommen. Es genügen anderthalb Stunden in der Woche, als optimal haben sich zwei Gespräche erwiesen.

Das ist ein geringer Aufwand, denkt man an den durchschnittlichen Massenmedienkonsum von mehr als fünf Stunden pro Tag und Bundesbürger.

Das allgemeine und das besondere Zweiergespräch

Es gibt zwei Arten von wesentlichen Dyalogen: das allgemeine und das besondere Zwiegespräch. Das spezielle Zwiegespräch ist themenzentriert. Es ist fokussiert, damit man sich einem Fokus (Brennpunkt) wirklich widmet und schwerer ausweichen kann. So gibt es beispielsweise erotische Zwiegespräche, wie ich sie in dem Buch «Worte der Liebe» beschrieb. Da lautet die Kernfrage: «Was bewegt mich in meinem erotischen Erleben am stärksten?»

Im vorliegenden Buch geht es aber um etwas anderes, was viele Paare sich zu fragen vergessen: «Was sind die für mich und damit für uns beide wichtigsten Liebesbedingungen?» Jeder Mensch hat eine andere Lebensgeschichte und damit andere Liebesbedingungen, andere Lustbereitschaften, andere Abwehrformen, andere Ängste, andere Wünsche. Ein Paar braucht in der Regel eine Serie von Gesprächen, um in dieser Frage Klarheit zu gewinnen. Und es braucht Konfliktfähigkeit, um das Verlangen der einen Seite abzustimmen mit dem meist gegenläufigen Verlangen der anderen Seite, ohne dass eine Seite zu kurz kommt.

Die vielseitige Anwendung der Dyaloge

Die wesentlichen Dyaloge sind ein vielseitiges Instrument des Paarlebens. Sie können regelmäßig über Jahre durchgeführt werden (es gibt schon Paare, die solche Zwiegespräche seit fünfzehn Jahren führen), und sie können bei besonderen Gelegenheiten einmalig oder in kleiner Serie angewandt werden.

Ein Paar kann mit diesen Dyalogen seine Partnerwahl entscheidungsreif machen: Passen wir wirklich gut zusammen? Und es kann damit seine gesamte Entwicklung über Jahre intensivieren: Chancen erkennen, Probleme lösen, erotisch bleiben, wechselseitige Einfühlung stärken.

Jedes Paar kann mit solchen Zwiegesprächen ferner ein anstehendes Thema in einem themenzentrierten Dyalog über einen begrenzten Zeitraum tief gehend erkunden. Zum Beispiel:

1. Meine besten Liebesbedingungen
2. Meine stärksten Ängste
3. Meine wesentlichsten Ziele
4. Mein Neid
5. Meine Rivalität mit dir

Zwei im Gespräch

Die Ziele

an Einfühlung gewinnen
die Erotik beleben
die Beziehung entwickeln
sich selbst besser wahrnehmen
Chancen erkennen und realisieren
Konflikte klären und vor allem verhüten
die Rollen verändern

Welche zwei?

Die kleinste Selbsthilfegruppe besteht aus zwei Personen, die miteinander ein wesentliches Zwiegespräch führen. Diese zwei sind

– vor allem die beiden «Paartner», die ein Paar bilden, womit sie aktiv beitragen zum Lebendigbleiben ihrer Beziehung – das heißt auch zu den bestmöglichen seelischen Entwicklungsbedingungen für die eigenen Kinder – wie auch lebensverändernde Ereignisse besser verarbeiten können (Verliebtheit, Krisen, Familiengründung, Trauer, Berufsveränderung, Trennung, Krankheit u. a.)
– Freunde oder Freundinnen,
– Vater oder Mutter mit Sohn oder Tochter (soweit die Kinder fähig sind, sich im Gespräch zu äußern, also etwa ab dem zehnten Lebensjahr)
– oder umgekehrt: Erwachsene mit Vater oder Mutter,
– Geschwister, die beispielsweise ihre seelische Entwicklung besser verstehen wollen,

– Arbeitskollegen, die täglich konkret miteinander zu tun haben und ihre Arbeitsbeziehung wechselseitig einfühlbarer machen wollen,

– jemand, der in einer psychotherapeutischen oder psychosomatischen Behandlung die übliche starke Selbstentwicklung erlebt, und sein Partner, damit die «Gleichgewichtsstörungen der Beziehung», die oft zur Trennung führen, gemildert werden,

– bei starken lebensverändernden Ereignissen Menschen, die einander viel bedeuten, lange Zeit zusammenleben oder intensiver zusammenarbeiten,

– Mitglieder einer Selbsthilfegruppe zwischen den Sitzungen – etwa, wenn sie ein Problem so besser zu lösen meinen oder eine Krise es erfordert.

Zwiegespräche entwickeln und vertiefen die Beziehung

Zwiegespräche vertiefen eine Zweierbeziehung durch eine Fülle von Momenten, die den meisten nicht bewusst werden, vor allem durch die Steigerung der wechselseitigen Einfühlung. Sie folgt aus dieser Form des Gesprächs von selbst, indem jeder dem anderen berichtet, wie er sich selbst, den anderen, die gemeinsame Beziehung und die jeweilige Situation gerade erlebt. Einer macht sich im wesentlichen Gespräch dem anderen einfühlbar, er wartet nicht passiv auf die Einfühlung des Partners. Dieser «Austausch von Selbstporträts» überwindet auf einfache und oft verblüffende Weise die schleichende «Beziehungslosigkeit

in der Beziehung», die nach und nach zu einem inhaltslee-
ren Nebeneinander statt einem lebendigen Miteinander
führt. Die Fähigkeit, zu reden und zuzuhören, entwickelt
sich von selbst weiter: *learning by doing.*

Die Grundordnung der Zwiegespräche

Die Grundordnung enthält die Bedingungen, auf die es
ankommt. Ohne diesen Rahmen gelingen Zwiegespräche
nicht. Er scheint so leicht, dass er oft nicht beachtet wird.
Doch jedes seiner Elemente ist entscheidend für die Wirkung der wesentlichen Gespräche: Zwiegespräche brauchen
wenigstens einmal in der Woche anderthalb Stunden ungestörte Zeit. Die Regelmäßigkeit ist das Geheimnis ihres
Erfolgs. So geht der unbewusste rote Faden nicht verloren.
Jeder antwortet auf die innere Frage: «*Was bewegt mich im
Moment am stärksten?*» Er schildert, so wie er gerade sich,
den anderen, die Beziehung und sein Leben erlebt. Er bleibt
also bei sich. Das Gespräch hat kein anderes Thema. Es ist
offen. Die freie Assoziation ist auch gewahrt, wenn man
sich zu einem themenzentrierten Dyalog entschließt, wie es
hier fokussiert auf die besten eigenen Liebesbedingungen
empfohlen wird. Äußern und Zuhören sollten möglichst
gleich verteilt werden. Gelingt das nicht, hat sich der Vier-
telstunden-Wechsel bewährt. Schweigen und Schweigen-
lassen, wenn es sich ergibt. So sind ausgeschlossen: bohren-
de Fragen, Drängen und sanfte wie heftige Versuche, den
anderen einfach zu übergehen. Zwiegespräche sind kein
Offenbarungszwang. Jeder entscheidet für sich, was er sagen

mag, auch wenn größtmögliche Offenheit in der Regel am weitesten führt. Sich wechselseitig einfühlbar zu machen ist das erste Ziel der wesentlichen Gespräche. Nur so können wir einander wirklich miterleben. Wenn uns das gelingt, beginnen wir zu begreifen, was eine Beziehung sein kann. Weitere Ziele ergeben sich von selbst. Sie wechseln mit der Entwicklung. So erleben viele Paare eine Revolution zu zweit.

Es gibt darüber hinaus kaum Regeln. Wenn beide für dieses Setting sorgen, sorgt es seinerseits für alles. Vor allem garantiert es die unbewusste Selbstregulation der Entwicklung zu zweit.

Bei sich bleiben

Einige Erfahrungen können für den Anfang hilfreich sein:
– Ich kann nie den anderen ändern, obwohl ich gerade das am liebsten täte. Mit Glück gelingt es mir, mich selbst zu ändern. Dann ändert sich die Beziehung als Ganzes, also auch mein Partner.
– Ich versuche ständig, den seelischen Schwerpunkt im Gespräch von mir auf den anderen zu verschieben. Dann befinde ich mich mit meinem Erleben beim anderen – und habe mich selbst vermieden.
– Wenn ich dahin gerate, im Zwiegespräch meinem Partner Vorwürfe zu machen – was häufig der Fall ist –, dann sollte ich genau diese Vorwürfe auf mich «übersetzen». Denn fast ausnahmslos mache ich Vorwürfe, um einen unbewussten Druck von Selbstvorwürfen loszuwerden.

– Ein starker unbewusster Widerstand – ähnlich dem gegen Psychotherapie – versucht, die Zwiegespräche zu verhindern. Oft sorgt er für den Ausfall eines Gesprächs, um dann alles im Sande verlaufen zu lassen. Deshalb kann man sagen: Regelmäßigkeit, Kontinuität ist alles – der Rest kommt von selbst.

Liegestützgleichnis

Viele verzweifeln an ihrer eigenen Entwicklungsfähigkeit. Es fehle ihnen an so gut wie allem, sagen sie. Weder könnten sie sprechen noch sich selbst wahrnehmen, noch sich entschließen, geschweige denn gut zuhören. Ihnen hilft der Trost des Liegestützes, weil er so einfach und überzeugend ist. Will ein körperlich Ungeübter mit großer Entschlossenheit dreißig Liegestütze demonstrieren, kommt er vielleicht gerade auf zweieinhalb – so verbissen er seinen Willen auch einsetzt. Jedem und jeder aber werden die dreißig Liegestütze in einem Vierteljahr gelingen, wenn sie nur redlich jeden zweiten Tag so weit trainieren, wie sie gerade kommen. Den Effekt kennt jeder: Nach und nach wächst der Muskel. Und genau so auch die seelischen Fähigkeiten. Bleibt das Paar im Gespräch, lernt es sprechen und zuhören. Bleibt es jedoch im üblichen sprachlosen Nebeneinander des Doppelsingle-Daseins, so verlernt es diese Fähigkeiten – wie ein unbewegter Muskel verkümmert. Man muss also nur eines: am Ball bleiben. Lernendes Handeln, übendes Erleben nicht einschlafen lassen. Übung macht auch hier den Meister.

Die ersten Schritte

Jemand erfährt von den Zwiegesprächen zuerst. Nun will sie oder er dem Partner oder der Partnerin die Idee vermitteln. Das könnte auf vermehrten Vorbehalt stoßen. Es genügt daher, zu sagen: «Ich habe etwas über Zwiegespräche gelesen und sehe darin eine gute Idee auch für uns. Darüber möchte ich gern mit dir sprechen, wenn du dir selbst ein erstes Bild davon gemacht hast.» Welche Bücher in Frage kommen, sagt der Literaturhinweis auf Seite 299 ff. Der zweite Schritt besteht in gemeinsamen «Vorgesprächen». Das sind noch keine Zwiegespräche, sondern ungestörte, einigermaßen konzentrierte Gespräche von ausreichender Länge über Für und Wider der Zwiegespräche. In diesen «Vor-Zwies» sollte jeder möglichst offen seine Vorbehalte, Bedenken und Ängste äußern und mit den Argumenten abwägen, die dafür sprechen. So schwindet mit der Zeit eine Polarisierung (der eine dafür, der andere dagegen).

Falls beide Partner Zwiegespräche für gut befinden, besteht der dritte Schritt in einer gemeinsamen Vereinbarung der Zwiegesprächszeiten. Dazu suchen beide einen anderthalbstündigen festen Termin in der Woche, der am wenigsten durch anderes gestört wird. Dieser Haupttermin allein reicht jedoch erfahrungsgemäß nicht aus. Es ist günstig, auch gleich einen festen Ersatztermin zu vereinbaren, der dann gilt, wenn der Haupttermin ausfallen muss. Der unbewusste Widerstand sorgt nicht selten dafür, dass beide Zeiten verstreichen. Dann kann spontan ein Termin in der laufenden Woche festgelegt werden.

Die vorherige Vereinbarung der Termine ist seelisch von

Bedeutung. Gerade deswegen wird sie als «künstlich» abgewehrt. Spontane Abmachungen versanden erfahrungsgemäß schnell im unbewussten Widerstand.

Fünf Bedingungen
einer guten Beziehung

Fünf Einsichten machen den «Geist» der Zwiegespräche aus. Sie sind Entwicklungsziele, nicht etwa vollendete Tatsachen oder vorgegebene Regeln. Sie gleichen eher einer Sprache der Zweierbeziehung. Wir können sie mit der Zeit erlernen. Jede Einsicht bringt eine Reihe fundamentaler Änderungen im Alltag des Paares mit sich.

1. Wir können lernen, von der wechselseitigen Unkenntnis auszugehen, statt von der gleichen Wellenlänge: «Ich bin nicht du und weiß dich nicht.»
2. Wir können lernen, unser gemeinsames unbewusstes Zusammenspiel wahrzunehmen, statt uns als zwei unabhängige Individuen aufzufassen: «Wir sind zwei Gesichter einer Beziehung und sehen es nicht.»
3. Wir können lernen, regelmäßige wesentliche Gespräche als Herz und Kreislauf einer lebendigen Beziehung zu begreifen, statt mit Worten unsere Beziehung nur noch zu verwalten: «Dass wir miteinander reden, macht uns zu Menschen.»
4. Wir können lernen, in konkreten, erlebten Beispielen statt in abstrakten Begriffen zu sagen, was wir meinen: «In Bildern statt in Begriffen sprechen.»
5. Wir können lernen, auch unsere Gefühle als unbewusste

Handlungen mit geheimer Absicht zu verstehen, statt zu meinen, sie überkämen uns wie Angst und Depression von innen oder würden uns von außen zugefügt wie Kränkung und Schuldgefühl: «Ich bin für meine Gefühle selbst verantwortlich.»

Was tun, wenn Zwiegespräche nicht regelmäßig zu führen sind?

Wenn Zwiegespräche – aus äußeren oder inneren Gründen – nicht wöchentlich stattfinden können, kann man sie auch bündeln.

Ein doppeltes Zwiegespräch dauert mit einer notwendigen Pause von einer Viertelstunde dazwischen dreieinviertel Stunden – also an einem Abend von 19 bis 22:15 Uhr beispielsweise.

Sind wochenlang die Zwiegespräche ausgefallen, wird es höchste Zeit, genau darüber intensiv Zwiesprache zu halten. Dies ist deswegen bedeutsam, weil längere Unterbrechungen meist der Anfang vom Ende sind. Ziel sollte bleiben, insgesamt auf eine Anzahl von Zwiegesprächen zu kommen, die den vertanen Wochen entspricht.

Selbstverständlich kann bei Bedürfnis oder Notwendigkeit in intensiven, veränderungsreichen Zeiten mehr als ein Gespräch pro Woche vereinbart werden. Viele Paare führen in der ersten Verliebtheit oder in Krisen regelmäßig zwei Gespräche pro Woche. Manche nehmen sich zum Beginnen ein ganzes Wochenende, an dem sie die schwierige erste Zeit stark gebündelt durchmachen.

Selbstkontrolle gegen das Scheitern

Misslingen Zwiegespräche, so liegt es fast immer daran, dass Bestandteile der Grundordnung unbeachtet blieben. Abhilfe bietet die Untersuchung folgender Fragen:

Haben die Zwiegespräche regelmäßig einmal in der Woche stattgefunden oder, wie beschrieben, ersatzweise gebündelt? Wenn nicht, ist der unbewusste rote Faden gerissen.

Gingen sie über anderthalb oder zwei Stunden? Waren sie zu kurz, so blieben sie oberflächlich und enttäuschten. Waren sie zu lang, so hat sich das Paar überfordert.

Ist jeder bei sich geblieben, erkannten beide die Formen ihres Kolonialisierens? Häufig agieren Paare ihre unbewussten Schuldgefühle in einem «Streitgespräch zum festen Termin» aus. Sie entwickeln die Abwehrform der «Beziehungskiste», in der jeder seinen inneren Schwerpunkt in den anderen verlagert hat.

Blieben die Gespräche ungestört durch äußere Einflüsse? Jede Ablenkung, ja schon die Erwartung einer Störung, behindert die unbewusste Wahrnehmung und die Konzentration. Dadurch geht, beim Spaziergang übers Feld, im Auto, durchs Telefon, viel Austausch verloren.

Hat sich jeder von beiden für die Zwiegespräche entschlossen, sind sie gemeinsam für diesen Termin vereinbart worden? Viele Partner gehen auf die Wünsche ihres Partners ein, ohne es selbst zu wollen. Wer Zwiegespräche «für den anderen mitmacht», ist sich noch nicht der Kollusion mit ihm bewusst.

Ist das Sprechen – über mehrere Zwiegespräche hin – ungefähr gleich verteilt? Im Schweigenden sammelt sich oft das, was aus der Beziehung herausgehalten werden soll. Sein Wort ist wesentlich. In vielen Paaren gibt es eine Seite, die viel und leicht redet, und die andere Seite, der zu sprechen schwerer fällt. Beide sollten dafür sorgen, dass jeder gleich viel Zeit während des Zwiegesprächs erhält – und sei es, indem der fließend Sprechende einfach schweigt. Manche Paare brauchen lange, bis sich das Ungleichgewicht ausbalanciert hat. Auf keinen Fall sollte die Asymmetrie dazu führen, dass sich die Polarisierung verfestigt. Folgende Viertelstundenregelung hat sich bewährt: Jeder hat fünfzehn Minuten ganz für sich, die er für Sprechen oder Schweigen verwenden kann. Danach ist der andere «dran» für seine Viertelstunde. Und so weiter. Partner, die sich schwertun, etwas für sich zu beanspruchen, schätzen diese Ordnung sehr.

9 Keine Wege führen auch zum Ziel
Windrosen vielfältiger Wirkungen

«Geh dorthin,
ich weiß nicht wohin,
suche das,
ich weiß nicht was»
Titel eines russischen Marchens

Meist meint man, um ein Ziel zu erreichen, brauche man nur einen Weg zu Ende zu gehen. So stellen sich auch viele Experten eine seelische Entwicklung vor. Bemerkenswerterweise führt hier aber kein Weg zum Ziel – es sei denn, es handelt sich um eine eindimensionale Aufgabe, die man zu erledigen hat. Seelisches Wachsen, wie es beispielsweise in Zwiegesprächen geschieht, ist etwas ganz anderes: Ein Raum öffnet sich nach allen Seiten. Es geht um ein vieldimensionales Werden.

Mir wurde dies bewusst, als ich nach einer Darstellung der komplexen Wirkungen der Zwiegespräche suchte und sie im Traum fand: im Bild der Windrose. Eine Windrose bezeichnet den sich öffnenden Raum nach allen Seiten. Erst so war mir der paradoxe und vielseitig deutbare Satz klar: Keine Wege führen hier zum Ziel.

Vielleicht sollte ich noch die hohe Bedeutung des Scheiterns, der Störungen, des Leidens auf diesem Wege erwähnen.

Sie ergibt sich bereits aus der eingangs skizzierten Polarität alles Lebendigen. Gesundheit, positive Wirkungen sind ohne Krankheit, negative Resultate gar nicht vorstellbar.

Sie ergibt sich zum zweiten aus der seelischen Auseinandersetzung mit den versteckten inneren Anteilen, die wir nicht gern wahrhaben wollen. Ein Fortschritt zur Gesundung zeigt sich paradoxerweise gerade in einer Verschlimmerung der Symptomatik.

Noch viel bedeutender aber scheint mir eine Eigenschaft des Leidens zu sein, die man am ehesten mit bindender und schöpferischer Kraft bezeichnen könnte. Damit ist eine besondere Heilungsenergie des Leidens gemeint, sich selbst aufzuheben, indem es eine tiefe, vertrauensvolle und starke Bindung zu anderen Menschen schafft und diese Bindung auch mit kreativem Selbstintegrationsschub erfüllt. Es geht vorrangig um das Annehmen, das Zulassen des Schmerzes, des Zorns und der Trauer, erst in zweiter Linie um seelische Veränderung im Sinne eines «Abstellens» der zugrunde liegenden traumatischen Lage. Das ist deswegen so unbeliebt, wenn nicht verschmäht, weil wir unsere eigenen Störungen lieber loswerden als lösen wollen. Was Sigmund Freud der Libido, der Lust, zuschrieb, ihre bindende und Leben entwickelnde Kraft, scheint mir also im Leiden ebenso wirksam: Leidenschaft fasst diese fundamentale Polarität in ein einziges Wort.

Der Leidensdruck, sagen die Psychoanalytiker, führt in die Therapie – oder er führt im Bereich der Selbstentwicklung beispielsweise zu den Zwiegesprächen. Also liegt die Kunst des wirklichen Heilens darin, den Impuls, eine Störung wie lästigen Abfall loszuwerden, zu verwandeln in einen Impuls, sie in sich aufzunehmen und zu lösen.

Die vier Himmelsrichtungen seelischen Wachsens

Die vier Himmelsrichtungen dienen der Orientierung. Sie sind entworfen, um die über sechzig Wirkungen der Zwiegespräche, die wir in einem Fragebogen ermittelten, präsentieren zu können.

Die Kenntnis der Entwicklungsgewinne ist für Zwiegesprächler hoch bedeutsam, nicht nur weil sie zu den Dialogen motivieren, sondern weil sie auch eine Gegenkraft bieten zu dem regelmäßig aufkommenden Widerstand, dem viele sonst allzu schnell erliegen.

Darüber hinaus gelten diese Befunde jenseits der Zwiegespräche für jede seelische Entwicklung: beispielsweise für die Wirkung von Paargruppenanalysen, an denen fünf bis sechs Paare über mehrere Jahre teilnehmen, natürlich auch für die Einzelpaartherapie, ebenso für Einzelpersonenbehandlungen in Psychotherapien, Psychoanalysen und Gruppen. Schließlich gelten die Windrosen für das alltägliche Wachsen in Beziehung und Ehe jenseits aller Experten, ja sie sind auch ein Maß für die Lebenserfahrung, die ja nichts anderes ist als eine lebenslange Selbsterfahrung im Beziehungsgefüge der eigenen Umwelt.

WINDROSE DER WIRKUNGEN
Gemeinsames Entwickeln der Paarrealität: Wirklichkeitsgewinn

Zunahme der inneren Kommunikation

Verantwortung für das eigene Selbst

SELBSTBINDUNG
Selbstwahrnehmung

GESUNDHEIT
Immunstärkung durch Offenheit

© 1998 Michael Lukas Moeller

EROTIK
Wahrnehmung der Wünsche

EINFÜHLUNG
Partnerwahrnehmung

Balance im Urkonflikt Partner- und Selbstzuwendung

Anerkennen der doppelten Wirklichkeit

Der Norden der Selbstbindung

Im Norden geht es um die Beziehung zu sich selbst. Das Grundthema des Zwiegesprächs: «Was bewegt mich zur Zeit am stärksten?», ist eine Aufforderung zur Selbstwahrnehmung. Sie wird im Dyalog ununterbrochen eingeübt. Wie sich nun beispielsweise einem Nachbarn gegenüber bei häufiger und intensivierter Begegnung eine Beziehung zu einer Bindung entwickeln kann, verwandelt sich die aktivierte Selbstbeziehung mit der Zeit in eine Selbstbindung. Ein neuer Begriff von hoher Bedeutung für das seelische Leben der Partner und des Paares.

Der Süden der Paarbindung

Gegenüber, im Süden, entfaltet sich die Zweierbeziehung – im Wesentlichen durch die einfache Wahrnehmung des Partners, der sein Selbstporträt entwirft. Da sich dieses bei beiden Beteiligten vollzieht, erhöht jede Minute des Dyalogs die Einfühlung. So stärkt sich die Bindung. Das lebendige Miteinander tritt an die Stelle des glatten Nebeneinanders.

Gelegentlich kann das übrigens den Entschluss zur Trennung mit sich bringen. Denn wer sich und den Anderen wirklich kennen lernt, kommt in dieser vertieften Bindung vielleicht auch zu dem Schluss, dass diese Beziehung aus einer unglücklichen «Kombination zweier Lebensgeschichten» besteht. Verständlicherweise wird diese Auffassung auch gern zur Flucht aus der Beziehung benutzt. Sie sollte erst nach zwei Jahren Zwiegesprächen ins Auge gefasst werden. Die Dyaloge sind, wie erwähnt, keine Beziehungsbewahranstalt, sie dienen vielmehr der Entscheidungsfindung, ob man zusammenbleiben oder sich besser trennen sollte.

Der Osten der Gesundheit

Im Osten geht die Gesundheit auf – und zwar nicht nur die seelische, sondern sehr konkret auch die körperliche. In den achtziger Jahren erforschte der amerikanische Psychologe James Pennebaker das «Opening-up», die Selbstoffenheit. Zwiegespräche sind die Tätigkeitsform der Selbstöffnung. Sie übt sich nach und nach ein. Die Befunde von Pennebaker zeigen, dass durch ein vertrauensvolles Gespräch die Immunabwehr bis in das zelluläre System gestärkt wird. Im Zwiegespräch macht man sich also über diesen psychoneuroimmunologischen Weg auch körperlich gesund, da das Immunsystem von der Infektionsabwehr bis zur Krebsgenese eine zentrale Rolle in Gesundheit und Krankheit spielt. Kürzlich sorgte ein Buch des Arztes Dean Ornish über die körperliche Heilung durch eigene altruistische Zuwendung für weltweite Aufmerksamkeit.

Der Westen der Erotik

Im Westen der seelischen Rose führt die Wahrnehmung der eigenen Wünsche zu dem verblüffenden Ergebnis der Erotisierung. Sie ist nicht nur ein Ergebnis der sich entwickelnden Autonomisierung, der Entdeckung eigener Chancen und Phantasien, sondern auch der inneren Entlastung, weil die sonst unter den Tisch gekehrten Probleme nun ausgesprochen werden und nach und nach zu lösen sind. Zwiegespräche – nicht nur die themenzentrierten erotischen – gelten nach aller Erfahrung als bedeutendes seelisches Aphrodisiakum.

Gesundheit der Seele

Die beliebte medizinische Moralformel (deren Urheber Ariston von Chios ist): «Tugend ist die Gesundheit der Seele» – müsste wenigstens, um brauchbar zu sein, dahin abgeändert werden: «Deine Tugend ist die Gesundheit deiner Seele.» Denn eine Gesundheit an sich gibt es nicht, und alle Versuche, ein Ding derart zu definieren, sind kläglich missraten. Es kommt auf dein Ziel, deinen Horizont, deine Kräfte, deine Antriebe, deine Irrtümer und namentlich auf die Ideale und Phantasien deiner Seele an, um zu bestimmen, was selbst für deinen Leib Gesundheit zu bedeuten habe. Somit gibt es unzählige Gesundheiten des Leibes; und je mehr man dem Einzelnen und Unvergleichlichen wieder erlaubt, sein Haupt zu erheben, je mehr man das Dogma von der «Gleichheit der Menschen» verlernt, um so mehr muss auch der Begriff einer Normal-Gesundheit, nebst Normal-Diät, Normal-Verlauf der Erkrankung unsern Medizinern abhanden kommen. Und dann erst dürfte es an der Zeit sein, über Gesundheit und Krankheit der Seele nachzudenken und die eigentümliche Tugend eines jeden in deren Gesundheit zu setzen: Welche freilich bei dem einen so aussehen könnte wie der Gegensatz der Gesundheit bei einem anderen. Zuletzt bliebe noch die große Frage offen, ob wir der Erkrankung entbehren könnten, selbst zur Entwicklung unserer Tugend, und ob nicht namentlich unser Durst nach Erkenntnis und Selbsterkenntnis der kranken Seele so gut bedürfe als der gesunden: kurz, ob nicht der alleinige Wille zur Gesundheit ein Vorurteil, eine Feigheit und vielleicht ein Stück feinster Barbarei und Rückständigkeit sei.

FRIEDRICH NIETZSCHE,
«DIE FRÖHLICHE WISSENSCHAFT» 120

Vier Hauptwirkungen des Widerstandes

«Die Erfindung der Eisenbahn,
bringt die Erfindung der Entgleisung mit sich.»
PAUL VIRILIO

Nähert man sich bei der seelischen Arbeit in den Dyalogen wesentlichen unbewussten Themen, ist man somit in produktiver Entwicklung, dann wird die Angst größer, die stets mit ungelösten Konflikten verbunden ist, dann steigt der Gegenwille, der Widerstand. Er scheint bei Männern heftiger zu sein als bei Frauen. Sie sind in der Regel ungeübter im Umgang mit innerseelischen Vorgängen. Kurz: Zu den Wirkungen der Zwiegespräche gehören auch bremsende Effekte. Sie führen zum genauen Gegenteil der positiven Wirkungen.

Einen seelischen Vorgang, der alle Widerstände durchzieht, möchte ich vorab erwähnen: die Erwartung eines schnellen Endes der Entwicklung als Signal für die Neigung, sich möglichst gar nicht auf sie einzulassen. Diese Beschleunigungstendenz ist allgemein gesellschaftlich brisant: Verkürzung aller Produktentwicklungen, das Drei-Tage-Auto (von der Bestellung nach eigenen Wünschen bis zur Lieferung vor die eigene Haustür), die Sechzig-Sekunden-Therapie für alle seelischen Störungen und die Drei-Minuten-Vorhersage einer kommenden Scheidung binnen sechs Jahren sind Beispiele dafür. Eine Seele hat sich jedoch in Jahrzehnten entwickelt, sie braucht Zeit, wenn sie sich umgestalten will.

WINDROSE DES WIDERSTANDES
Verhindern der gemeinsamen Paarwirklichkeit: Realitätsverlust

Versiegen der inneren Kommunikation

Vernachlässigung des eigenen Selbst

SELBSTBEZIEHUNGSSCHWÄCHE
Selbstverleugnung

KRANKHEITSBEREITSCHAFT
Immunschwächung durch
Verschlossenheit

LANGEWEILE
Innere Leere

UNEINFÜHLSAMKEIT
Partnerverkennung

Fragmentierung der Beziehung

Verhäten der eigenen Realitätsauffassung

Widerstand im Norden: Selbstbeziehungsschwäche

Ist – wie bei vielen Menschen – die Selbstwahrnehmung selten, ist sie verkümmert oder wird sie unbewusst aktiv abgewehrt, so resultiert daraus Selbstverleugnung. Die tritt verstärkt auf, wenn die Selbstbeziehung herausgefordert ist – wie in Zwiegesprächen. Insgesamt ergibt sich eine Selbstbeziehungsschwäche. Sie ist durch Gehorsamserziehung bei den meisten Menschen schon in der Kindheit angelegt. Eine leistungsorientierte Wettbewerbsgesellschaft und die verführerische Freizeitindustrie lenken die Aufmerksamkeit auf äußere Ziele und Reize, allen voran lenkt das Fernsehen den Blick auf sich selbst ab. Die inneren Verhältnisse sind natürlich hochkomplex. Alle Menschen ließen sich auf einem Raum zwischen Selbstbindung und Selbstbeziehungsschwäche ausloten.

Widerstand im Süden: Uneinfühlsamkeit

Wer sich unzulänglich austauscht über wesentliche Momente – und diese entstammen dem eigenen Erleben –, verliert die Einfühlung und Bindung. Er wird notgedrungen uneinfühlsam. Das ist weltweit an der Tagesordnung der Paare.

Wie alles hier über die Zweierbeziehung Gesagte gilt dieser Zusammenhang auch für die psychogenetisch hochbedeutende Mutter-Kind-Beziehung. Das Dilemma ist sehr ähnlich. In einem modernen Zweig der Psychoanalyse, der Selbstpsychologie, hat die Uneinfühlsamkeit der Mutter dem Ödipuskomplex den Rang abgelaufen.

Untersuchungen ergeben, dass selbst die einfachsten Dinge vom bedeutendsten Partner nicht gewusst werden. Vielleicht ist noch schwerwiegender, dass sich kaum einer über diesen Mangel im Klaren ist. Vielmehr versteckt sich die Uneinfühlsamkeit hinter einer Partnerverkennung, die man zu allem Überfluss noch für die Wahrheit hält. In Zwiegesprächen bricht diese illusionäre Schale der projektiven Verzerrung auf, die Übertragungsanteile werden sichtbar. Im Widerstand allerdings verstärken sie sich und fördern das Auseinanderfallen des Paares.

Widerstand im Osten: Krankheitsbereitschaft

Wer sich öffnet, heißt die einfache Einsicht aus der Opening-up-Forschung, der stärkt seine Gesundheit. Damit ist aber auch das Gegenteil präzisiert: Wer sich verschließt, entkräftet sie. Es resultiert eine allgemeine körperliche Krankheitsbereitschaft durch Immunschwächung. *Stop stopping* lautet deswegen eine entsprechende Aufforderung: Höre endlich auf damit, mit dem Sprechen aufzuhören. Natürlich wird durch diese Verschlusstechnik auch die seelische Gesundheit gelähmt. So gut wie kein Konflikt oder Problem kann gelöst werden – vielmehr häufen sich unerledigte Beeinträchtigungen als Sediment auf dem Boden der Beziehung an – täglich, unvermeidlich, verbitternd.

Bleibt noch zu erwähnen, dass es auch ein nur Scheinbares Opening-up gibt, die eine Verschlossenheit nur kaschiert: die Offenheitsmaske, wie der Psychoanalytiker Reimut Reiche formuliert.

Widerstand im Westen: innere Leere

Eine Haupteigenschaft des Widerstands gegen die eigene Entwicklung besteht darin, dass die unbewussten Gegenkräfte die Beziehung zu sich selbst unterbrechen, ihr «den Hahn abdrehen». Plötzlich fällt einem beispielsweise im Zwiegespräch nichts mehr ein, die Einfälle, die normalerweise bei jedem Menschen so kontinuierlich auftreten wie der Herzschlag, bleiben aus. In dieser inneren Leere entsteht nur noch eines: Langeweile. Die Unterhaltungsindustrie zerstreut das quälende innere Vakuum. Damit ist natürlich auch jede Erotik, dieses Wahrzeichen innerer Lebendigkeit, lahm gelegt. Dafür sprechen die weltweiten Befunde.

Das gemeinsame Entwickeln der Paarrealität: Wirklichkeitsgewinn

Wir haben also die Wahl: uns zu entwickeln oder stehen zu bleiben. Wenden wir uns deshalb wieder den positiven Wirkungen zu und werfen einen genaueren Blick auf die seelischen Räume, die sich im Zuge des Wachsens öffnen.

Jede der vier genannten Hauptwirkungen wird durch drei detailliertere Momente ergänzt und präzisiert. Damit werden die entstehenden Räume umrissen. Wir erkennen, woher der Wind weht.

WINDROSE DER WIRKUNGEN

Gemeinsames Entwickeln der Paarrealität: Wirklichkeitsgewinn

Zunahme der inneren Kommunikation

Verantwortung für das eigene Selbst

SELBSTBINDUNG
Selbstwahrnehmung

Einsicht

Selbstbewußtsein

Selbstgestaltung

GESUNDHEIT
Immunstärkung durch Offenheit

Gewinnen innerer Freiheit

Gelassenheit

Flexibilität

Gemeinsame Kreativität in der Erotik

Erkennen erotischer Chancen

Sich in der Erotik abstimmen können

EROTIK
Wahrnehmung der Wünsche

Bindungsfähigkeit

Konfliktfähigkeit

Selbstrelativierung

EINFÜHLUNG
Partnerwahrnehmung

Balance im Urkonflikt Partner- und Selbstzuwendung

Anerkennen der doppelten Wirklichkeit

© 1998 Michael Lukas Moeller

Verantwortung für das eigene Selbst

Die Selbstwahrnehmung entsteht durch den Akt der Selbstbegegnung. Das bedeutet: Ich nehme Beziehung zu mir selbst auf. Wenn ich meinen Phantasien folge, meine Träume wahrnehme oder meine Gedanken kläre, begegne ich mir selbst. Zu der beschriebenen Hauptwirkung, der Selbstbindung, kommen noch drei weitere wesentliche Wirkungen:

Einsicht: Beim Reden von mir, beim Zeichnen des Selbstporträts während des Zwiegesprächs, fügen sich durch freie Assoziation, also von selbst, jene inneren Bilder zusammen, die zusammengehören. Viele Zusammenhänge sehe ich zunächst nicht oder wehre sie sogar ab – und doch ergibt sich nach und nach durch das einfache Nebeneinander der inneren Szenen das eine oder andere Aha-Erlebnis. Ich beginne mich zu verstehen. Einsicht ist der Zusammenklang von Empfinden und Denken. Sie markiert Entwicklungsschritte.

Einsichten haben eine Voraussetzung: Man braucht Zeiten der Selbstbesinnung, um introspektiv sein zu können und sich zu reflektieren. Sie fehlen heute weitgehend. Soziologen fordern deshalb mehr «selbstreflexive Zeiten». Es bleibt den meisten kein besserer Weg, als sie bewusst einzuplanen, sie für sich zu reservieren.

Selbstbewusstsein: Wenn ich mich mir selber zuwende, beginne ich mich langsam zu verstehen. «Erkenne dich selbst!», lautet die von Sokrates gern zitierte Inschrift am Apollotempel in Delphi. Das geschieht in Zwiegesprächen so sehr, dass sich nach zwei Jahren die Motivation mancher Paare ändert. Es heißt dann beispielsweise: «Wir führen die Gespräche weniger wegen der Paarbeziehung als wegen der Selbstklärung.» Es fügt sich gut, dass eine

Entwicklung der Partnerschaft nur über eine Selbstveränderung erreichbar ist. Das Wort «Selbstbewusstsein» hat im Deutschen einen Doppelsinn: Zum einen werde ich mir meiner selbst bewusst, zum anderen werde ich selbstbewusster. Ich gewinne neben Selbsterkenntnis auch an innerer Sicherheit, an Selbstvertrauen, weil ich durch Kenntnis meiner selbst Boden unter den Füßen spüre. Meine Autonomie nimmt zu.

Zwiegespräche sind die kleinste Gesprächsselbsthilfegruppe. Der erste Erfolg, den Hausfrauen in einer Selbsthilfegruppe bei sich feststellten, war der Gewinn an Selbstbewusstsein – und das ist durchaus ein politisch zu nennender Fortschritt, weil die Handlungsfähigkeit direkt davon abhängt. Von der wacheren Entwicklung der Kinder und damit dem positiven Einfluss auf die nächste Generation ganz zu schweigen.

Selbstgestaltung: Wenigen ist klar, dass ein Sprechen von sich nicht dem Ablesen eines inneren Buches gleicht, sondern dem unmittelbaren Neugestalten seiner selbst aus einem schöpferischen Moment heraus. Ich verhalte mich beim Entwerfen meines Selbstporträts wie ein Bildhauer, der seine eigene Figur aus dem Stein hervorholt. Selbstgestaltung enthält eine aktive, initiativereiche Einstellung sich selbst gegenüber und gehört schon deswegen zur Lebenskunst. Sie erschafft nach und nach den Mut, sich selbst zu leben.

Alle vier Wirkungen im Bereich der Selbstbeziehung zusammengenommen – Selbstbindung, Einsicht, Selbstbewusstsein und Selbstgestaltung – führen in einen seelischen Raum, den man am besten mit Verantwortung für das eigene Selbst bezeichnen kann. Diese vernachlässigte Form der Verantwortung – dass man also auch für seine eigene Lebendigkeit, für seine Art zu sein, für seine Wünsche und Bedürfnisse als ein Teil des eigenen Lebens verantwortlich ist, das heißt ihnen Antwort gibt – ist in Zeiten allseitiger, geräuschloser Anpassung die Basis für die freie, kritische Meinungsäußerung, Gemeinschaftsfähigkeit, Zivilcourage, selbständiges, originelles Leben und eine glückliche Paarbeziehung. Denn ohne ein eigenständiges Selbst ist eine wirkliche Bindung nicht denkbar.

Balance im Urkonflikt zwischen Partnerzuwendung und Selbstzuwendung

Die Partnerwahrnehmung führt zur Einfühlung. Aber das ist nicht alles. Drei weitere wesentliche Wirkungen kommen hinzu:

Selbstrelativierung: Beginne ich den Partner zu sehen, wie er sich wirklich empfindet und wie anders er die Welt wahrnimmt, dann engt sich zunehmend die Freiheit ein, ihn mit meinem Bild von ihm zu verwechseln. Das ist ein Pferdefuß der Zwiegespräche. Die Übertragungen bröckeln ab. Ich kann nicht mehr auf ihn projizieren, was ich bei mir loswerden will. Angst wird freigesetzt. Darum wollen einem die Zwiegespräche nicht so recht schmecken. Er oder sie ist plötzlich nicht mehr so, wie ich ihn oder sie mir gerne vorstellte – weder Fee noch Hexe, weder Prinz noch Verräter. Meine Wahrnehmung allein entspricht nicht mehr der ganzen Realität, wie ich es bislang annahm. Seine oder ihre steht gleichrangig daneben.

Damit wird meiner Erlebniswirklichkeit nichts weggenommen, aber sie ist nur eine unter mehreren, sie wird durch die Erlebniswirklichkeit des anderen relativiert. Diese Selbstrelativierung liegt rigideren Menschen, die sich an ihr Weltbild klammern müssen, ganz und gar nicht. Mehr oder weniger haben wir alle rigide Seiten. Die seelische Arbeit entspricht einer Kränkung, weil die Augenzeugenschaft meines Erlebens nicht allein die Realität definiert.

Konfliktfähigkeit: Kommen nun zwei Wirklichkeiten zusammen, um die gemeinsame Realität zu konstituieren, so bleiben Konflikte nicht aus. Denn deine Wünsche und meine Wünsche müssen nicht immer übereinstimmen, oft unterscheiden sie sich. Wegen der zentralen Bedeutung der Konfliktfähigkeit für eine glückliche Beziehung und der allgemein armseligen Konfliktkenntnis hat sie ein eigenes Kapitel bekommen (siehe Seite 72). Hier sei nur darauf hingewiesen, dass ein kreativ sich entwickelndes Paar sehr viel häufiger in Konflikte gerät und über seine ständig verfeinerte Konfliktfähigkeit seine Lebendigkeit und Ausgeglichenheit bewahrt.

Bindungsfähigkeit: Bindungsfähigkeit gilt als ein herausragendes Merkmal seelischer Gesundheit. Wer sich nicht binden kann, wer zu viel Angst vor Nähe hat, fühlt sich in der Beziehung unbewusst bedroht: Er fürchtet, nicht zu sich selbst kommen zu können, seine Identität aufgeben zu müssen oder gar seine Selbstgrenzen einzubüßen. Nur der kontinuierliche Dyalog kann die zahllosen feinen Regulationen in einer Beziehung herstellen, die solche Ängste auflösen – beispielsweise die für jedes Paar spezifische Dosierung von Nähe und Distanz.

Bindungsunsicherheit ist nach den Ergebnissen der Säuglingsforschung eine sehr früh erworbene Erbschaft von Seiten der Mutter. Sie zeigen, dass bei der Bindungsfähigkeit die Entwicklung der Selbstbeziehung nicht außer Acht gelassen werden darf. Und doch bildet die «Kombination zweier Lebensgeschichten», wie ich die Paarbeziehung gern nenne, also das jeweils ganz besondere Zusammenspiel der beiden seelischen Strukturen, eine eigene, unverwechselbare Dynamik, die nicht nur aus der einzelnen Lebensgeschichte abzuleiten ist. Es lassen sich zwei gegensätzliche Gruppen unterscheiden: jene Partner, die sich in einer Beziehung befreit fühlen, und jene, die eine Beziehung als Käfig erleben. Letztere trauen sich im Grunde nicht zu, ihre eigenen Bedürfnisse neben denen des Partners ausleben zu können. Sie fürchten, in die Anpassung zu geraten, das heißt unversehens die Bedürfnisse des Partners wichtiger zu nehmen als die eigenen. Das macht ihr Käfiggefühl aus. Wer sich in der Beziehung dagegen befreit fühlt, empfindet den Reichtum, der dadurch entsteht, dass ein ganz anderes Erleben sich gleichrangig zu dem eigenen gesellt. Er kommt aus seinen seelischen vier Wänden heraus wie einer, der eine große Reise tut.

Alle vier Entwicklungsgewinne im Bereich der Paarbeziehung zusammengenommen – Einfühlung, Selbstrelativierung, Konfliktfähigkeit und Bindungsfähigkeit – konstellieren unter Beachtung der Selbstbeziehungsmomente die Balance im Urkonflikt zwischen Partnerzuwendung und Selbstzuwendung. Es geht in der Praxis vor allem darum, dass die Selbstzuwendung die gleiche Intensität und Qualität erreichen sollte wie die Partnerzuwendung. Und da diese schon zu kurz kommt, werden die inneren und äußeren Aufgaben des Paarlebens durch diese Einsicht nicht gerade leichter.

Zunahme der inneren Kommunikation

Offenheit stärkt das Immunsystem und damit die körperliche Gesundheit. Die Zwiegespräche führen aber auf Dauer zu weiteren wesentlichen Wirkungen, welche als Kernmerkmale der seelischen Gesundheit gelten können:

Gewinnen innerer Freiheit: Wer sich intensiver mit sich selber auseinander setzt, löst die inneren Verstrickungen, die ihn fesseln. Diese seelische Befreiung durch Konfliktlösung und Annehmen innerer Mängel oder Defekte gilt in der Psychoanalyse und vielen anderen Psychotherapieverfahren als entscheidendes Zeichen seelischer Gesundheit.

Gelassenheit: Je größer die innere Bedrohung ist, desto gespannter fühlt man sich. Sind jedoch die inneren Spannungen durch den Frieden, den man im Zuge der seelischen Arbeit mit sich selbst schließt, und durch eine gestärkte Geduld behoben, wird man gelassener. Nicht zufällig gilt Gelassenheit als ein bezeichnendes Merkmal reifer Lebenserfahrung, die als spontane Parallele zur Psychotherapie gesehen werden kann. Leo Rangell, einst Präsident der Internationalen Psychoanalytischen Vereinigung, charakterisierte seelische Gesundheit durch zunehmende Gelassenheit. Gelassenheit verbindet sich mit innerem Loslassenkönnen, mit Gelöstheit. So führt sie zu einem Wort, das sich ebenfalls von Lösen ableitet: zu Lust.

Flexibilität: Aller guten Dinge sind drei. Das dritte Merkmal seelischer Gesundheit ist in der inneren Flexibilität als Kontrast zur Rigidität zu sehen. Als Psychoanalytiker hat sich Lawrence Kubie intensiv mit den Bedingungen des schöpferischen Prozesses in der Kunst befasst. Für ihn besteht der entscheidende Unterschied zwischen seelischer Gesundheit und seelischer Beeinträchtigung in Flexibilität. Auch in den Weisheitslehren Chinas gilt Biegsamkeit oder Elastizität als Wesensmerkmal seelischer Reife – beispielsweise bei Laotse –, wenn man sie nicht verwechselt mit Waschlappigkeit oder Mangel an Rückgrat.

Der Raum, der sich mit diesen vier Wirkungen – Gesundheit, innere Freiheit, Gelassenheit, Flexibilität – und den genannten Momenten der Selbstbeziehung öffnet, gilt heute als präzise Beschreibung einer guten seelischen Entwicklung während der psychoanalytischen Behandlung: Zunahme der inneren Kommunikation. Sie bedeutet, dass meine vielfältigen Selbstanteile mit Phantasien, Empfindungen, Gedanken und Impulsen untereinander kommunizieren und nicht mehr in verdrängten oder abgespaltenen Partien meines Inneren, also gleichsam aus der Isolation heraus, unkoordiniert oder lähmend wirken. Die Lebendigkeit eines Menschen oder auch eines Paares scheint mir dadurch besonders charakterisiert zu sein.

Anerkennen der doppelten Wirklichkeit

Das Aufarbeiten der Beeinträchtigungen in sich selbst und in der Paarbeziehung wie auch das klarere Wahrnehmen der eigenen Wünsche bewirken die Erotisierung der Partnerschaft. Sie gewinnt in weiteren wesentlichen Wirkungen genauere Konturen:

Sich in der Erotik abstimmen können: Gelingt es einem nach und nach, sich in der Erotik offen zu äußern, dann bleiben auch im Bett unterschiedliche Wünsche nicht aus. Das erfordert Abstimmungsarbeit. Sie kennzeichnet natürlich ohnehin eine gute Partnerschaft. Doch ist sie schwieriger, ungewohnter und – von Ausnahmen abgesehen – ungeübt. Was man jedoch nicht mehr stumm tabuisiert, kann man zu zweit gestalten.

Erkennen erotischer Chancen: Es geht aber nicht nur darum, Barrieren durch gelungene Abstimmung zu beseitigen, viel bedeutender ist es, dass durch einen offenen intimen Austausch erst die erotischen Chancen zu erkennen sind. Geradezu erheiternd ergibt sich beispielsweise in den erotischen Zwiegesprächen, in denen es um das sexuelle Erleben und nicht wie hier um das Herausfinden der besten Liebesbedingungen geht, dass die meisten sexuellen Vermutungen deswegen illusionär sind, weil wir in der Regel ganz naiv von unserem Erleben auf das Erleben des anderen schließen. Ein Mann, dessen erotische Chancen in seinen Augen durch seine allzu kräftigen Oberschenkel geschmälert wurden, hörte von seiner Frau nach vielen Jahren der Ehe, dass gerade diese Beine für sie der schärfste Lustauslöser waren.

Gemeinsame Kreativität in der Erotik: Hat ein Paar nun die Möglichkeit, durch einfühlsames und ausführliches Miteinandersprechen aufkommende Probleme zu lösen und brachliegende Chancen in der Erotik zu erkennen, beginnt erst das, was die Liebe vor allem verspricht: das nie in sich endende, kreative Spiel der gemeinsamen Erkundung und Entfaltung seiner selbst und des anderen.

Diese Entwicklungsschritte – Erotisierung durch Offenheit, Abstimmungsgeübtheit, Chancenerkenntnis und gemeinsame Kreativität – kombinieren sich mit den genannten Wirkungen im Bereich der Paarbindung und öffnen den vierten seelischen Raum, den man als Anerkennen der doppelten Wirklichkeit zusammenfassen könnte. Er wurde schon ausführlich in einem eigenen Abschnitt erörtert, weil er zu den Grundeinsichten des Paarlebens, den BIG NINE, gehört (siehe Seite 99). Er entspricht einer entscheidenden seelischen Reifung, stellt die wirkliche seelische Ablösung dar, erlaubt erst eine echte Bindung, anerkennt das Anderssein des anderen, lässt Luft zum freien Atmen in der Beziehung und stellt für die meisten das Paarleben auf den Kopf. Denn die gemeinsame Realität setzt sich zusammen aus den beiden ebenso unterschiedlichen wie gleichberechtigten Erlebniswirklichkeiten der Frau und des Mannes. Was das in der Erotik bedeutet, habe ich schon am Beispiel eines pauschalen Befundes erwähnt: Frauen fehlt in der Erotik meist die Zärtlichkeit wie Männern meist das Schreiten zur sexuellen Tat. Beide Wünsche weichen sehr, wenn auch nicht unüberbrückbar, voneinander ab, beide aber sind völlig gleichberechtigt und für das vollständige Liebesleben notwendig. Ein Paar, das entweder durch Selbstunterdrückung oder durch Übergehen des Partners eine Seite zu wenig beachtet, kann sich auch angesichts der tausend weiteren Unterschiedlichkeiten nicht genügend gut entwickeln.

Verhindern der gemeinsamen Paarwirklichkeit: Realitätsverlust

Ersparen wir uns, die entsprechenden Widerstandsergebnisse genauso ausführlich dargestellt zu sehen. Es ist nämlich deprimierend, die inneren Blockaden so geballt vor Augen zu haben. Die Abbildung einer weiteren Windrose soll genügen, sich über das Ausmaß des möglichen Steckenbleibens nicht zu täuschen. Eine zwiegesprächserfahrene Studentin erzählte: «Nachdem die Windrose der positiven Wirkungen dargestellt war, eilte ich beschwingt nach Hause und war ganz erfüllt von den Möglichkeiten meines und unseres Lebens. Als aber in der nächsten Woche die ausführliche Windrose des Widerstands erörtert war, kroch ich wie ein geschlagener Hund durch die Straßen und hatte das ganze Elend vor Augen, das ich ja teilweise selbst sehr gut an mir erfahren hatte.» Aber nur wer das Elend kennt, kann sich aus ihm befreien.

Zum Schluss ein Wort zu einer wesentlichen Quelle der Angst und des Widerstands gegen Zwiegespräche: der Befürchtung, die seelischen Sicherheitsgefühle zu verlieren. Ein Paargruppenmit

WINDROSE DES WIDERSTANDES
Verhindern der gemeinsamen Paarwirklichkeit: Realitätsverlust

Versiegen der inneren Kommunikation

Vernachlässigung des eigenen Selbst

SELBSTBEZIEHUNGSSCHWÄCHE
Selbstverleugnung

Angstabwehr

Selbstunsicherheit

Selbsteinschränkung

KRANKHEITSBEREITSCHAFT
Immunschwächung durch
Verschlossenheit

Innere Unfreiheit

Gespanntheit

Rigidität

UNEINFÜHLSAMKEIT
Partnerverkennung

Paarrassismus

Konfliktblindheit

Beziehungslosigkeit

Innere Leere

LANGEWEILE

Erotisches Blockiertsein

Resignation

Stereotypie

Fragmentierung der Beziehung

Verhäten der eigenen Realitätsauffassung

glied bemerkte in einer Sitzung: «Es gibt keine Sicherheit im Leben – aber eine große Angst vor ihrem Verlust.» Dieser Satz enthält die simple Erkenntnis, dass das Leben unvorhersehbare Dinge mit sich bringt. Tschuang Tse sagt lakonisch: «Entwicklung keine Sicherheit!»

Andererseits zeigt die Bindungstheorie, dass es in den Menschen von vornherein unterschiedliche Stufen seelischer Sicherheit gibt, die in früher Kindheit vermittelt werden. Viele Paare beginnen deswegen erst gar nicht mit den entwicklungsfördernden Zwiegesprächen, weil sie nichts riskieren wollen.

Doch selbst bei größter innerer Sicherheit bleibt das äußere Leben natürlich unberechenbar. Die mittlerweile sechs Jahrzehnte umfassende prospektive psychoanalytische Untersuchung von Harvard-Absolventen ergab, dass kein Lebenslauf vorherzusehen ist – mit einer einzigen Ausnahme: Wir behalten zeitlebens unsere bevorzugten Abwehrformen bei.

«Zögere nicht: warte!»
Alle Feinheiten guter Wirkungen

«Am Ende der Geduld wartet der Segen.»
Türkisches Sprichwort

Ein *bad end* wäre nicht ermutigend. So füge ich ohne Kommentar die ausführlichste Fassung der positiven Wirkungen hinzu. Ich gehe davon aus, dass sich nach den bisherigen Erörterungen die seelischen Gewinne nicht allzu schwer entschlüsseln lassen. Sie sind in zwei Hälften aufgeteilt und enthalten nunmehr insgesamt zweiunddreißig Wirkungen. Das sollte zu Ihrer Ermutigung und zur Motivation für Zwiegespräche reichen.

SELBSTBINDUN(
Selbstwahrnehmun(

Liebesfähigkeit
Gemeinsame Kreativität
Verstehen aushäusiger Verliebtheiten

Erkennen erotischer Chancen
Fähigkeit, mit erotischen
Widersprüchen umzugehen

**Sich in der Erotik
abstimmen können**

Schuldfähigkeit
EROTIK
Wahrnehmung
der Wünsche

Trennungsfähigkeit

Bindungsfähigkeit

Dialogfähigkeit

Konfliktfähigkeit

Zuwendungsfähigkeit
Selbstrelativierung
Zuhören können

EINFÜHLUNG
Partnerwahrnehmu(

Angstfähigkeit

Einsicht

Selbstzuwendungsfähigkeit

Selbstbewußtsein

Entscheidungsfähigkeit

Selbstgestaltung

Selbstintegration

GESUNDHEIT
**Immunstärkung
durch Offenheit**

Entwickeln
eigener Werte

**Gewinnen innerer
Freiheit**

Initiative

Gelassenheit

Arbeitsfähigkeit

Flexibilität

Sensibilität

Selbstentschlüsselung weiterer Wirkungen

Wer sich weitere Wirkungen selbst entschlüsseln möchte, kann sehr einfach vorgehen: Alles, was Sie im Dyalog tun, üben Sie ein. Das wird schließlich zu einer Wirkung. Beispielsweise sich selbst wahrnehmen, von den eigenen seelischen Vorgängen reden, sich öffnen, vor allem aber zuhören lernen.

Michael Ende beschreibt in seinem gleichnamigen Buch das Mädchen Momo als eine Gestalt, die wirklich zuhören kann. «Momo konnte so zuhören, dass dummen Leuten plötzlich sehr gescheite Gedanken kamen. Nicht etwa, weil sie etwas sagte oder fragte, was den anderen auf solche Gedanken brachte, nein, sie saß nur da und hörte einfach zu, mit aller Aufmerksamkeit und aller Anteilnahme. Dabei schaute sie den anderen mit ihren großen, dunklen Augen an, und der Betreffende fühlte, wie in ihm auf einmal Gedanken auftauchten, von denen er nie geahnt hatte, dass sie in ihm steckten.

Sie konnte so zuhören, dass ratlose und unentschlossene Leute auf einmal ganz genau wussten, was sie wollten. Oder dass Schüchterne sich plötzlich frei und mutig fühlten. Oder dass Unglückliche und Bedrückte zuversichtlich und froh wurden. Und wenn jemand meinte, sein Leben sei ganz verfehlt und bedeutungslos und er selbst nur irgendeiner unter Millionen, einer, auf den es überhaupt nicht ankommt und der ebenso schnell ersetzt werden kann wie ein kaputter Topf – und er ging hin und erzählte alles das der kleinen Momo, dann wurde ihm, noch während er redete, auf geheimnisvolle Weise klar, dass er sich gründlich irrte, dass es ihn, genauso wie er war, unter allen Menschen nur ein einziges Mal gab und dass er deshalb auf seine besonderen Weise für die Welt wichtig war.

So konnte Momo zuhören!»

Die große Generationenwirkung

Über der Fülle der Wirkungen für den einzelnen Partner und die Paarbeziehung bleibt eine kaum zu überschätzende Folge unbeachtet: die tief gehende und wohltuende Wirkung auf die Kinder, das heißt auf die nächste Generation. Und zwar auch dann, wenn man die schöne Gelegenheit gar nicht wahrnimmt, mit den Kindern selbst – etwa nach ihrem zehnten Geburtstag – Zwiegespräche zu führen.

Ich erwähnte schon, dass Kinder die natürlichen Bundesgenossen elterlicher Zwiegespräche sind. Sie spüren durch die Poren – durch unbewusste Kommunikation –, dass hier zwischen Vater und Mutter etwas Konstruktives geschieht, was es ihnen erleichtert, beide Eltern in sich selbst seelisch zu vereinen.

Das macht die zweifache Wirkung deutlich. Zum einen die unmittelbar entspanntere Beziehung der Eltern zueinander und die ebenso gelöstere Beziehung zu den Kindern, die sofort zu spüren sind. Zum anderen die vielleicht noch bedeutendere Langzeitwirkung, die zu Stande kommt, weil die Kinder nun gesprächsoffenere und konfliktfähigere Eltern verinnerlichen, somit eine entsprechende seelische Struktur erwerben und selbst andere Menschen werden.

Als Familientherapeut muss man das Paar als die Achse des Familiengeschehens ansehen und sich auch in der Praxis über kurz oder lang mit diesem Kernstück therapeutisch befassen – schon weil es schwierig ist, die ganze Familie über lange Zeit auf einen Termin zu vereinen. Das Elternpaar repräsentiert also die Kurzform der Familie, auf die es am meisten ankommt.

Also ist jede Arbeit mit Paaren, die Kinder haben oder einmal haben wollen, zugleich Zukunftsarbeit, da sie die Einstellungen, das Erleben und Verhalten kommender Generationen prägt. Kinder richten sich nie nach unseren bewussten Erziehungsregeln, in denen sich unsere Illusionen ausdrücken, wie wir sie haben wollen. Unsere Kinder richten sich ausschließlich danach, wie wir selbst sind – allerdings zu unserem Bedauern auch danach, wie wir unbewusst sind. Die beste und einzige Erziehungsmaßnahme ist daher die Arbeit der Eltern an sich selbst. Diese elterliche Selbstveränderung wird zum Identifikationsvorbild, das von den Kindern unbewusst verinnerlicht wird. Genau das bewirken nicht nur eine paarorientierte Therapie und Medizin, sondern auch die eigenständige seelische Arbeit der Paare in Zwiegesprächen.

Nun ist dabei zu bedenken, dass wir alle schon das Resultat dieser großen Generationenwirkung sind – wenn auch leider bei weitem nicht immer im rühmlichen Sinn. Unsere Eltern haben uns bis in die feinste seelische Struktur hinein geprägt, wie sie selbst von ihren Eltern geprägt wurden. Die emotionale Beziehung zu Vater und Mutter wird von Experten in ihrer psychogenetischen Bedeutung für das spätere Schicksal der Kinder durchaus anerkannt, weniger aber gewinnt die Elternbeziehung selbst in ihrer prägenden Wirkung auf die späteren Paarbeziehungen der Kinder angemessene Beachtung. In meiner Praxis verblüfft mich immer wieder, wie ähnlich die vorliegende Ehestruktur den beiden «Folien» der Elternbeziehung von Frau und Mann gleicht. Es lohnte sich, diesen Vergleich der eigenen mit den elterlichen Beziehungen zu einer kleinen Serie themenzentrierter, besonderer Zwiegespräche zu machen. Den meisten fehlt ein ideales inneres Elternpaar, das konfliktfähig, lebendig und erotisch in einer beziehungsbehindernden Gesellschaft Hoffnung gäbe.

Das Beziehungsgeflecht jenseits des Paares

Was sich im Paar entwickelt, kommt schließlich allen anderen Beziehungen zugute. Die Bindungen an Freunde werden wesentlicher, die Arbeitsbeziehungen klarer, zu Verwandten und Bekannten entwickeln sich offenere Verhältnisse. Das ist nach allen Forschungen der Beziehungsmedizin nicht nur wohltuend für das eigene Leben, sondern stärkt auch die seelische Krisenfestigkeit und körperliche Gesundheit.

Die künftige Wirkung der Wirkungen

Während des Buchschreibens hatte ich in einem Traum eine blitzartig erscheinende, zentrale Einsicht in einem einzigen Satz: *«Die Paarbeziehung ist ein wechselseitig bedingter Reflex.»* Alle Wirkungen sind mit den anderen eng verflochten und in ständig sich abstimmendem Wechselspiel. Einen Verhaltenstherapeuten hätte diese Erkenntnis nur wenig überrascht. Als Psychoanalytiker gewinnt man damit sehr viel, ohne die entscheidende Basis der Psychodynamik aufgeben zu müssen – die frühen Verinnerlichungen beispielsweise, die so viel steuern. Das Kindheitsschicksal wird aber vor allem deswegen so einflussreich, weil alle folgenden Lernprozesse – und das sind sämtliche Erfahrungen – durch die ersten Prägungen vorbestimmt werden. Ein schüchterner hat in derselben Umwelt ganz andere Erlebnisse als ein initiativereicher Mensch. Aber auch die neuen Grundlagen, die durch das Entstehen einer Beziehung gegeben sind, machen bestimmte Entwicklungslinien wahrscheinlich oder unwahrscheinlich. So aber auch die einmal erreichten Wirkungen auf beiden Seiten.

dyalog
Fortbildung in Partnerschaft
Paardynamik · Konfliktfähigkeit · Beziehungskompetenz

Zweiter Paarbrief

Drei Todsünden in der Beziehung werden zu drei großen Paartugenden

«In der Wüste herrschest du nach Wunsch allein.»
SOPHOKLES

Liebe Paare,

drei Todsünden gibt es in der Beziehung:

1. Unbemerkte Alleingültigkeit der eigenen Gefühle
2. bewusstlose Vereinzelung
3. beleidigter Rückzug.

Sie sind alltäglich und zerrütten die Partnerschaft. Wir haben uns an sie gewöhnt wie an die Karies – und sie sind ebenso unnötig. Todsünden sind wertvolle Wegweiser. Verkehrt man sie in ihr Gegenteil, werden sie zu sehr fruchtbaren Verhal-

Geschäftsführung: Célia M. Fatia, M. A.
in Zusammenarbeit mit Prof. Dr. med. M. L. Moeller, Univ.-Klinikum Frankfurt/Main
www.dyalog.de
Sekretariat:
Doris Heuser, Falltorstraße 4, D-35398 Giessen-Lützellinden
Tel. 0 64 03/7 79 02 94 · Fax 0 64 03/59 41, e-mail: Doris.Heuser@t-online.de

tensweisen, etwas altmodisch klingend: zu großen Paartugenden.

1. Emotionale Demokratie
2. Anerkennen des unbewussten Zusammenspiels
3. eigene Initiative zum Gespräch.

Dazu eine Szene aus dem Paarleben:

Oliver und Sylvia haben es schwer mit Zwiegesprächen, obwohl sie gleichzeitig in einer psychoanalytischen Paargruppe sind. Ihnen gelingt es nicht, sich aus der illusionären Vorstellung, sie hätten eine gemeinsame Realität, zu einer Auffassung hin zu entwickeln, die akzeptiert, dass jeder dieselben Ereignisse ganz anders erlebt – und das heißt seine ganz eigene, individuelle Erlebniswirklichkeit hat, die mit der des anderen in der Regel nicht übereinstimmt. Deswegen fühlen sich Oliver und Sylvia zu Hause voneinander isoliert, als wären sie zwei Fremde, und haben eine große Neigung, sich trotz ihrer beiden Kinder in der Vorpubertät doch noch zu trennen.

Nun hat Oliver einen sehr schöpferischen Auslandsaufenthalt genossen, hat seelisch aufgetankt, ist mit Menschen zusammen gewesen, mit denen er nicht so anstrengend verknotet ist wie mit Sylvia, und freut sich trotz allem nach drei Wochen zurückzukehren. Am Bahnhof erwartet ihn strahlend und lustig eine seiner Töchter. Sylvia, ihre Mutter, blieb draußen am Auto auf einem Kurzparkplatz. Noch fand Oliver dieses Verhalten angemessen. Doch als er zum Wagen kam, hatte sich Sylvia an das Auto gelehnt. Er versuchte sie freudig zu umarmen, aber sie wehrte mit beiden Händen ab. Das ernüchterte ihn erheblich. Die lange Heimreise verlief in brüskem Schweigen, selbst die Tochter verlor ihr munteres Sprechen. Zu Hause zog sich Sylvia gleich zurück. Für Oliver gab es keinen Empfang, keine Wärme, ein kaltes Haus.

Oliver erzählte das Ganze in einem fast empörten Ton, so, als würde sich Sylvia ganz unmöglich benehmen. Sie geht aber in den letzten Jahren auch in der Gruppe einen sehr offenen, geradlinigen Weg der Selbstentdeckung und Selbstklärung.

Bevor nun Sylvia ihr Erleben schildert, bleibe ich zunächst ganz bei Oliver und mache ihn auf einige Momente aufmerksam, die so ungünstig für das Paarleben sind, dass sie den Namen «Todsünden» haben:

1. Unbemerkte Alleingültigkeit der eigenen Gefühle: Oliver denkt nicht im Traum daran, dass das abweisende Verhalten von Sylvia und ihre entsprechenden Empfindungen genauso berechtigt sind wie seine Freude auf das Wiedersehen. Sylvia wird andere Erlebnisse haben, andere innere Verarbeitungen – wie auch immer –, aber so wie sie fühlt, ist es dem anderen Fühlen von Oliver gleichrangig. Diese Anerkennung der Andersartigkeit des anderen, dieses Empfinden, dass der andere, selbst wenn er ganz anders empfindet, seine eigene innere Berechtigung dafür hat, ist ein typisches Ergebnis mehrjähriger Zwiegespräche. Die Partner lernen durch die wesentlichen Dialoge, die Welt mit anderen Augen zu sehen, und haben hundertmal die Selbstverständlichkeit erfahren, dass die Andersartigkeit des anderen genauso berechtigt ist wie das eigene Erleben und Verhalten. Man könnte das «emotionale Demokratie» nennen. Üblicherweise sind Paare weit davon entfernt.
Es kommt noch etwas hinzu, nämlich die Tendenz von Oliver, Sylvias Verhalten vollständig zu entwerten. Und auch Sylvia reagiert ähnlich. Beide sind in der Paarsymmetrie, sie gleichen sich wie ein Ei dem anderen, sie werden unbewusst vom selben Motiv bewegt, sie verfallen dem Paar-Rassismus, sie sitzen im selben Boot. Die Entwertung des anderen, des Partners oder der Partnerin,

hat nun fast immer eine einzige Wurzel: Sie ist die Projektion des eigenen Empfindens, nicht viel wert zu sein.

2. Bewusstlose Vereinzelung: Was Oliver aber ebenso unterschlägt – obwohl er es seit Jahren weiß –, ist die Tatsache des unbewussten Zusammenspiels, also die Einsicht, dass das Verhalten von Sylvia durchgehend durch sein eigenes Verhalten mit bestimmt ist. Beide Partner stellen zwischen sich ein Magnetfeld her, dessen beide Pole – die beiden Partner – sich wechselseitig unabänderlich beeinflussen. Jedes Erleben und Verhalten innerhalb einer Paarbeziehung ist immer doppelt bedingt. In Enttäuschungssituationen wird das gern vergessen. Die Einsicht, die Oliver in jeder anderen Lebenslage herunterbeten könnte und Freunden glühend vermittelt, ist in solchen wuterzeugenden Illusionsfallen gänzlich ausgeblendet. Man könnte von einer situationsbedingten Spaltung der Einsicht sprechen.

3. Beleidigter Rückzug: Zu allem Überfluss verschlimmert sich die schon verknotete Beziehungslage durch eine Angewohnheit Olivers: Er zieht sich – wie viele Menschen in seiner Verfassung – völlig zurück. Er vermeidet damit, sich mit der Lage auseinander zu setzen, blockiert jede Lösung und noch mehr: die gemeinsame Entwicklung zu zweit. Der beleidigte Rückzug ist eine der fatalsten Verhaltensweisen innerhalb einer Beziehung – nicht zuletzt deswegen, weil er jeden Problemdruck umgeht, dessen Aufarbeitung das Paar weiterbrächte. Es ist uns ja allen bekannt und doch von unfreiwilliger Komik für diejenigen, die sich der Illusionsfalle bewusst sind: Gekränkt und kopfschüttelnd ziehen wir uns im Grunde nur deswegen zurück, weil der andere nicht so fühlt wie wir selbst – und ein solcher Anspruch ist nichts anderes als blanke Kolonialisierung aus der unbemerkten Haltung heraus, meine eigenen Empfindungen seien der Maßstab auch für den anderen.

Sylvia hatte natürlich ebenfalls ihre Erlebnisse und Gründe, sich so zu verhalten, wie sie es tat. Und als Außenstehende wissen wir nun, dass ihre Wirklichkeit ebenso berechtigt ist wie Olivers.

Sie erlebte das ständige Lechzen von Oliver nach Nähe und Harmonie – auch wenn es stärkste Konflikte und Spannungen zwischen ihnen gab – als völlig unangemessen, ja als durch und durch verlogen, und fühlte sich durch den tatsächlich starken Begütigungsdruck Olivers eingeengt. Sie wollte sich beim Abholen wirklich ehrlich so zeigen, wie ihr zur Zeit zu Mute war: Sie wollte ihn durchaus nach Hause bringen, aber keine falschen Zärtlichkeiten demonstrieren. Sie musste ihn am Auto aber schon deutlich abwehren, weil er ihre Abgrenzung nicht begriff und mit Umarmung und Küssen den Abstand zu durchbrechen versuchte. Auf diese Weise – einer will die Nähe erzwingen, was bekanntlich nicht möglich ist, der andere will energisch die nötige Distanz schaffen – verhärtete sich die Beziehung zu einem Schweigepanzer, der schließlich auch die Tochter ergriff. So wurde dann zu Hause alles kalt und ungemütlich: Keiner konnte den anderen so lassen, wie er sich zur Zeit empfand. Das Paar befand sich von Anfang an in einem Nähe-Distanz-Konflikt, der ohne klärende Worte und wechselseitige Anerkennung der anderen Wirklichkeiten gar nicht zu lösen ist und in dieser Aussichtslosigkeit zu einer wölfischen Stimmung führt. Die Folgen übertreffen die Ursache: Die eisige Verbitterung ist noch verwundender als der Ursprungskonflikt – ein leider allzu häufiger Verlauf des Paarlebens.

Was hätte nicht alles gelingen können, wenn die Grundbildung der Beziehung, über die beide wenigstens im Kopf verfügten, auch in Spannungslagen verfügbar gewesen wäre! So sind die genannten Todsünden in ihrem Gegensatz das, was man früher Tugenden nannte, das heißt optimale Verhaltensweisen:

1. Es geht um das Lernen und alltägliche Einüben, dass der andere zu seinem Empfinden genauso viel Berechtigung hat wie man selbst. Hätten Oliver und Sylvia die Gleichberechtigung andersartiger Empfindungen zur selben Situation wirklich im entscheidenden Moment beherzigt, wäre kein Zorn, keine Verbitterung, kein Kampf aufgekommen, wenn auch die Trauer, dass der andere im Moment so anders eingestellt ist, nicht hätte vermieden werden können: Eine solche emotionale Demokratie muss vom Paar entwickelt werden, sie ist keineswegs von selbst gegeben.

2. Beide hätten sich auch mitten in der inneren Empörung für einen blitzartigen Moment darüber klar werden können, dass alles, was beim anderen geschieht, durch einen selbst unbewusst mit bedingt ist. Allein diese zentrale Einsicht, das vorbehaltlose Anerkennen des unbewussten Zusammenspiels (fachsprachlich: der Kollusion) statt der Illusion einer autonomen Unabhängigkeit vom anderen, hätte die Lage sofort entspannt, auch wenn man natürlich keinesfalls augenblicklich den wirklichen Zusammenhang durchschauen kann. Die unbewusste Beziehung ist etwa neunfach umfangreicher als die bewusste; in schneller und präziser Wechselwirkung werden die Verhaltensweisen des einen und des anderen aufeinander abgestimmt. Oliver und Sylvia wussten das seit langem – vor allem beim Betrachten anderer Paare –, sie konnten es aber in dieser Begegnung noch nicht umsetzen.

3. Schließlich haben beide den Misslichkeiten die Krone aufgesetzt, indem sie die entscheidende Glücksbedingung des Paares – und das heißt: die elementare Voraussetzung für wechselseitige Abstimmung und Konfliktfähigkeit –, nämlich das «Lass uns bitte darüber sprechen, wie du es erlebst und wie ich es erlebe», also die von einem selbst ausgehende Initiative zum Gespräch, mit dem selbstzerstörerischen Akt des beleidigten Rückzugs torpedierten.

Es wäre so viel einfacher geworden, viel weniger verletzend, wenn wenigstens einer von beiden diesen Impuls zur Selbsterläuterung aufgegriffen hätte.

So weit für heute. Es ist etwas viel, finden wir. Aber es stand als ganze Gestalt sofort vor dem inneren Auge. Wir wollten es nicht in Einzelbriefe aufspalten.

Ganz herzlich

Ihre

Célia M. Fatia   Michael L. Moeller

10 «Du siehst ein Ei und möchtest es schon krähen hören»

Erfahrungsaustausch
über Zwiegespräche zu den besten Liebesbedingungen

«Was hilft aller Sonnenaufgang,
wenn wir nicht aufstehen?»

In einem Seminar führten wir eines Tages nach den erotischen Dyalogen das themenzentrierte Zwiegespräch über die besten Liebesbedingungen ein. Die Paare sollten sich auf das Abenteuer einlassen, die besten Lustbedingungen für sich herauszufinden. In dieser Situationsanalyse wird erst das Ziel, dann der Weg dorthin erkundet. Das ist die Organisationsentwicklung des Paaralltags.

Die ersten Versuche der Paare, sich über die seelische Basis ihrer Beziehung, über die besten Bedingungen für Liebe, Lust und Leidenschaft klar zu werden, sollen anregen, das Gleiche zu tun.

Es war spannend, nach und nach das gesamte Gefüge der guten Voraussetzungen für die Lust heranwachsen zu sehen. Manches wiederholt sich, doch ließ ich jedes dieser Paarbilder nahezu ungekürzt, weil die Art, mit diesem bedeutenden, innovativen Ansatz umzugehen, die Lebendigkeit des Vorbilds für die eigene Alltagspraxis ausmacht.

Der entscheidende Gewinn liegt für die meisten in der neuen Perspektive, die Struktur ihres Alltags als eigenes Tätigkeitsfeld zu entdecken. Manche erkennen erschreckt, wie lustbehindernd dieses macchiaähnliche Gestrüpp der täglichen Verhältnisse wirkt und wie hausgemacht es doch durch eigenen blinden Trott entstand.

«Danke ab. Sei dein eigener König.»

MLM: Jedes Paar, möchte ich gern vorbemerken, hat sich in diesem Zwiegespräch den besten eigenen Liebesbedingungen zugewandt. Es geht nun um zwei Fragen: Wie habe ich diese Erkundung erlebt? Und was ist dabei herausgekommen?

Die Antworten auf diese beiden Fragen interessieren alle. Unser Erfahrungsaustausch gleicht einer gemeinsamen Forschungsexpedition. Ich bin sehr neugierig, was zusammenkommen wird. Auch hier gilt: Die Gruppe kann mehr als der Einzelne. In solchen Bereichen übertrifft sie jede noch so überragende Leistung eines Genies. Jeder gewinnt durch jeden.

Ich nehme Ihre Berichte als Anregung, wesentliche Themen des Paarlebens und natürlich der Liebesbedingungen aufzugreifen. So folge ich der lebendigen, von Ihnen vorgegebenen Linie, bleibe an Ihren Bedürfnissen orientiert. Zunächst werde ich nur wenig ausführen, damit wir in diese Art des Vorgehens hineinkommen, dann aber werden meine Hinweise umfangreich.

Klarer Dreisatz

Nora: Insgesamt hatten wir schon einmal acht Zwiegespräche geführt, dann aber leider wieder abgebrochen. Als erste und grundlegende Liebesbedingung sehen wir das wesentliche Gespräch an. Wir haben uns also vorgenommen, Zwiegespräche regelmäßig und konsequent durchzuführen. Uns war ihre Bedeutung vorher nicht so bewusst. Im Grunde ist es ein winziger Aufwand für eine bedeutende Wirkung auf einem zentralen Gebiet unserer Beziehung. Auch bei uns läuft das bekannte Muster: Wenn die Beziehung nicht stimmt, stimmt die Sexualität nicht, klage ich, während Dominik dagegenhält, wenn die Sexualität nicht stimmt, kann auch die Beziehung nichts werden. Das Zwiegespräch kann diesen Regelkreis aufheben, wenn nicht gar umkehren.

Zweitens dachten wir daran, doch professionelle Hilfe in Anspruch zu nehmen. Das könnte bei uns eine Entwicklung beschleunigen, für die wir allein vielleicht noch Jahre benötigen.

Drittens ist für uns die Zeit ein Problem. Selbst wenn wir von Kindern und Beruf einmal absehen, kommen wir auch sonst im Alltag nicht wirklich zueinander. Deshalb haben wir uns vorgenommen, beispielsweise an Wochenenden allein wegzufahren, um endlich einmal für uns zu sein.

Dominik: Das ist das Arbeitsprogramm, das wir gemeinsam erstellt haben, der Weg, den wir einschlagen wollen. Ich glaube, er kann erfolgreich sein.

Ich würde gern noch etwas zum Verlauf sagen. Wir waren Meister in der Kolonialisierung, haben das aber auflösen können. Zunächst war ich sehr verletzt dadurch. Jetzt haben wir die Kurve endgültig genommen. Wir sehen, wie es für uns weitergehen kann.

MLM: Die besten Liebesbedingungen sind klar: Zwiegespräche und professionelle Begleitung dienen den inneren Verhältnissen, zur Verbesserung der äußeren Bedingungen ist das Zweierwochenende ein Eingriff in die Alltagsstruktur. Ich habe das letzte Vorhaben auch oft in den Paargruppen gehört: Es scheint mir eine empfehlenswerte Idee zu sein, die sich ohne großen finanziellen Aufwand realisieren lässt.

Glücksangst

Manfred: Zu den Liebesbedingungen: Die innere Nähe ist entscheidend. Das Wochenende haben wir uns auch vorgenommen. Ein gutes Gespräch und eine Flasche Sekt gehören dazu.

MLM: Was macht die Flasche im Ensemble?

Manfred: Die löst nochmal.

Geno: Das Erstaunlichste war, dass ich vom Thema, der Suche nach den besten Liebesbedingungen, immer wieder abgekommen bin. Immerhin steht bei mir an erster Stelle der Gewinn innerer Nähe durch die Zwiegespräche. Nur so komme ich in Liebe und Leidenschaft weiter.

MLM: Ihr Abschweifen finde ich hochinteressant. Ich hatte ja schon gestern prophezeit, dass einige vom Thema Liebesbedingungen schnell wegkommen könnten, weil sich eine unbewusste Seite das Glück nicht gönnen darf. Wir stoßen hier auf die Glücksangst. Befasst man sich nämlich mit den günstigsten Bedingungen der Lust, nähert man sich schon der Lust. Und auch das kann im unbewussten Erleben eine Straftat sein. Die Glücksangst enthält noch mehr als unbewusste Schuldgefühle, beispielsweise auch die Angst vor dem Neid der anderen. Ich möchte nur darauf hinweisen, dass sie mit Lustangst viel zu tun hat. In dieser inneren Dynamik dürfte der Grund zu suchen sein, warum sich nur so wenige Menschen diese lustorientierte Organisationsentwicklung ihres eigenen Alltags vornehmen.

Zum Sekt gibt es ein psychoanalytisches Bonmot: Das Über-Ich ist eine Instanz, die sich in Alkohol auflöst.

Sie können an diesem kleinen Beispiel auch die Paarsymmetrie erkennen; denn für das Abschweifen von Geno und den Sekt von Manfred gibt es einen gemeinsamen Nenner: Lustangst.

Gegenlust

Martin: Das Wichtigste zuerst: Mir ist klar geworden, dass wir uns sehr stark von den Verhältnissen bestimmen lassen, statt selbst zu organisieren. Der Entschluss heißt also, dass wir das ändern wollen und müssen.

MLM: In welcher Richtung?

Martin: Um mehr Zeit für uns zu gewinnen. Auch für die Zwiegespräche. Ich entdeckte etwas verblüfft, dass mir das Verplantwerden durch die Verhältnisse gut tat, weil ich so den Zwiegesprächen ausweichen konnte.

Angelika: Was ich als wesentliche Liebesbedingung brauche, ist Wärme in der Beziehung. Sie spüre ich manchmal bei guten Gesprächen. Aber ich habe sie mit meinem Ehepartner in der Regel vermisst. Wir haben jetzt erst mit den Zwiegesprächen angefangen, sie sind wirklich eine gute Möglichkeit, miteinander warm zu werden. Ich bin meinem Mann dankbar, dass er mitgekommen ist, und freue mich, dass es ihm dabei nicht nur nicht schlecht, sondern richtig gut gegangen ist.

MLM: Darf ich auch fragen, wie es Ihnen gegangen ist?

Angelika: Mir ging es sehr gut.

MLM: Meine Nachfrage sollte bewusst machen, dass die Fürsorge für den Partner leider oft dazu dient, die eigenen Bedürfnisse zurückzustellen. Das ist gerade bei dieser Situationsanalyse innerer wie äußerer Verhältnisse verhängnisvoll. Das unbewusste Zusammenspiel der Abwehr lässt sich gut erkennen: Angelika kann sich hinter der Sorge für Martin verstecken, wie Martin sich hinter die Verhältnisse verkriecht.

Es ist aber auch die Ergänzung weiblicher und männlicher Wirklichkeit sehr schön sichtbar geworden. Der Mann sagt, wir müssen klar strukturierend in unseren Alltag eingreifen, die Frau zieht ein anderes Fazit desselben Zwiegesprächs: Wir müssen

Wärme füreinander spüren können. Zwar läuft beides auf dasselbe Ziel hinaus, nicht zuletzt die Zwiegespräche, doch ersieht man allein an diesem kleinen Ausschnitt, wie unterschiedlich sich dieselbe Realität zu einer weiblichen und einer männlichen Erlebniswirklichkeit entfaltet. Diese Differenz zwischen Mann und Frau gehört zu den elementaren Einsichten in Lust und Liebe. Manche erschrecken vor diesem Kontrast. Hier ist aber zu sehen, dass sie innerhalb einer Beziehung komplementär wirken im Sinne einer wechselseitigen Erweiterung.

Auch bei der Analyse der besten Liebesbedingungen sehen vier Augen mehr als zwei. Dieser grundlegende Erkenntnisvorteil der Dyaloge wirkt schon sonst, bei üblichen Zwiegesprächen, für die Entwicklung der Beziehung. Hier kommt er aber dem gemeinsamen Erkennen für ein praktisch-bedeutsames Handeln, also der Politik des Paares, zugute. Denn was unternehmen wir mit dieser Erkundung bester Liebesbedingungen? Kurz auf den Punkt gebracht: In der Einsicht, dass wir so werden wie die Verhältnisse, in denen wir existieren, beginnen wir die Verhältnisse zu ändern, um besser zu leben. Was wir an selbst organisierter Alltagsstruktur erreichen können, wird mit der Zeit uns selbst verändern. Es geht also um eine Selbstveränderung und Paarentwicklung über den bewussten Umbau unseres uns selbst entfremdeten Alltags. Wir eignen uns dieses unwegsame Gelände an. Das ist das Ziel der Expedition. Zu schöne Worte, könnte man einwenden, wenn sie auch als Zielsetzung nötig sind. Denn wir haben noch mit anderen Kräften zu rechnen. Martin wies darauf hin, dass dieses Verplantwerden durch den täglichen Trott mit unbewussten Neigungen paktiert. Das Interesse, zu sich zu kommen und die Lebenslust zu entfalten, hält sich in erstaunlich engen Grenzen. Starke innere Gegner, allen voran das gewöhnliche Schuldgefühl, wollen mehr nicht zulassen. Es hilft schon viel, wenn wir damit rechnen. Wir sind dadurch in der Lage, uns mit dem Gegenwillen auseinander zu setzen.

Martin: Es ist praktisch die Flucht.

MLM: Genau. Anders gesagt: Innerer Widerstand und widrige Verhältnisse verschmelzen zum Abwehrblock der Gegenlust. Die heutige Sexualwissenschaft spricht von sozialer Fragmentierung und Anteros oder Anti-Eros.

Bruchstücke vergangener Beziehungen

Willi: Es sieht so aus, als hätten wir das Thema ganz fallen gelassen und eine Art Vergangenheitsbewältigung betrieben. Für mich war das sehr anstrengend und dennoch sehr wichtig. Zwei Gründe dafür gehen mir durch den Sinn: Zum einen verdrängten wir das Thema Lust, zum anderen versuchten wir durch dieses Gespräch eine größere innere Nähe und eine bessere Beziehung zu erreichen, um damit überhaupt eine Grundlage für die Erkundung der Liebesbedingungen zu schaffen.

Annette: Die Ansicht, dass es nichts mit dem vorgegebenen Thema zu tun hätte, kann ich nicht teilen. Mich hat Ihre gestrige Bemerkung von den Bruchstücken verflossener Beziehungen berührt, die man oft in die neue Beziehung hineinschleppt. Sie stehen zwischen uns. Immer, wenn ich darauf zu sprechen komme, blickt Willi die Wand runter und meint, wir sollten lieber von etwas anderem reden. Mit den besten Liebesbedingungen hat es für mich allerdings viel zu tun: Ich möchte ausräumen, was im Raum steht und nicht zu fassen ist. Das Gespräch war für mich sehr gut, weil es einiges klären konnte. Wir haben uns also nicht nur vorgenommen, die Liebesbedingungen zu verbessern, wir haben sie schon verändert.

MLM: Geht es um eine vorangegangene Beziehung von Ihnen oder von ihm?

Annette: Von uns beiden, in diesem Fall ist aber seine für mich problematisch gewesen.

MLM: Die Lage der beiden hat sich schon weitgehend entschlüsselt. Das Abweichen vom Thema, wie es Willi schien, lag nicht vor.

Zunächst geht es um einen allgemein bedeutenden Vorfall: Was mache ich eigentlich, wenn ich die besten Liebesbedingungen gar nicht zum Thema machen kann, weil etwas dagegensteht? Die Antwort ist einfach: Störungen haben Vorrang. Sie müssen zuerst aus dem Weg geräumt werden. Das haben die beiden getan. Dann entpuppt sich manchmal das behindernde Element schon als die Essenz des Themas selbst. So hat es Annette empfunden. Eine neue Liebesbedingung wurde von beiden dadurch geschaffen, dass unerledigte seelische Aufgaben gelöst wurden.

Nun noch speziell zu den Bruchstücken vergangener Beziehungen ein Wort: Die meisten werden die Lage gut nachfühlen können, wenn man beispielsweise unerwartet mit dem Namen des Ehemaligen gerufen wird oder gar im Bett hören muss: Jetzt bist du ganz wie Udo. Wir übersehen mit unserem leichten Entsetzen – «um Gottes willen, die hat ja Udo im Sinn!» – einen wesentlichen Entwicklungsschritt der Beziehung. In diesem Falle ist die Namensverwechslung ein Zeichen für die seelische Integration vergangener Liebesfiguren in die Identität des neuen Partners. Das betrifft keineswegs nur den letzten, sondern die ganze Reihe bis zur ursprünglichsten Liebesperson, der Mutter. Alle werden in eine wachsende Liebesbeziehung eingebracht und eingeschmolzen. Es geht also in der Regel nicht um einen «Rückfall» in die alte Bindung, sondern um ein Wachstum der neuen. Es handelt sich um einen ganz normalen, fruchtbaren Prozess.

Im übrigen noch einen Tipp, wenn der Verflossene in Träumen und Phantasien auftaucht und Rivalenimage gewinnt. Auch hier geht es in der Regel um einen Aspekt des aktuellen Beziehungspartners, der mit dem Bild des alten dargestellt wird. Träume innerhalb einer Beziehung sind ebenso doppelt bewirkt wie Handeln und Entscheiden. Wird beispielsweise im Traum meiner Partnerin ein besonderer Aspekt von mir durch die Gestalt des heiklen Ehemaligen wiedergegeben, dann ist der seelische Gewinn, den wir beide davon haben können, dass wir diesen Anteil meines Selbstes in einer solchen Verhüllung nur schwer wahrnehmen, also abwehren können und damit nicht bearbeiten müssen. Eine wesentliche Liebesbedingung hat sich hier also spontan, sozusagen als Geschenk des Unbewussten, entwickelt: eine Art lebensgeschichtlicher Vergangenheitsbewältigung.

Naturschutzgebiet für die Lust

Franz: Nach meiner Auffassung führen wir seit zwei Jahren regelmäßig Zwiegespräche, Kathrin meint jedoch, es wären drei Jahre. Sicher ist dieser Unterschied nicht zufällig.

Kathrin: Unverplante Zeit und Raum sind so wichtig geworden, dass ich schon im Kalender genau notiert habe, welche freien Wochenenden uns zur Verfügung stehen. Weniger Termine auf sich bürden und die Ferien sorgfältig beachten sind weitere Liebesbedingungen. Dazu gehören allerdings auch klare Absprachen oder, anders gesagt, der energische Kampf gegen die nachlässigen Absprachen, die Sie erwähnten und die uns wie Läuse im Pelz sitzen. Wir müssen die häufigen Missverständnisse vermeiden. Sie kosten zu viel Energie.

MLM: Können Sie sagen, was Sie vor allem klar absprechen wollen?

Kathrin: Vor allem unsere freien Zeiten. Ich habe es sogar aufgeschrieben: Was machen wir Pfingsten, wo fahren wir im Sommer hin, welche Freiräume haben wir noch für uns? Räume-Freihalten ist unsere zentrale Liebesbedingung. Wir wissen aus dem Urlaub, dass uns dann die Lust gelingt, und das wollen wir noch verbessern. Besonders bewusst geworden ist mir während dieser Tage hier, welche Kettenreaktion schlampige Absprachen nach sich ziehen: Sie verursachen erstens Missverständnisse, zweitens einen zusätzlichen Energieaufwand, um alles wieder zurechtzurücken, drittens eine ziemliche Verärgerung und dadurch viertens eine innere Trennung voneinander. Dabei ist mir klar, dass wir das sehr gut anders machen könnten, wenn wir nur ein bisschen sorgfältiger bei den Vereinbarungen wären.

Wesentlich ist mir dann noch ein Zustand, den ich innere und äußere Aufgeräumtheit nenne. Wenn ich innerlich mit Dingen beschäftigt bin, die ich noch zu tun habe oder von denen ich glaube, ich müsste sie unbedingt noch erledigen, dann nehme ich mir den Raum für die Lust selbst weg. Ich bin besetzt mit Aufgaben.

Das heißt für mich aber auch, dass ich viel sauberer trennen muss zwischen Beruf und Freizeit. Ich arbeite selbständig und viel zu Hause. Bisher ist die Trennung zu unscharf. Manchmal meine ich, am Wochenende noch viel erledigen zu müssen, obwohl doch in der Woche noch Zeit ist, und so weiter. Ich habe mir vorgenommen, das genauer, schärfer, präziser zu handhaben.

MLM: Das läuft also auf eine klarere Trennung zwischen Berufswelt und persönlicher Welt hinaus. Dazu gleich eine Bemerkung: Die Trennung ist so schwer, weil die zu erledigenden Aufgaben einen konkreten Nutzen haben und gesellschaftlich höchste Anerkennung genießen. Sie stabilisieren ununterbrochen unser Selbstwertgefühl. Allerdings auf eine fragwürdige Weise: Wir werden nur über die Leistung anerkannt, nicht aufgrund unserer lebendigen Art, so zu sein, wie wir sind. In dieser Sicht ist das Ganze das Unwahre, nach dem wir uns richten und womöglich hinrichten. Man benötigt eine große Entschlossenheit und eine längere Zeit innerer Auseinandersetzung, um dem gewachsen zu sein oder, genauer gesagt: um dem Leistungs-Ich zugunsten des

Lebens-Ichs Einhalt gebieten zu können. Andernfalls erleben wir es so, als ob beide Anteile ineinanderfließen. Dieses Dilemma wird verschärft, weil wir Beruf und Leben einfach nicht exakt auseinander halten können. Wir hoffen es, wenn wir die Tür der Arbeitsstätte hinter uns schließen. Wir entdecken aber, dass wir im Arbeitsfeld nicht nur Werktätige mit Sachaufgaben sind, sondern auch Menschen mit ihrer ganz komplexen Lebensgeschichte, wie wir in der Freizeit wiederum ununterbrochen auch von unserem Berufsgeschehen beeinflusst bleiben, bis hin zu unserer persönlichen Sprache. Kurz: Auch das ist eine praktisch sehr bedeutsame Unschärferelation. Berufsgeschehen und Lustgeschehen sind seelisch eng verwoben. Gerade deswegen müssen wir wenigstens äußerlich besonders klare Verhältnisse zu schaffen versuchen.

Als Kathrin erzählte, wurde mir noch einmal bewusst, wie stark die Tagesverhältnisse mit vielfältigem, unwiderstehlichem Druck gegen die Lust wirken. Unsichtbar, unfühlbar, subtil wie der Sonnenwind treibt er die Lust davon. Und ich glaube nicht, dass wir hier nur unsere inneren Verhältnisse nach außen projizieren. Natürlich bietet sich das sehr an. Das Fatale ist nur, dass die äußeren Verhältnisse den inneren verteufelt gleichen.

Franz: Für mich ist Ruhe und unverplante Zeit auch wichtig. In erster Linie müssen wir zusehen, dass unerledigte Dinge nicht auf das Wochenende verschoben werden; dass wir uns nicht weiter so durchwursteln, sodass wenig für uns übrig bleibt.

Eine ganz wesentliche Liebesbedingung ist für mich die seelische Nähe. Sie entsteht besonders in den Zwiegesprächen. Doch da bin ich in einem Dilemma. Denn Kathrin sagte neulich mit einer Power, die sie nun mal draufhat, sie hasse die erotische Zwangsläufigkeit, die mit diesen Dyalogen aufkommt. Mich erotisieren nämlich die Zwiegespräche sehr stark, und es ist häufiger so ausgegangen, dass wir gleich danach ins Bett gingen – selbst am

Sonntagvormittag, unserem Haupttermin. Ich kann die Zwangsläufigkeit nicht nachempfinden, für mich ist es so, als ergäbe es
sich jedes Mal von neuem.

MLM: Ein schon fast witziger Konflikt, dass das ersehnte
Aphrodisiakum selbst wieder Probleme macht. Mir ist noch nie
durch den Sinn gegangen, dass die Lust erregende Qualität des
Zwiegesprächs womöglich zum Stein des Anstoßes werden
könnte.

Kathrin: Was mich daran so nervt, ist die direkte Folge wenn –
dann. *(lachend)* Das geht schon über Jahre bei uns.

MLM: Da könnten Sie die Initiative ergreifen und dieses Lust-
problem zum Zwiegesprächsthema machen. Sie können das zu
zweit ausloten. Ich glaube, Sie werden fündig werden.

Kathrin: Ja, mal sehen, was dahinter steckt.

MLM: Ich will ein wesentliches Moment aufgreifen: das Aufge-
räumtsein. Wie wir alle wissen, ist es leichter gesagt als getan. Was
bedeutet es eigentlich? Meister des Zen folgen einer inneren Haltung, die «No traces», «Ohne Spuren», genannt wird. Sie bedeutet: Verlasse den Ort, an dem du tätig warst, als wäre er unberührt;
hinterlasse keine Spuren. Zunächst hatte ich diese Einstellung als
Ideal innerer Klarheit wie äußerer Ordnung missverstanden. In
einer tieferen Schicht handelt es sich um die Aufforderung, alle
Aufgaben, die sich einem im Leben stellen, sofort zu erledigen,
soweit das möglich ist. Gelingt einem das, sind die seelischen
Folgen ungewöhnlich: Es stellt sich eine große innere Ruhe ein,
eine Freiheit für das da zu sein, was sich gegenwärtig ereignet, eine
Wachheit also zugleich mit der Stille. Das Opening-up erreicht
mit direkter «redlicher» Offenheit Ähnliches. Die Verbindung
mit der Psychoanalyse und anderen Psychotherapien sieht man
schnell, wenn man sich klarmacht, dass man seelische Konflikte
auch als unerledigte Aufgaben auffassen kann. Konflikte sind
nicht weg, wenn man sie verdrängt hat. Sie schaffen ununterbro-

chen Unruhe und Gespanntheit in einem, sie kosten ständig Energie. Unerledigte Aufgaben gleichen ständigen Nagewürmern. Sie sind einflussreichste Kontrahenten der Lust.

Kathrin: Ja, genau so erlebe ich es auch.

MLM: Worauf läuft das aber am Ende hinaus? In der Regel darauf, dass man weniger leistet – es sei denn, es glückt einem, sein Pensum besser zu organisieren. Beides ist schwer genug. Und Sie sehen den Grundkonflikt der Lust mit dem Leistungsprinzip moderner Gesellschaften. Denn Durchorganisieren im modernen Arbeitsfeld heißt im Klartext höhere Leistung gegen andere Wettbewerber, nicht aber mehr Gewinn an Lebenslust. Streben ist ein Anagramm von Sterben. Niemand wird sich um die Lebendigkeit Ihrer Lust kümmern. Das ist Ihrem Arbeitgeber ziemlich egal. Die Liebe hat keine Lobby. Nicht zuletzt deswegen steht sie heute auf verlorenem Posten. Handeln in eigener Sache ist in dieser Bedrängnis die Methode der Wahl. Nun, Sie sind ja schon auf diesem Weg.

Wir brauchen also nicht nur den kleinen Zeitraum von neunzig Minuten in der Woche für das Zwiegespräch und die von ihm bewirkte seelische Nähe, sondern deutlich mehr Zeit für die Liebe in der Beziehung, die aus ihnen ja erwachsen soll. Woher nehmen? Für Medienkonsum nimmt sich der durchschnittliche Deutsche an die fünfeinhalb Stunden pro Tag Zeit. Da wäre doch noch eine Reserve . . .

Franz: Das trifft auf uns nicht zu . . .

Kathrin: . . . ich habe die Zeitung schon abbestellt.

MLM: Mit anderen Worten: Es bleibt uns nichts anderes übrig, als ein «Naturschutzgebiet» für die Beziehung und ihre Lust zu schaffen. Das Bild ist kein hergeholtes Gleichnis. Denn dieses Reservat muss man genauso energisch durchsetzen wie Naturschutzgebiete in der Landschaft. Es ist eine erstrangige Aufgabe für die Politik des Paares.

Der tiefere Zusammenhang, der gemeinsame Nenner von Beziehungslust und Artenschutz, liegt – grob gesagt – in ihrer Eigenschaft als Phänomene der Natur, die in einer Leistungsgesellschaft nahezu wertlos sind. Die Lust des Paares ist an sich nutzlos. Nur die Kinder, die ihr womöglich entspringen, als neue Produktivkräfte; der Erholungswert, der allerdings bei wilder Lust dahinschwindet und womöglich eher der Arbeitsstätte zukommt, und vor allem die Verschiebung der Lust auf die beiden Säulen einer Nation, auf Leistung und Konsum, machen die Lust öffentlich interessant. Wenn Auflagen, Einschaltquoten und die Verkäuflichkeit der mit Sex und schönen Körpern verkneteten Waren steigt, ist Lust gefragt. Heute gibt es meines Wissens keine Zeitschrift mehr ohne Umfrage zum Sexualverhalten. Nicht Lust hat Konjunktur, die Konjunktur hat Lust.

Franz: Deswegen haben wir jetzt für Pfingsten auch keinen Kurzurlaub beschlossen.

MLM: Die Freizeit hat übrigens für viele die Strapazen beruflicher Tätigkeit übertroffen. 63 Prozent der Deutschen erleben ihre freie Zeit als Stress. Ob sie bildungshungrig sind oder sich in sportliche Aktivitäten stürzen, sie müssen sich von der Erholung immer öfter erholen. Auch dort hat also die Lust kein bestelltes Feld.

Männliche und weibliche Liebesbedingungen unterscheiden sich

Karl: Wir sind auf interessante Momente gestoßen, als wir Unterschiedlichkeit und Gemeinsamkeit unserer Liebesbedingungen herausfinden wollten. Das war erst unser drittes Zwiegespräch.

Für mich stand im Vordergrund, Abstand zu meiner Arbeit zu

gewinnen. Ich muss das richtiggehend üben. Es schließt sich an das vorige Thema des Aufgeräumtseins an. Was an der Arbeit zu tun ist, muss ich wirklich erledigen, nur dann entsteht der nötige Abstand. Dabei ist es besonders hilfreich, einen räumlichen Abstand einzurichten. Wir haben beschlossen, möglichst viel fortzufahren. Das hilft mir enorm, abzuschalten, loszulassen.

Elga: Mir hat das Gespräch sehr gut getan, weil ich von dir erfahren habe, wie die Grundbedingungen deiner Lust aussehen. Wir haben uns viel Zeit gelassen, um die Bedingungen detailliert herauszuarbeiten. Danach habe ich versucht, unsere beiden Seiten zusammenzukoppeln und zu vergleichen, wo wir uns ergänzen und wo wir ganz unterschiedlich sind, ja, wo wir uns womöglich wechselseitig behindern. Diese Momente der Diskrepanz zu beheben ist eine wichtige Liebesbedingung.

Für mich selbst ist die Grundbedingung der Lust, ein harmonisches Gefühl zu ihm und einen sicheren Raum zu haben.

MLM: Der Unterschied zwischen der männlichen und weiblichen Liebesbedingung liegt bei Ihnen ein wenig anders, als wir es vorhin hörten, er ruft aber noch einmal auf, wach zu bleiben für die andersartigen Erlebniswirklichkeiten von Mann und Frau.

Abstand von der Arbeit zu bekommen, abschalten zu können ist heute eine ehrenwerte Fähigkeit geworden, nicht, meine ich, um die Lebenslust zu bewahren, sondern um anderntags einen frischen, ausgeruhten Mitarbeiter abzugeben, der sein Letztes nicht im Bett, sondern der Firma gibt. Mir ist aufgefallen, wie arbeitsdurchsetzt oder, drastischer gesagt: wie leistungsdurchseucht die Privatsphäre schon ist, wenn Karl und Elga ihr entfliehen müssen, um Abstand vom Beruf zu bekommen. Ich möchte hinzufügen, dass ich natürlich keineswegs gegen Leistung bin. Doch liegt ihre eindeutige Grenze dort, wo sie das Leben nicht mehr erhält, sondern zerstört. Die meisten Menschen phantasieren, es sei schwierig, Ziele zu erreichen. Ich glaube, diese

Hürde ist deutlich niedriger als die Schwierigkeit, die Ziele überhaupt einmal zu erfassen und auszuformulieren. Wer das Ziel erst mal vor Augen hat, wird Wege finden, es zu erreichen. Eine meiner Lebenserfahrungen lautet: Es kommt alles, wie du willst – das entspricht der Zielanalyse und dem realisierenden Weg –, aber anders, als du denkst – das erfordert die Bereitschaft, sich auf Unvorhergesehenes einzustellen, kurz: gesundheitsbildende Flexibilität.

Lebenslust ist schön, macht aber viel Arbeit

Nikolas: Unser Gespräch habe ich als schön erlebt. Es gelang uns, verschiedene Bedingungen, die wir brauchen, um unser Lustpotential zu entwickeln, in unserem Alltag konkret zu erfassen.

Gestern hatten wir eine Phase, in der wir an den Zwiegesprächen zweifelten. Für mich ist es sehr wichtig, dass wir dranbleiben, ich möchte, dass wir weitermachen, und wie es heute ausschaut, kann sich Nina auch darauf einlassen. Es ist erst unser dritter Dialog gewesen.

Außerdem halte ich es für eine fruchtbare Idee für die eigene Lustentwicklung, von Zeit zu Zeit an Seminarwochenenden wie diesem teilzunehmen. Die Erfahrungen, die ich hier mache, regen die erotische Entfaltung an und beschleunigen sie.

Wir hatten sogar die Idee, einige Zeit an einer professionell geleiteten Paargruppe teilzunehmen, zumal Sie sagten, dass man sich einmal im Monat an einem Wochenende für vier Sitzungen trifft. Das wäre zeitlich für uns einzurichten, selbst wenn es eine Reise bedeutet. Sich immer wieder in Abständen gemeinsam mit anderen Paaren zu treffen und einen gemeinsamen Prozess zu durchleben, ist eine spannende Sache. Auf solch ein Paarprojekt würde ich mich gern einlassen. .

Nina: Ich empfand das Gespräch auch als sehr gut, hatte allerdings nicht das Gefühl, es gehe nur um Liebesbedingungen. Wir haben als Anfänger natürlich auch sehr vieles andere angesprochen.

Meine Lust braucht vor allem innere Ruhe. Stress und Hektik in anderen Bereichen machen mir am meisten zu schaffen. Allerdings neige ich auch besonders dazu, mir viel vorzunehmen. Ich habe immer was zu tun.

Von den äußeren Voraussetzungen sind am bedeutendsten genügend Zeit und keine Erwartung anstehender Termine. Mir sind Termindruck und vertane, verwurschtelte Zeit noch nie als stärkste Liebesbremse bewusst geworden.

Was ich bisher noch nicht hörte, was mir aber sehr grundlegend erscheint, möchte ich das Gleichgewicht der Beziehung nennen. Neben der Erotik gibt es ja auch noch andere Beziehungsfelder in einer Partnerschaft. Sie sollten untereinander im Gleichgewicht bleiben.

So war bei uns auch die «Beziehungslosigkeit in der Beziehung» ein Thema. Wir sind beispielsweise Meister einsamer Beschlüsse und unklarer Absprachen. Das nervt permanent. Plötzlich soll das, dann wieder dies stattfinden und einer fragt den anderen, wieso er denn jetzt keine Zeit habe. Keiner von uns weiß richtig Bescheid, obwohl wir unsere eigenen Angelegenheiten gut hinbekommen. Kurz, wir müssen die Kunst, gemeinsam zu planen, erst noch lernen. Allerdings haben wir erst seit einigen Monaten eine gemeinsame Wohnung und lebten zuvor immer getrennt.

MLM: Andere aber sagen, dass gerade dann, in einer gemeinsamen Wohnung, aus Notwendigkeit heraus, die gemeinsame Planung noch am ehesten gelernt wird.

Mir fielen zwei Momente auf: Schon in einem einzigen Gespräch kamen beide auf eine Vielzahl von Liebesbedingungen:

Ich glaube, zehn haben Sie insgesamt genannt: Zwiegespräche, Seminare, Paargruppe erwähnte Nikolas, Nina sprach von innerer Ruhe, Arbeitsbeschränkung, Einrichten zeitlicher Freiräume, Terminorganisation, Gleichgewicht der Beziehung, Aufhören mit einsamen Beschlüssen und Erlernen der Kunst, gemeinsam zu planen. Was für ein weites Arbeitsfeld! Karl Valentin analysierte richtig: «Kunst ist schön, macht aber viel Arbeit.» Und ein Mark Twain könnte trocken bemerken, die Arbeit an den Liebesbedingungen werde Lust nicht aufkommen lassen. Das hoffen wir nun nicht, doch steht einem am Beispiel dieses Paares plastisch vor Augen, welche Arbeitsmenge die Umstrukturierung des Alltagslebens zugunsten der gemeinsamen Lust mit sich bringt.

Gleichzeitig fiel mir hier besonders auf, dass es für alle um die Arbeit am Detail geht. Darin steckt bekanntlich der Teufel. Beispielsweise sind die Liebesbedingungen so miteinander verflochten, dass allein deswegen neue Probleme entstehen könnten, Zielkonflikte beispielsweise: Wie kann ich regelmäßig Zwiegespräche führen, aber die regelmäßige Erotisierung vermeiden? Um ein recht harmloses Problem zu nennen. In der Wissenschaft nennt man das Operationalisierung: festlegen, wie man es am besten macht, welche konkreten Schritte nacheinander folgen sollen. Dazu gibt es für den Alltag eine lapidare Empfehlung: Was am stärksten brennt, zuerst! In der Perspektive des Opening-up heißt das nämlich nichts anderes, als dass die stärkste seelische Belastung zuerst abgetragen wird. Die subjektive Bedeutung entscheidet, nicht das so genannte objektive Gewicht. Wahrscheinlich wird es für jedes Paar hilfreich sein, eine Hierarchie der eigenen Liebesbedingungen nach Wichtigkeit zu erstellen, damit diese Beiträge zur wachsenden Lust zügig wirksam werden.

Nähe-Distanz-Balance

Barbara: Freiraum – das war für uns das Wichtigste. Er bedeutet aber bei uns etwas anderes als bei andern. Vor allem nämlich wollten wir den Partner nicht in die Alltagsroutine hineinziehen, wenn man vom Beruf nach Hause kommt. Oft schimpfe ich erst mal eine halbe Stunde über das, was mich am Tag geärgert hat, und lade ihm unversehens Büroschutt auf. Die Wirkung ist eindeutig: Jede Lust ist bei ihm weg, und bei mir kommt sie erst gar nicht auf. Also habe ich mir fest vorgenommen, etwas wieder einzuführen, was ich früher schon eine Zeit lang gemacht habe: eine Zäsur zwischen Arbeit und Privatleben. Ich lege für wenige Minuten die Füße an der Wand hoch und versuche, mich fallen zu lassen. Ich lade innerlich ab. Mit diesem Abbau der Tageslast durch eine kleine Entspannungsübung verhindere ich, dass ich ihm den ganzen Berufsballast überstülpe.

Ich versuche also, mit dem Stress allein fertig zu werden, statt ihn dafür zu missbrauchen, und die Last wirklich abzulegen, statt mir immer wieder einzureden, wie müde ich bin, wie kaputt ich mich fühle, was ich heute alles aushalten musste. Mich hinlegen, mich wieder fühlen können und mich dann wirklich auf Bruno konzentrieren können – so soll es künftig wieder sein. Wie soll ich sagen? Unser Zuhause soll ein ballastfreier Ort werden.

Das Miteinanderschlafen hat für mich auch etwas mit einem Zeremoniell zu tun. Ein Zeremoniell verlangt einen besonderen Ort. Als ich jung war, merkte ich noch nichts davon, da ging es auch auf der Türschwelle oder sonst wo. Jetzt wird es mir immer wichtiger, die Liebesgeschichte zu pflegen, schöne Dinge, ein hübscher Raum. In die Toskanaferien sind wir beispielsweise mit einem Campingbus gereist. Eine Superidee, schien uns zunächst. Nix da. Der Campingbus ist viel zu eng und viel zu unbequem, Leute fahren dauernd dran vorbei, Kinder stehen drum herum und schauen rein. Darum haben wir beschlossen, es anders zu machen: Wir gehen für zwei Tage in ein wunderschönes Hotel, in ein traumhaft weiches Bett, dorthin, wo es gut zu essen gibt, wo wir einen schönen Ausblick haben und wo wir ungestört sind. Es ist diese ganze Atmosphäre, die wir wieder herstellen müssen.

MLM: Der Campingbus ist Ihnen unversehens zur Parabel unseres Alltags geworden. Und an Ihrem Redestrom ist richtig zu spüren, wie viel Druck sich hinter diesem Thema der besten Liebesbedingungen aufstaut, wie fündig man allerdings auch wird, richtet man überhaupt erst mal sein Bewusstsein darauf. Das geschieht leider zu selten.

In Ihrer Schilderung können wir einen weiteren Lustgegner ausmachen: den Stress. Stress ist eine Überlastung, eine Überforderung. Häufig wird auch er durch Gewohnheit oder frühe Erziehung nicht mehr empfunden. Herzinfarkt beispielsweise entsteht psychosomatisch nach ein bis zwei Jahrzehnten unter hohem, doch im wesentlichen unbemerktem, psychosozialem Stress. Stress macht also auch krank. Oft ist die Rede neuerdings von gutem Stress, von Eustress im Kontrast zu Distress. Dadurch wird eine schlimme Nebenwirkung der Leistungsideologie und des modernen Lebens mit positiven Assoziationen belegt und salonfähig gemacht. Sicher ist nicht jede Herausforderung ein Krankheitserreger, sie kann zur Aktivierung führen, ein Wort, das mir geeigneter scheint als Eustress. Barbara hat nun einen Umgang mit dem täglichen Stress gefunden, der ihr einen Bonus bei der Krankenkasse einbringen müsste: Sie integriert eine Entspannungsübung in ihren Tagesablauf. Sie können einige Minuten autogenes Training einschieben oder sich wie andere auf dem Rückweg von der Arbeit eine Pause im Café gönnen.

Der Psychoanalytiker Alexander Mitscherlich klagte in New York einmal angesichts der verstopften Highways über die Verschwendung freier Plätze in den riesigen Limousinen, in denen meist nur ein Einziger, der Fahrer, saß. Die Antwort auf seinen Vorschlag von Fahrgemeinschaften war blankes Entsetzen: Dadurch würde einem doch die einzig noch verbliebene Zeit am Tag genommen, in der man für sich allein zur Besinnung käme. Diese wohltuende Wirkung meine ich, sofern sie nicht vom Verkehrsstress wieder aufgezehrt wird.

Mit diesem Ausblick wird ganz klar: Wer sich für seine Lust einsetzt, sorgt unversehens auch für seine Gesundheit. Alle guten Liebesbedingungen entpuppen sich als seelische und körperliche Gesundheitsbedingungen.

Bruno: Ich greife von sehr vielen Aspekten nur einen heraus: Als Voraussetzung für Lust brauche ich Nähe und Abstand in einer Balance. Das stellte sich heraus, als ich mir Gedanken über die aggressive Seite der Zwiegespräche machte, die bei uns zum Abbruch nach etwa zehn Dyalogen führte. Dieser Aspekt des Zweieraustausches hat eine wichtige Funktion, finde ich: Affekte, die zwischen uns stehen und unsere Liebe behindern, können abfackeln. Ich denke, mit dieser entstehenden Klarheit entwickle ich mehr Standfestigkeit Kränkungen gegenüber. Ich kann sie besser aushalten und erkenne ihre Wichtigkeit im Zusammenleben.

MLM: Sie haben eine innere Liebesbedingung herausgegriffen. Der Paartherapeut Jürg Willi hat einmal hervorgehoben, dass die Balance zwischen Nähe und Distanz ein zentrales Problem ist, das jedes Paar für sich lösen muss, will es gut zusammenleben. Vielen gelingt die Distanz nicht, weil dem Partner gegenüber Schuldgefühle wegen des persönlichen Rückzugs aufkommen oder weil das so notwendige Für-sich-Sein vom Partner mit Trennungsangst beantwortet wird. Andere erleben die Nähe als einengend.

Dabei spielen auch latente Aggressivitäten eine erhebliche Rolle. Bleiben sie unterdrückt, nehmen sie einem die Luft in der Beziehung. Sehr oft werden sie mit erstickender Harmonie in

Schach gehalten. Deswegen gefiel mir das Wort Abfackeln gut. Es ist ein Teil des Opening-up.

Gute Selbstbeziehung, gute Freundschaften, gute Paarbalance

Jens: «Sei glücklich und habe Lust» – damit können Sie mich jagen. Dieser Lockruf bewirkt bei mir genau das Gegenteil. Wenn ich mir jetzt überlegen soll, wie am nächsten Wochenende die beste Lustorganisation aussehen soll, dann muss ich mir als Erstes die Freiheit einräumen, keine Lust zu haben. Ich will mich nicht festlegen. Das ist mir sehr wichtig.

Es geht mir mehr um die inneren Bedingungen. Und da ist die Hauptsache: Die Zeit zu zweit darf nicht auf Kosten der Zeit geschaffen werden, die ich für mich selbst, für mich allein brauche. Besonders beim Übergang von der Arbeit zur Partnerschaft brauche ich diese Drehscheibe, diese Zeit für Selbstreflexion und Selbstbesinnung. Ich muss mich zuerst in mein Schneckenhaus zurückziehen, mich an mir selbst orientieren, dann kann ich wieder herauskommen. Ich kann nicht gleich vom einen zum anderen springen. Der Weg geht immer über mich.

Angela: Viele Jahre ging mein Weg des Glücks immer über Jens. Jetzt erst habe ich bemerkt, dass Zufriedenheit durch mich selbst kommt. Wenn ich mit mir nicht zufrieden bin, funktioniert es auch rundum nicht so. Darüber habe ich in letzter Zeit sehr viel nachgedacht und auch entsprechend gehandelt. Ich habe mir einen Rahmen geschaffen, um mehr Zeit zu haben für die Dinge, die mir Spaß machen. Das aber ist gerade das Schwerste für mich: mir selbst Freude zu schaffen. Ich orientierte mich immer an anderen. Es war genau, wie Sie im Spruch sagten: «Sich nach anderen richten, sich hinrichten». Inzwischen habe ich aber immer mehr gelernt, durch mich selbst Zufriedenheit zu erleben. Das ist für mich die erste Lustvoraussetzung. Ich fühle mich körperlich ganz anders: weicher und aufnahmefähiger. Ich bin allgemein zufriedener, habe beispielsweise nicht so viel zu meckern. Ich kann Dinge liegen lassen. Ich kann Spannungen besser aushalten.

Diese innere Befriedung muss ich mir allein holen. Das heißt auch: loslassen können. Und das macht Konflikte mit Jens. Sie sprachen ja von den Zielkonflikten. Denn mich gelüstet manchmal, ihm den Raum, den er für sich braucht, wegzunehmen, mit ihm zusammen zu sein, wenn er allein sein möchte. Dann entstehen schnell Schuldgefühle bei mir, aber ich lerne, das schlechte Gewissen in Balance zu halten und meine Wünsche auch offen zu vertreten. Andererseits merke ich natürlich, dass es auch mir gut tut, wenn es ihm gut geht. So lasse ich ihm also auch manchmal den Raum, obwohl mir gerade anders zu Mute ist.

Daraus erwuchs eine weitere Entdeckung. Ich brauche nicht nur Jens als meinen Partner, sondern auch andere, Freunde und Freundinnen, wenn ich gut und lustvoll leben möchte. Bin ich mit ihnen zusammengewesen, komme ich ganz anders auf Jens zu, viel aufgeschlossener, belebter.

MLM: Jetzt ist die Katze aus dem Sack: Wir können keine gute Liebesbeziehung erwarten, wenn wir keine gute Selbstbeziehung und keine guten Freundschaften haben. Das ist nicht nur eine alte Lebenserfahrung, es ist auch wissenschaftlich gesichert. Vor allem versteht es sich von selbst.

Gute Selbstbeziehungen und gute Freundschaften fallen nicht vom Himmel. Wir müssen also auch noch dafür sorgen, mit Umsicht, mit Ausdauer, mit Geschick, mit Engagement. Nach und nach sehen Sie, was es neben dem Beruf für das pure Leben alles zu tun gibt.

Auch das braucht Zeit. Bei Jens liegt das Areal der Selbstbeziehung vor allem zwischen Beruf und Beziehung. Angela entdeckte, wie sehr sie die Bedürfnisse der anderen höher wertete als die eigenen. Sie erlebte typische Schuldgefühle, als sie auch sich ernst nahm. Die inneren Mütter schreien auf, hier werde man nun egoistisch. Das ist keineswegs der Fall. Interessanterweise gibt es im Deutschen kein wirklich gutes Wort für «Liebe zu sich selbst» wie beispielsweise im Russischen *Samaljubië*. Vielleicht sollten wir einfach ein neues Wort prägen. Wie wäre es mit «Selbstachtsamkeit»? Wenn man auf sich nicht achtet, auf die eigenen Bedürfnisse und Bedingungen nicht hört, dann vernachlässigt man sich ebenso wie Partner oder Kinder, um die man sich nicht kümmert. Die Langzeitwirkung ist Scham. Man schämt sich seiner Selbstvernachlässigung und all der Versäumnisse an sich selbst. Man ist nicht wirklich zum Leben gekommen. So entsteht im unheimlichen Sinne «Selbstlosigkeit», das heißt ein Leben ohne eigenes Selbst. Wenn vom Ideal selbstloser Menschen die Rede ist, sollte man diese Variante nicht vergessen. Sie ist nur ein Schmuckwort für Selbstverwahrlosung.

Nun blüht natürlich die Lebenslust nicht auf, wenn man sich nur sich selbst zuwendet. Es gilt vielmehr den wahrscheinlich bedeutendsten Paarkonflikt zu lösen: den Konflikt zwischen Selbstzuwendung und Partnerzuwendung. Um diese Urambivalenz auszubalancieren, müssen wir ein labiles Gleichgewicht zu erreichen versuchen. Jedes Paar kann es nur für sich selbst ermitteln. In der Paarpraxis heißt es, die eigenen Bedürfnisse und die Bedürfnisse des Partners gleichrangig zu beachten. Ich sagte es schon häufig: Das Problem liegt oft darin, die eigenen Wünsche als ebenso wesentlich zu begreifen wie die des Partners.

Da die meisten ihre eigenen Wünsche noch gar nicht kennen, geschweige denn die des Partners, entsteht die kuriose, tragikomische Lage, sich an nichts orientieren zu können. Der drastischen alltäglichen Zweiersituation angemessen muss dafür ein einprägsamer Begriff her: die gewöhnliche Paarpatsche. Wie kommt man raus aus dieser Patsche? Vergleichsweise einfach: auf die leisen Anzeichen der eigenen Wünsche regelmäßig und langfristig zu hören versuchen und gleichermaßen die Anliegen des Partners beachten, die er oder sie ebenso schwer herauszufinden und dann auch noch zu äußern vermag wie man selbst. Dazu braucht man allerdings eine Chance. Und eine solche Gelegenheit bietet sich im Alltag überhaupt nicht. Doch Sie können getröstet sein: Kontinuierlich Selbst- und Partnerwahrnehmung zu steigern und die inneren Augen an dieses Dämmerlicht zu gewöhnen gelingt am ehesten im regelmäßigen Zwiegespräch. Eines seiner Geheimnisse besteht ja in diesem eigenartig identischen Vorgang, dass sich jeder auf sich selbst besinnt und gleichzeitig mit dem Partner verbunden bleibt. Eine Reihe von Zwiegesprächlern meint zur Wirkung der Dyaloge sogar, die Entwicklung der Selbstbeziehung sei für sie wesentlicher als der Fortschritt der Paarbeziehung. Wenn man sich also durch Zwiegespräche schon den Wunsch nach einer guten Beziehung selbst erfüllen kann, so gilt dieser Vorteil gleichermaßen für eine Verbesserung des Verhältnisses zu sich selbst.

Noch ein Wort zum Rebellentum gegen das Verplantwerden durch den anderen oder durch sich selbst. Auf bewusster Ebene sehe ich die einzige Lösung darin, zu begreifen, dass man sich die Verhältnisse selbst schafft. Auf unbewusster Ebene ist der Protest vielfältig zu verstehen, er kann sich gegen die elterliche Autorität richten, einen Mangel an Selbstgefühl ausgleichen oder einen Abhängigkeitswunsch mit dem Gegenteil kaschieren. Das ist hier nicht zu ermitteln. Wenn ich aber selbst das Wochenende bewusst für mich festlege und es so will, dann ist es auch wesentlich, wahrzunehmen, dass ich nicht durch den anderen fremdbestimmt bin, wenn es naht. Dazu gehört die Bereitschaft, auch die eigenen Gefühle als innere Handlungen mit geheimer Absicht zu verstehen, als innere Aktivitäten also. Bin ich plötzlich dagegen, hat das seine Bewandtnis. Es gilt sich über dieses plötzliche Nein klar zu werden. Selten kommt dabei etwas anderes heraus als die altbekannte Angst.

Den anderen in dieser Lage anzugreifen ist nicht nur eine Lustbremse ersten Ranges, viel bedeutender wird dieser projektive Vorgang bei der Verhinderung von Zwiegesprächen. Denn die Hauptstimme des Widerstands richtet sich nicht erst gegen die Lust, sie ertönt schon im Vorfeld, wenn es um die besten Liebesbedingungen geht. Auch noch das Privatleben verplanen, hört man sie rufen, so weit soll es nicht kommen! Die festen, regelmäßigen Termine sind ihr ein Dorn im Auge: «Schon morgens reicht's mir, denn abends ist Zwiegespräch.» Diese Intensität wird klarer, wenn man versteht, dass es dem Widerstand nur an den Kragen geht, wenn die Gespräche regelmäßig geführt werden. Das will er nicht.

Eine zweite Einsicht entlarvt die Argumente dieses Gegenwillens: Es ist eine Illusion, anzunehmen, wir hätten in der Freizeit Freiheit. Wenn wir uns nicht für uns selbst einsetzen und uns beispielsweise Zeiten für Lust und Gespräche einräumen, wird unser persönliches Leben durch die täglichen Verhältnisse verplant. Festlegung von Zwiegesprächsterminen ist im Klartext also eine Gegenplanung, eine Maßnahme gegen das blinde Verplantwerden.

Jens: Ich bin bereit zu planen. Für den Gewinn innerer Freiheit will ich auch feste Termine für die Zwiegespräche, okay. Aber ich muss mir auch das Recht einräumen dürfen, ein Zwiegespräch abzubrechen, wenn es mir einmal nicht gut geht oder wenn wer weiß was ist. Ich will gern anfangen, aber nicht unbedingt durchhalten.

MLM: Abbrechen kann durchaus einer inneren Freiheit entsprechen, es kann jedoch genauso gut Widerstand sein und dann im Gegenteil innere Unfreiheit spiegeln. Dieser Fall ist leider häufiger.

Angela: Sie wollten auch noch etwas zu Freundschaften sagen.
MLM: Ja. Wir können unsere wirklich lebendigen Zeiten auflisten: Wir brauchen für die Liebe Zeit. Wir brauchen für den Partner auch außerhalb der Erorik Zeit. Wir brauchen für die Zwiegespräche Zeit. Wir brauchen für uns selbst Zeit. Und nun benötigen wir auch Zeit für Freundschaften. Von Kindern einmal ganz abgesehen. Jede und jeder kann sich die «Beziehungszeiten im Leben» ausrechnen, um sich am eigenen Beispiel deutlich zu machen, wie wenig selbst für das bleibt, was einem doch am meisten bedeutet. Für Freundschaften, deren Wert mit hundert Prozent so hoch rangiert wie die Liebe, bleiben nur Minuten pro Tag. Die Frage ist, ob eine Freundschaft davon leben kann. Der italienische Schriftsteller Ignazio Silone meint, die eigentliche Revolution der heutigen Zeit bestünde im Absterben der Freundschaften. Hans Strotzka, ein zu seinen Lebzeiten sehr bekannter österreichischer Psychoanalytiker, hat in einer Feldstudie herausgefunden, dass Menschen seelische Krisen am besten meistern, wenn sie gute Freundschaften haben. Angela zeigt eine weitergehende Perspektive auf: Wir brauchen Freunde als beste Liebesbedingung für die eigene Paarbeziehung.

Warum? Zum einen können wir eine Beziehung in ihrer Eigenart, in ihrer Identität nur verstehen, wenn wir sie vergleichen können mit anderen. Zum anderen benötigen wir für unsere innere Lebendigkeit auch andere Beziehungen, die unterschiedliche Seiten in uns ansprechen und mobilisieren. Das strömt zurück in die Partnerschaft; es geht ihr eben nicht verloren, wie Ängstliche glauben. Zum Dritten sind Freundschaften unser Netzwerk für Opening-up, das mit einem Partner allein nicht auf allen Gebieten gelingen kann. Und vor allem machen sie neben der Liebesbeziehung und den Kindern den schönsten Teil unseres Lebens aus.

Das Drehbuch des Lebens, das Nötigende
und das Notwendige

Peter: Das Drehbuch des Lebens darf nicht von jemand anderem geschrieben werden, sondern ausschließlich von mir. Das war die wichtigste Liebesbedingung. Zweitens wurde mir klar, ich werde künftig mit verstärkten Sorgen aufwachen müssen durch die Frage, wie ich an diesem Tag noch mehr für mich sorgen könnte. Und drittens meine ich, wir müssen die Gespräche intensivieren, weil ich mehr und mehr feststelle, wie anders die Realität von Regine ist. Und weil ich bemerke, wie sehr durch den Austausch die Gefühle an Kraft gewinnen, als wenn Energie ausgetauscht und die Sexualität aufgeladen würde.

Regine: Dem kann ich nur zustimmen. Zusätzlich hat mich der Satz bewegt: «Wir erkennen eher das uns Nötigende, aber nicht das uns Nötige.» Das gilt auch für die Liebesbedingungen.

MLM: Was wäre das Notwendige?

Regine: Abstand und Ruhe – doch wird das meist verhindert durch das, was uns nötigt.

MLM: Klarer kann man es nicht sagen. – Peters Bemerkung, er wolle der Autor seines Lebensdrehbuches sein, erinnert mich an die große Bedeutung, die man heute dem Erzählen der eigenen Lebensgeschichte beimisst. Es hat seelisch eine hohe integrierende Wirkung. Wenn Sie den Mut dazu finden, können Sie sich auch einmal ein Zwiegespräch vornehmen, in dem jeder dem anderen seine erotische Lebensgeschichte erzählt. Sie beginnt meist schon bei der Geburt. Durch dieses Erzählen eignen wir uns unser eigenes Selbst an. Wir werden vom Objekt der Verhältnisse zum selbst gestaltenden Subjekt unseres Lebens.

Genussstress und Lastenausgleich

Sybille: Eine Erkenntnis war für mich wichtig: Vor einem halben Jahr hatte ich zum ersten Mal einen Freiraum für mich, um meine eigenen Bedürfnisse herauszufinden. Die Kinder gingen aus dem Haus, und mein Mann war noch nicht im Ruhestand. Ich spürte plötzlich meinen eigenen Rhythmus. Ich konnte mal ein Essen für mich allein kochen, ein Glas Wein dazu trinken und in den Garten schauen. Das war ein neues Moment in meinem Leben. Doch erlebte ich nun den Ruhestand meines Mannes als Störung meines neu entdeckten Raumes. Das ist nicht gegen ihn als Menschen gerichtet.

Im erotischen Zwiegespräch habe ich mir vorgenommen, diesen persönlichen Freiraum auch in seinem Ruhestand zu verwirklichen. Ich darf mich nicht in die Störung drücken lassen. Das ist nicht Mins Problem, es ist meine Aufgabe.

MLM: Dazu gehört allerdings auch die Vermittlung dieses persönlichen Vorhabens an Min. Vielleicht darf ich gleich bemerken, dass der notwendige Gewinn einer guten Selbstbeziehung einen Schatten wirft und selbst einen neuen Konflikt beschwört. Wenn dieser Schritt der Selbstverwirklichung nicht sorgfältig erläutert wird, erlebt ihn der Partner in der Regel als Verlassenwerden und damit unbewusst als Abwertung. Damit hat man dann genau das Gegenteil dessen bewirkt, was man erreichen wollte: eine schlechtere statt einer besseren Liebesbedingung. So höre ich es in den Paargruppen: Da sitzt der andere plötzlich ganz für sich in seinem Zimmer, lässt nichts von sich vernehmen, und man selbst steht im Leeren. Ich betone das, weil diese Selbstentwicklung in der Regel Schuldgefühle wegen der inneren Ablösung mobilisiert und die Lage kompliziert. Denn weder möchte man in einem offenen Gespräch durch klares Eintreten für sich das unwillkommene schlechte Gewissen verstärken, noch findet man das

Schuldgefühl selbst in Ordnung. Man negiert es einfach und handelt deswegen betont energisch bis abrupt. Heftiges oder unkommuniziertes Verhalten legt übrigens immer den Verdacht auf darunter liegendes Schuldempfinden nahe.

Weit über diese Einzelsituation hinaus kann man darin auch die besondere Paardynamik der Emanzipation erkennen, die unter dem Einfluss der Frauenbewegung jede Beziehung erreicht. Die Selbstverwirklichung der Frau bewirkt Trennungsangst beim Mann und behindert sich rückwirkend oft selbst, weil Vorwurfspegel und Schuldgefühle steigen oder erneute Verklammerung provoziert wird. Auch hier ist zu beachten: Was beide angeht, können nur beide lösen. Es gibt nur eine Emanzipation zu zweit. Und sie ist die Grundbedingung aller Liebesbedingungen. Denn wirkliche Lust braucht Unabhängigkeit und besonders innere Freiheit.

Sybille: Das, glaube ich, kann uns gelingen. Wir führen Zwiegespräche schon mehr als ein halbes Jahr. Und doch möchte ich auf eine Form von Stress kommen, die bisher keiner erwähnte. Sie wurde mir auch erst im Gespräch über die Liebesbedingungen bewusst. Ich nenne sie den Genussstress.

Ich erlebe mich ständig unter diesem Druck. Mein Mann sagt von morgens bis abends: Ich genieße das Leben, und das jeden Tag. Er fängt früh im Bett mit dem Genießen an und hört nachts damit auf. Ich dagegen suche nach der Balance zwischen Handeln und Genießen. Ich habe den Eindruck, wir erfüllen einen geheimen Vertrag, der unsere Rollen festlegt: Mein Mann ist fürs Genießen zuständig, ich für den Alltag. Wenn ich das Wort genießen höre, sträuben sich mir alle Haare. Da ist für mich zu viel drin.

Allerdings muss ich hier auch den Kulturunterschied betonen. Min ist Vietnamese, ich bin Deutsche. Erst wenn man wie ich längere Zeit in Vietnam gelebt hat, versteht man, wie viel genussfähiger Vietnamesen sind als der durchschnittliche Deutsche. Sie zelebrieren die Muße. Diese Größe im Genießen werde ich nie erreichen. Im Moment ist Genießen jedenfalls ein Stressfaktor, der überhaupt nicht aufhört.

MLM: Liegt der Stress nicht vielleicht einfach darin, dass Sie die Arbeit machen müssen und er nichts tut? Das wäre doch die klassische deutsche Situation zu Haus. Schon normalerweise arbeitet eine berufstätige Frau ohne Kinder fünf Stunden im Haushalt, der Mann nur drei. Mit einem Kind sind es achteinhalb Stunden für die Frau. Werden es zwei und mehr steigt die Gesamtarbeitszeitbelastung der Frau in Beruf und Haus auf elfeinhalb Stunden und übertrifft die der Männer deutlich. Ich glaube zwar nicht, dass das Ihr ganzes Problem mit dem Genießen ausmacht, aber vielleicht das dickste Stück.

Sybille: Teilweise ist es so. Ich vermisse die Balance, die ich mir etwa so vorstelle: Jetzt packen wir mal was zusammen an, und dann genießen wir wieder zusammen. Stattdessen steht der Genuss über allem, und ich hechele hinter ihm her, weil ich ihn nicht auf die Reihe kriege. Und weil ich gar nicht weiß, wie ich ihn richtig erleben kann.

MLM: Hören wir dazu einmal Min. Ist es wirklich so, dass die Menschen in Vietnam so viel mehr genießen als die Deutschen oder Europäer?

Min: Ich glaube, sie können Nichtstun genießen. Das ist der Unterschied. Man kann es Faulheit nennen, aber das ist schon die europäische Version. Für mich liegt im Nichtstun die innere Ruhe; ich spüre in ihm die Harmonie, die Zärtlichkeit, die Nähe meiner Frau. Wenn ich das habe, dann bin ich glücklich. Ich muss keine großartige Aktion haben, um mich glücklich zu fühlen. Das ist sicher eine ganz andere Lebensauffassung als die im Westen.

Doch jetzt im Zwiegespräch ist mir deutlich geworden, dass ich im Alltagsleben zu passiv bin und zu wenig teilnehme. Dagegen bin ich im erotischen Leben sehr aktiv. Ich möchte also lernen, mich umzustellen. Vielleicht gelingt es mir, meiner Frau mehr Freiraum zu verschaffen, indem ich im Alltag mehr Aktivität entwickle, während dann meine Frau sexuell mehr Initiative ergreift.

MLM: Woran denken Sie, wenn Sie sagen, Sie möchten mehr Aufgaben und Aktivitäten im Alltag übernehmen?

Min: Es gibt beispielsweise viele Arbeiten, die für einen Mann geeigneter sind: Papiere erledigen, mit Leuten verhandeln. Ich schiebe das gern auf meine Frau, weil sie darin stärker ist: Sie kann besser verhandeln – im Urlaub schicke ich immer meine Frau vor, wenn es darum geht, ein Hotel zu finden. Sie ist einfach fähiger als ich. Dennoch sollte ich das übernehmen, weil es ihr Arbeit abnimmt.

MLM: Gut, ein Anteil des Genussstresses ist damit deutlich geworden. Es geht um den Lastenausgleich. Er kann wie Unabhängigkeit und innere Freiheit ebenfalls als generelle Basis aller Liebesbedingungen gelten. In den Paargruppen gibt es Phasen der Entwicklung, in denen beide Partner Lebensanteil und Arbeitsanteil der Existenz sorgfältig berechnen. Das geht, zwar etwas grob, über die Zählung der Arbeitsstunden.

Ich habe gerade ein Paar als Beispiel im Sinn. Er ist Architekt, sie Therapeutin, die ihre Praxis wegen eines gemeinsamen Kindes aufgab. Es geht also um das Verhältnis zwischen «lebendiger Zeit» und Arbeitspflichtzeit. «Lebendige Zeit» nennen manche eine Zeit, wie sie Sybille im Freiraum schilderte oder wie Min sie im Genießen und Nichtstun erlebt. Arbeitspflichtzeit dient dem Gelderwerb oder notwendigen Erledigungen, einschließlich Haushaltstätigkeit und Kindersorge. Bei ihm betrug das Verhältnis 20 zu 80 Prozent, bei ihr aber genau umgekehrt: 80 Prozent lebendige Zeit zu 20 Prozent Pflichtzeit. Dieses Ungleichgewicht ergab sich natürlich wesentlich aus der Tatsache, dass der Mann berufstätig war, sie aber nicht. Das Unbewusste registriert anders als das Bewusstsein diese Relationen minutiös. Und das Verhältnis war von den Chancen zur Lebendigkeit her sehr ungerecht. Das genannte Paar war im mittleren Alter, beide in der zweiten Ehe und lebenserfahren. Sie waren verliebt und glücklich. Aber dieses extreme Ungleichgewicht musste einen Dauerneid hervorrufen, der sich nicht einfach wegwischen ließ. Tatsächlich wirkte er sich dann über ein bis zwei Jahre massiv aus, bis sich das Paar schließlich trennte. Meiner Beobachtung nach war es tatsächlich diese eingebaute Ungerechtigkeit in der Beziehung, die jede andere Konfliktlösung nahezu absurd machte. Ich halte es für einen entscheidenden Vorteil, wenn sich jedes Paar über diesen Lastenausgleich klar wird.

Wie sieht es in Deutschland damit aus? Eine große Untersuchung mit 5-Minuten-Tagebüchern bei 16 000 Personen in 7200 Haushalten ergibt, dass berufstätige Frauen mit Kindern eine höhere Gesamtarbeitszeit haben als ihre Männer. Abgesehen von der reinen Belastung ist auch dieses ungerechte Dauerverhältnis eine Lustbremse ersten Ranges. Es wäre aufschlussreich, die Mehrbelastung dieser Frauen einmal in Beziehung zu ihrer Lust zu setzen. Männer klagen doch so oft über das erotische Desinteresse ihrer Frauen. Vielleicht liegt es so, wie wir es ansatzweise auch von Min und Sybille hörten: Überlastung und Neid lassen weniger Leidenschaft aufkommen.

Nun aber möchte ich noch auf einen weiteren Aspekt des Genussstresses kommen. Sybille, könnte es sein, dass eine Seite in Ihnen auf die genießende Fähigkeit von Min auch neidisch ist? *Sybille:* Ganz sicher! Das sehe und fühle ich jeden Tag, an dem mir von morgens bis abends der Spiegel vorgehalten wird. Damit habe ich Mühe. Ich muss in die Genussfähigkeit erst hineinwachsen, anders wird sich der Neid nicht legen.

MLM: Man braucht auch vor der Macht des Neides nicht zu

verzweifeln. Auch er kann wie Angst und Depression dahin-schmelzen, bleibt man innerlich wirklich am Ball. Es geht immer wieder darum, die bedrohlichen Gefühle zunächst überhaupt zu-zulassen. Nur so können wir sie verarbeiten, nur so können sie sich verändern, nur so können wir uns verändern. Die Zwiege-spräche bieten die Chance für die notwendige Kontinuität, doch keine Garantie, wie Sie wissen. Viele Paare brechen eben einfach ab. Wie beim Widerstand gegen jede Psychotherapie liegt der tiefere Grund darin, dass man lieber weiterwurstelt, als sich selbst begegnet. Und den tiefsten Boden dieser Art von Selbstabwen-dung sehe ich in der sehr verborgenen Einstellung, sich selbst für nicht der Mühe wert zu erachten. Das aber bedeutet: sich seines eigenen Lebens nicht wert zu fühlen. So sagt man, indem man die Zwiegespräche nicht für nötig hält, damit auch, dass man sich selbst nicht für nötig hält. Das gilt natürlich nur für jene, die Zwiegespräche zureichend kennen.

Vieles ist bei den Liebesbedingungen nicht zur Sprache gekom-men – nicht die Musik beispielsweise, nicht der Tanz, nicht körperliche Fitness im Zeitalter der hektischen Bewegungslosig-keit, nicht der Einfluss des Geldes. Es sollte aber auch kein systematisches Vorgehen werden, sondern ein exemplarisches, das allen zur Anregung und zum Weitermachen dient. Ich glaube, die Paar-Statements haben einen Einblick in die realen Alltagsver-hältnisse geboten, unter denen die Lust blüht oder welkt, und realistische Möglichkeiten aufgezeigt, unter denen es der Liebes- und Lebenslust besser gehen könnte.

11 «Ich beginne den Tag mit dem Ziel, ihn ganz zu zerschlagen»

Ein Zwiegespräch zu den besten Liebesbedingungen

Das Paar ist seit einem Jahr verheiratet. Beide sind um die Dreißig und am Ende des Studiums. Kunstgeschichte hat Claudia, Medizin Thomas studiert. Sie haben mir ihr themenzentriertes Zwiegespräch zu ihren besten Liebesbedingungen zur Verfügung gestellt. Nichts ist von mir dazuerfunden. Desto erstaunlicher liest sich ihr freies Assoziieren: Es ist wie ein Lehrstück in Liebesdingen, obwohl das Bett, die Gesten, die Geheimnisse der persönlichen Sexualität gar nicht zur Sprache kommen.

Ein themenzentriertes Zwiegespräch sollte in der Regel über mehrere Treffen fortgesetzt werden. Die beiden taten das übrigens auch. Nur so entfaltet sich das Thema in seinen zahlreichen und meist unbewussten Facetten. Garantiert ist durch die weite Fragestellung die freie Assoziation als die beste Methode, an jene inneren Vorgänge heranzukommen, die sich dem Bewusstsein verschließen.

Die Kapitelüberschrift zitiert einen Satz von Thomas und ist ein Paradox: Wer die eigene Lebendigkeit und die Liebe will, muss das alte Gefüge des Tages zerschlagen, um für sie Raum zu schaffen. Zugleich aber heißt der Satz das Gegenteil: Kaum bricht der Tag an, bricht er in seiner Lebensfülle auch schon zusammen unter dem Zwang des eindimensionalen Leistungsdrucks.

Lust ist nicht einfach da, sie entwickelt sich durch eigene Gestaltung

Claudia: Die Frage nach den Liebesbedingungen beziehe ich nicht nur auf die Sexualität. Lust hat für mich nicht nur diese sexuelle Komponente. Ich habe gedacht, ich werde darüber reden, wie ich dazu komme, Lust zu empfinden, also auch Lust im Leben. Lust daran, Dinge zu tun mit einem besonderen Menschen, oder mit einer besonderen Gruppe Lust zu empfinden, bestimmte Dinge zu tun. Also einfach mein Leben zu gestalten, interessant zu gestalten. Oder nach meinen eigenen Vorstellungen die Dinge zu ordnen und sie einfach zu leben.

Ich habe mich sogar geärgert über das, was du vorhin gesagt hast, und darüber, dass du alle Lust direkt auf die Sexualität bezogen hast. Denn für mich war oder ist es anders. Ich finde nicht, dass man von Anfang an irgendwie eine sexuelle Lust empfindet, ohne dass vorher irgendwas gelaufen ist. Beispielsweise dass wir irgendwas miteinander erlebt haben oder dass wir Dinge in dem anderen gesehen haben.

«Ich empfinde sehr viel Lust, wenn wirklich Zeit da ist – bei beiden»

Für mich ist zum Beispiel Zeit sehr wichtig. Ich kann mit dir vor allen Dingen Lust empfinden, wenn Zeit da ist. Und wenn ich das Gefühl habe, auch du lässt dich ein auf diese Dinge, ohne dass ich Druck ausübe. Wenn ich also das Gefühl habe, die Dinge, die wir gemeinsam planen und dann machen, sind auch von dir wirklich gewollt.

Ich empfinde einfach Lust an diesen Dingen, ich habe Lust auf diese Dinge und Lust, alles Mögliche wirklich mit Bewusstsein und mit Einverständnis von beiden zu tun – auch wenn es nur das Herumliegen in der Sonne ist –, sobald ich das Gefühl habe, dass auch meine Bedürfnisse gehört worden sind. Ich meine, wirklich gehört worden sind, nicht nur so pseudomäßig: «Ja, ja, das können wir dann auch machen.» Es geht also darum, dass meine Wünsche genauso viel wert sind.

In letzter Zeit habe ich aber das Gefühl, dass du mich nicht so gut annehmen kannst. Vor allen Dingen als du mir gestern Abend zum Beispiel den Mund verboten hast, zwar nicht direkt, aber durchaus indirekt. Das empfand ich als eine Ablehnung meiner Person. Und das zu spüren, diese Ablehnung meiner Person zu spüren, entwickelt in mir keine Lust, mit dir irgendetwas zu erleben. Das ist ein reiner Lusttöter. Und ich empfinde auch keine besondere Lust, Dinge mit dir persönlich zu erleben, wenn ich müde bin, wenn ich gestresst bin oder wenn ich einfach den Kopf mit anderen Dingen voll habe.

Also: Ich empfinde sehr viel Lust, wenn wirklich Zeit da ist, wenn von beiden Seiten wirklich Zeit da ist. Das ist für mich wichtig: von beiden Seiten.

«Ich gehe nicht in die Beziehung hinein, wenn unser Abend einer Arbeitsmittagspause gleicht»

Denn dieses Keine-Zeit-Haben und dieses Sich-nicht-einlassen-Können kommen von beiden Seiten. Beispielsweise war ich heute den ganzen Tag an der Uni. Wir haben das letztens im Zwiegespräch besprochen: Wenn die Uni anfängt, bin ich so sehr mit meinen eigenen Sachen beschäftigt, dass ich gar keinen Druck mehr auf dich ausübe. Denn ich lege meine Bedürfnisse nicht mehr offen, sondern komme nur müde nach Hause, habe halt irgendwelche Gedanken im Kopf und bin eigentlich total beschäftigt mit anderen Dingen. Das heißt, ich bin gar nicht in der Beziehung, ich komme gar nicht wirklich nach Hause und lege die Dinge ab. Ich sage gar nicht mehr, es ist so, es ist nicht so. Ich denke zwar nicht immer an diese anderen Dinge von der Uni, ich tue sie dann nach und nach schon zur Seite, aber es ist dann eben eine Pause von den Sachen, die ich an der Uni mache, und nicht ein bewusstes In-die-Beziehung-Hineingehen. Ich mache einfach nur Pause, indem ich meinen Kopf ausschalte, genauso wie man eine Mittagspause macht. Die Stunden, die ich hier abends mit dir verbringe, sind für mich wie diese Mittagspausenstunden, und ich bin nicht in der Beziehung drin.

In der Beziehung bin ich drin, wenn ich wirklich den ganzen Tag keine Uni hatte, oder meist erst nach ein paar Tagen ohne Uni und ohne Verpflichtungen, beispielsweise im Urlaub. Wenn alles wirklich weiter weg ist, dann beginne ich Nähe zu empfinden, dann gehe ich auch in die Beziehung.

Das Paar ist ein sekundenschneller Kreisvorgang

Und dann empfinde ich dich aber auch so, dass du gerade nicht in der Beziehung bist – selbst wenn es möglich wäre, dass auch du in die Beziehung hineinkommst. Und das hat bei mir wieder Folgen.

Also ich habe dann Lust auf die Beziehung, ich habe dann Lust, in der Beziehung zu sein, mit dir etwas zu erleben und Dinge mit dir auszutauschen. Aber diese Lust ist so labil in mir, dass sie sofort weg ist, wenn ich merke, dass du nicht in der Beziehung bist; wenn ich es so erlebe, dass du dich nicht einlässt. Natürlich ist es auch so, wenn du ganz besonders schlecht gelaunt bist an dem Tag, an dem es möglich wäre, einen Beziehungstag zu erleben. Dann ist meine Lust sofort weg. Das geht superschnell, es braucht keine Sekunde. Dann empfinde ich auch keine Lust mehr, mit dir irgendwas zu tun. Vor allem ist dann auch alles andere, was danach kommt, eine Notaktion, eine Rettungsaktion beispielsweise, für mich nicht mehr verbunden mit Lust.

Das letzte Mal hatte ich wirklich Lust während der Flitterwochen in Italien, vor allem die ganze letzte Woche, als wir im Wohnwagen am See gewohnt haben. Da haben wir zwar schöne Unternehmungen gemacht, sind nach Assisi gefahren, haben uns dieses und jenes angeguckt. Wesentlicher war aber, dass wirklich Zeit da war. Es ging nicht um irgendwas Bestimmtes, vielleicht noch nicht mal darum, sich einen schönen Tag zu machen. Es ging einfach nur darum, da zu sein und einfach Zeit zu haben, so ganz bewusst Zeit zu haben.

Ich meine, gut, das hat man im Leben nicht immer. Ich höre dich schon sagen: Ja, aber man kann ja nicht das Leben lang Urlaub machen. Aber – ich weiß nicht genau – es geht vielleicht einfach darum, dass ich nicht mehr alles alleine machen muss. Ich mag das nicht mehr. Wenn ich an unsere freien Freitage denke, dann kommt mir einfach nur noch die Wut in den Bauch. Ich denke dann an die vielen Tage, auf die hin ich die innere Arbeit geleistet habe, mich darauf einzustellen, dass wir gemeinsam etwas machen werden und ich dann von dir einfach nur einen emotionalen Tritt in die Bauchgegend kriegte. Darauf habe ich einfach auch keine Lust. Ich bin sehr, sehr vorsichtig, wenn ich beispielsweise denke: Ach ja, an dem Tag haben wir beide nichts zu tun, da könnten wir ja gemeinsam was machen. Bei mir stellt sich sofort eine ganz, ganz, ganz massive Unsicherheit ein und eine ganz massive Vorsichtsmaßnahme in dem Sinne, mich ja nicht darauf zu freuen, sondern erst mal zu gucken. Und das ist schon Bremse genug, um keine Lust zu empfinden. So geht es mir oft, wenn ich merke, oh ja, heute Abend ist vielleicht Zeit, wir könnten was zusammen machen. Dann denke ich immer, na ja, mal gucken, ob dieser Mann sich auch darauf einlässt. Wenn ich merke, du tust es nicht, dann ist es für mich gelaufen. Dann ist dieses wirkliche Lustempfinden weg. Diese Lebendigkeit zu fühlen und wirklich offen zu sein, das ist für mich etwas ganz Spezielles. Das hat nichts damit zu tun, dass wir mal einen trinken gehen. Ich kann mit dir auch einen trinken gehen, ohne mich besonders auf dich einzustellen. Es geht um diese ganz speziellen Momente, die – wie gesagt – sehr, sehr flüchtig sind. Sie sind sehr abhängig von dir, von deiner Stimmung. Und sie sind abhängig von mir selbst, von meiner Beziehung zu mir selbst: Ich will einfach nicht mehr alleine diese Bürde tragen; ich möchte mich auch nicht mehr alleine doof finden und schlecht fühlen. Ich finde, dazu gehören wir beide. Ich fühle, da trägst du genauso viel Verantwortung wie ich. Und wenn du so leichtsinnig damit umgehst, wie ich meine, dass du es manchmal tust, dann tue ich das lieber auch nicht. Weißt du, was ich meine? Da bin ich lieber vorsichtig, halte mich zurück und denke, irgendwann kommt's vielleicht.

Wenn nicht in dieser Beziehung, gelingt es in der nächsten

Allerdings denke ich in dem Moment auch: Na ja, wenn es nicht in dieser Beziehung kommt, kommt es halt in der nächsten Beziehung. Das sagt natürlich voraus, dass ich dann durchaus an eine Trennung denke. Also: Wenn wir es nicht schaffen, dieses Ding zu lösen, dann ist vielleicht eine Trennung möglich. Ich empfinde demgegenüber . . . Nein, ich muss gleich zu Ende reden: Was heißt Trennung? Ich weiß gar nicht richtig, warum ich jetzt darauf gekommen bin, aber es ist einfach so. Ich habe das Gefühl, du wartest auf irgendetwas, ja, du wartest auf irgendetwas und lässt dich nicht richtig in diese Beziehung ein. Dadurch aber lasse ich mich auch nicht mehr ein. Früher habe ich das viel stärker gemacht. Ich habe gedacht, okay, wenn ich mich einlasse, lässt er sich vielleicht auch ein. Aber ich habe gesehen, dass du dich nicht einlässt. So hat sich bei mir jetzt ein Herantasten entwickelt: Ich weiß beispielsweise, ich habe Zeit, oder ich hätte Lust, was mit dir zu tun, aber ich gucke dann erst mal, wie es bei dir aussieht. Und wenn ich merke, da ist bei ihm kein Bedürfnis in Sicht oder er ist zurückgezogen oder er lässt sich nicht ein, dann ziehe auch ich mich sofort innerlich zurück. Selbst wenn ich dann doch etwas mit dir mache und wir zusammensitzen und so, bin ich innerlich zurückgezogen.

Und dieses innerliche Zurückgezogensein ist ein Sicherheitsabstand, um nicht den alleinigen Hampelmann zu spielen. So komme ich mir im Nachhinein nämlich vor, wenn ich mich total einlasse, obwohl du dich nicht einlässt. Ich denke, ich mache mich lächerlich oder was weiß ich, ich fühle mich ausgenützt. Das ist alles hinterher. Dann will ich mein Einlassen lieber erst gar nicht gehabt haben. Und dann denke ich: Wenn es aber nicht in der Beziehung ist, wo soll es denn sonst stattfinden? Ich meine, letztlich will man ja auch etwas miteinander erleben, weißt du. Daher kommt der Gedanke an eine Trennung, nein, an viel mehr als eine Trennung, ein komischer Gedanke: Nicht auf die Trennung kommt es an, sondern auf den neuen Partner. Na ja, vielleicht kommt es einfach nur auf die Entwicklung an.

Die wirkliche nächste Beziehung ist die bisherige,
die sich entwickelt hat

Verstehst du, was ich meine? Mit einem neuen Partner könnte es vielleicht klappen. Das heißt aber auch, es könnte mit dir klappen, indem wir uns verändern oder indem sich etwas in und zwischen uns entwickelt. So, das ist es.

Aber es geschieht jetzt eben, dass ich auf Abstand bin und auch sehr viel gucke, was mit dir ist, wie weit du dich einlässt und wie weit du mir – ja, das ist auch so ein Ding –, wie weit du mir einfach wieder eine Rolle zuschreibst. Dann ist meine Lust ganz schnell weg.

Mich zurückzuziehen ist vielleicht eine zu einfache Methode von mir. Ich sollte es aber ganz bewusst tun. Ich habe mir mittlerweile angewöhnt, mir zu sagen: Wenn er es nicht tut, dann mache ich es auch nicht. Weil ich einfach nicht mehr alleine die Beziehung tragen will, nicht mehr nur allein die Lebendigkeit in die Beziehung bringen möchte.

Und ich meine, wir haben oft darüber geredet. Ich habe dir das oft genug gesagt, und scheinbar wolltest du es nicht hören. Jedenfalls ist zwischen uns nie wirklich etwas dagegen geschehen. Ich nehme dann einfach an, dass es von dir nicht gewollt ist oder nicht gehört wird oder dass ich mich falsch ausdrücke oder selbst auch nichts tue oder das, was du tust, nicht sehe. Auf jeden Fall habe ich bisher keine Entwicklung gesehen. Wenn ich Entwicklung bemerkte oder wenn ich wenigstens die Möglichkeit von uns beiden offen sähe, dann fiele es mir leichter, auch etwas zu tun. Oder besser: nicht etwas zu tun, sondern ganz selbstverständlich mitzuarbeiten. So aber ist es mir nicht möglich. Diese Situation erzeugt in mir eine ganz große Unlust, ja, eine Art ganz großer Neutralität. Und wenn ich dann diese Sachen höre, die du vorhin gesagt hast, von wegen, du planst, eine Woche lang wegzufahren, und fühlst dich ganz toll, weil du wegfährst; wenn ich also höre, im Grunde bist du nicht da und erzählst mir, dass du dich dann supersexy findest, und beziehst das Ganze dann noch auf mich, dann werde ich einfach nur wütend. Ich denke, er verpisst sich oder er macht sich eine schöne Woche und findet das im Grunde gut, ohne sich auf die Beziehung wirklich einzulassen. Davon hab ich nichts, davon hab ich überhaupt nichts.

Ich kann nicht verstehen, wie man Lust für einen anderen empfindet, wenn man nicht in der Beziehung ist, wenn man sich nicht einlässt. Weißt du, was ich meine? Wenn man im Begriff ist, abzureisen, nicht da zu sein, einfach weg zu sein, woanders zu sein, und sich nicht darauf einlässt, eine Beziehung zu führen, und dann sagt: «Ach, dann finde ich mich dir gegenüber voll sexy.»

Lust in der Beziehung
und Lust in Beziehungen sind zweierlei

So würde ich mich vielleicht fühlen, wenn ich solo und unterwegs wäre, aber dann würde ich auf meiner Reise mit irgendwelchen Leuten schlafen, also unabhängig sein oder wirklich alleine etwas tun. Und das Lustempfinden, das sich daraus ergibt, finde ich, das ist etwas ganz anderes als das Lustempfinden in der Beziehung. Das ist es, was mich einfach nur wütend macht. Und das kommt auf, wenn ich daran denke, wie meine Liebesbedingungen eigentlich sind. Ende.

«Mit mir allein, nicht ohne dich»

Thomas: Ich fühle mich von dir missverstanden, was dieses Gefühl betrifft, das ich für mich selber habe, ich meine das Gefühl, das ich dir vor diesem Gespräch beschrieben habe.

Eigentlich geht es vor allem darum, dass ich seit Anfang unserer Beziehung eine Angst zu begreifen lerne, die mich behindert. Ich habe ein Bild für diese Angst: ein Kind, dem droht, entzweigeschlagen zu werden, weil sich da zwei nicht einigen können. Aus diesem Bild heraus habe ich wirklich ein gutes Gefühl für mich selbst gewonnen. Und erst aus diesem guten Gefühl für mich selbst entsteht die Fähigkeit, tatsächlich wegzufahren, das heißt, diese Reise zu unternehmen. Und zwar so, wie ich gestern gesagt habe: Mit mir allein wegzufahren, nicht ohne dich.

Vorhin habe ich den Begriff Lust wirklich nur aufs Sexuelle bezogen. Doch genauso gut kann ich dieses Gefühl für mich selbst, dieses Gefühl, dass ich mich selber spüre, im Lustbegriff unterbringen.

Ich kann ihn genauso ausweiten, beispielsweise auf die Freude, die ich daran hatte, heute einen Auflauf für uns zu machen, auf die Freude, hier aufzuräumen und auf dich zu warten. Ich habe darauf gewartet, dass du kommst. Ich habe immer wieder aus dem Fenster geguckt, ob du endlich die Straße herunterkommst. Auch das war für mich lustvoll. Ich habe Freude gehabt an dem, was ich heute getan habe. Ich war froh, als ich von der Uni wegkonnte, weil dieses Seminar nicht stattfand. Ich war froh, nach Hause zu kommen. Ich habe Freude daran gehabt, mit dir zu sein.

«Die Erweiterung der Pupillen beim Eintritt ins Hochgebirge»

Was mir übrigens noch in Erinnerung geblieben ist von dem, was du gerade gesagt hast: Dein Satz, man könne nicht ein Leben lang nur Urlaub machen. Dabei habe ich gedacht: Gerade versuche ich für mich zu lernen, ein Leben lang Urlaub zu machen. Dieses unbelastete Semester beispielsweise, das ist das Gefühl, Zeit zu haben. Aber du hast von der Woche gesagt, dass du das gerade ganz anders erlebst, nämlich sehr arbeitsintensiv. Ich kann dir darin sehr gut folgen.

Ich war übrigens sehr beeindruckt von dem, was du gesagt hast. Ich bin auch sehr beeinflusst von dem, was du gesagt hast. Ich bin sehr beeinflusst, weil ich das in vielen Punkten unterschreiben kann. Ich merke, dass ich so einen ganz engen Horizont habe, was Lust bedeutet. Ich habe ja Lust nur aufs Sexuelle bezogen, also fast funktionalisiert. Ich hätte früher gesagt, wir hätten an dem Tag Lust zusammen empfunden, als wir das letzte Mal miteinander geschlafen haben. Mir gefällt aber die erweiterte Lustdefinition von dir viel, viel besser.

Ich denke an die Woche am Ende der Flitterwochen, als wir wirklich nicht versucht haben, uns einen schönen Tag zu machen, denn die Tage waren einfach aus sich heraus schön. Es hat geregnet, oder die Sonne hat geschienen. Dieses Wetter und diesen Wohnwagen zu haben, so ein kleines Nest, einfach einen Tag nach dem anderen Tag. Es war für mich auch das Besondere, dass eben nichts geplant war, so etwa wie: Heute wird ein schöner Tag, oder heute ist kein besonderer Tag; dass eben nichts vorgegeben war, wie: Heute ist keine Zeit für irgendwas Schönes, weil wir an der Uni arbeiten müssen. Wir mussten gar nichts. Wir waren einfach nur da, und wir hatten Lust am Leben. Oder besser, um nicht auf dich übergriffig zu werden: Ich hatte Lust an dem, was da war. Ich kann mich immer noch an diese Sonnenuntergänge erinnern, die ich mir auch alleine angeschaut habe.

«Es gibt nichts Unerotischeres, als den Wecker zu stellen»

Die Lustdefinition daran festzumachen, wann wir das letzte Mal miteinander geschlafen haben, die Lustdefinition, wann man eben Sex miteinander hatte, finde ich jetzt sehr, sehr beschränkt. Wir haben so oft Sehnsucht danach, Lust miteinander zu haben. Oft liege ich nachts im Bett und denke mir, ach, wie wäre das schön, wenn wir Lust empfänden, es wäre einfach schön, wenn Lust da wäre, aber es ist halt keine da.

Stattdessen haben wir uns zu Hause abends getroffen, nachdem wir um zehn oder halb elf beide müde nach Hause gekommen waren, sind ins Bett gegangen und haben dabei schon den Wecker gestellt. Ich glaube, ich habe das schon mal formuliert, vor ein oder zwei Jahren. Du weißt, dass es nichts Unerotischeres gibt, als den Wecker zu stellen, weil man da eigentlich in Gedanken schon wieder aus der Situation herauskommt, in der man gerade ist. Also für mich gibt es jedenfalls nichts Unerotischeres, als den Wecker zu stellen. Den Raum, in dem ich gerade bin, verlasse ich damit direkt. So wie du gerade sagtest, dass du bei uns zu Haus mehr eine Mittagspause verbringst. Das kann ich für mich genauso sagen, wenn ich nach Hause komme. Ich bin froh, zu Hause zu sein, das ist überhaupt keine Lüge. Nur bin ich froh, zu Hause zu sein, weil ich mir Kaffee machen kann, die Füße hochlege, mal in die Zeitung sehe oder meine Gedanken wandern lasse oder auch einfach nur an die Decke gucke. Und das hat noch lange nichts damit zu tun, wieder hier zu leben, das Leben wieder anzufangen, sondern das ist Nachhausekommen, um das Gehirn abzuschalten.

Vielleicht ist es auch das, was Paare vor dem Fernseher vereint, dieses einfache Sich-Verlagern und Nicht-mehr-Denken. Und vielleicht ist es auch ein Teil meiner Aggressivität dir gegenüber, wenn ich abends müde bin und eigentlich eine Pause machen und das Gehirn abschalten möchte oder besser: alles abschalten möchte. Nur, weil ich dann an mich den Anspruch stelle, jetzt muss ich Beziehung machen, fühle ich mich schon wieder gefordert und kann überhaupt keine Ruhe mehr finden. Ja, dann werde ich einfach nur noch aggressiv, schlecht gelaunt, abweisend, zurückgezogen.

Streit und Lust sind Formen der Ausgelassenheit

Ich habe ja jetzt angefangen, die Soßen für die Nudeln mittlerweile nur zwei Millimeter hoch auf dem Boden anzurühren, obwohl ich Zwiebeln reintue. Jedes Mal, wenn ich Olivenöl zugieße, muss ich an diese eine Woche denken oder auch an Situationen vorher, wo wir sehr viel gestritten haben. Aber auch die waren lustvoll. Aber vielleicht war dieser wirkliche Streit gerade aus diesem Lustvollen heraus überhaupt erst möglich. Diese Intensität entstand doch, weil wir beieinander waren.

Ja, «Liebesbedingungen» ist viel zu deutlich gefragt. Was ist überhaupt Lust, was bedeutet für mich Lust, wann habe ich Lust empfunden?

Ich muss immer wieder an eine Situation denken, als ich im Landschulheim war. Jetzt geht's ans Eingemachte. Wir waren in Duderstadt, das war die Partnerstadt, direkt an der Zonengrenze. Da sind wir am Stacheldraht entlangmarschiert, die ganze Schulklasse. Und dann kam ein Kinderspielplatz, in Sichtweite der Zonengrenze. Und mit Christian, meinem Freund von damals, haben wir angefangen – ich war in der achten Klasse und galt schon als großer Junge –, wie die kleinsten Kinder herumzutollen und uns mit Sand zu beschmeißen. Ich habe dieses Gefühl bis heute nicht vergessen. Aber ich habe auch bis heute diese völlige Ausgelassenheit nicht wieder erlebt. Ich war plötzlich weg. Ich habe mich damals an dieses Gefühl plötzlich wieder erinnert, als hätte ich es schon gekannt. Und ich habe es seither auch nicht wieder erlebt. Ich habe es in diesem Augenblick damals wieder erkannt. Aber jetzt, nachträglich, kann ich mich nicht mehr ganz an dieses Gefühl erinnern, ich versuche immer, es zu greifen, wenn ich mich an diese Situation erinnere, aber ich komme nie so ganz dahin. Nur weiß ich, dass ich damals dieses Gefühl total erkannt habe.

Es war ein Gefühl, das man vielleicht als Zweijähriger hat, wenn man irgendwas ganz Tolles erlebt. Es war wirkliche Lust, sich mit diesem Freund mit Sand zu beschmeißen.

Ja, es ist wirklich faszinierend. Ich wusste, ich habe das Gefühl damals wieder erkannt, wie einen Geruch, den man hundert Jahre nicht gerochen hat. Man kommt plötzlich in irgendeinen Raum rein und da riecht irgendwas. Oder man kommt in ein Gebäude rein und erkennt diesen Geruch wieder. Und plötzlich hat man wieder ein Bild in Erinnerung, kristallklar vor sich: So war dieses Gefühl. Und ich hab es seither nie wieder so klar vor mir gehabt. Ich kann mich auch einfach nicht konkret daran erinnern. Es ist wie eine Sehnsucht.

(Mit geänderter Stimme) Bitte tu das nicht, wenn du da mit deinen Fingern so herummachst, dann hat das für mich einen Ausdruck von Desinteresse.

«*Meine erste Liebesbedingung ist, herauszufinden, was Lust für mich ist*»

Ich habe vor diesem Gespräch gedacht, ich weiß, was Lust ist. Jetzt setzen wir uns das erste Mal hin, und ich finde für mich zunächst raus, was Lust heißt. Ganz verrückt.

Die andere Geschichte – das wollte ich mit dem Ganzen sagen – hatte sehr, sehr viel davon. Es war für mich – um einfach noch einmal zurückzukommen auf das, was ich vorhin sagte –, es war für mich lustvoll, am Fensterbrett zu sitzen, als du reinkamst, und da sitzen zu bleiben und dich einfach nur anzugrinsen und mit meiner guten Laune zu überraschen. Das war für mich einfach lustvoll.

Fertig.

«*Wie schnell verliere ich die Lust am Leben!*»

Claudia: Ich habe jetzt gerade gemerkt, wie schnell ich mir von den alltäglichen Dingen des Lebens vorschreiben lasse, wozu ich Lust empfinden soll und wozu nicht. Oder wie schnell ich meine Lust am Leben verliere, also am alltäglichen Leben verliere. Wenn ich zum Beispiel einen Kurs habe, in dem viele Leute sitzen, die ich nicht mag, ist meine Laune sozusagen auf null gesunken, auf null bis minus soundsoviel. Dabei müsste ich gerade deshalb versuchen, mir das Beste aus diesem Kurs herauszuholen. Und wenn ich richtig darüber nachdenke, habe ich das auch heute gemacht. Ich hatte wieder diesen Begleitkurs zum Praktikum. Da sitzen ja all diese doofen Gesichter, die ich nicht mag. Aber heute habe ich mich wirklich kaum um diese Leute gekümmert oder habe sie innerlich links liegen gelassen. Ich habe mir aus dem Kurs herausgenommen, was ich gut fand, und auch die Dinge gesagt, die ich gut fand, alles, was mir als Idee kam, manchmal ganz kleine Dinge. Wenn ich eine Idee hatte, dachte ich diesmal nicht, das passt hier nicht rein oder das ist bestimmt falsch oder das ist so offensichtlich, dass es nicht genannt zu werden braucht. Gerade solche Dinge führen dazu, dass so etwas wie Atmosphäre entsteht oder so etwas wie Realität, also etwas, was umsetzbar wäre in der Gruppe zum Beispiel.

Dann kann man auch anfangen, darüber zu reden, anstatt wie viele Leute dort herumzuposieren und immer wieder darstellen zu müssen, wie toll sie eigentlich sind und was sie alles für Sachen können. Wenn man dann einfach eine Idee äußert, einfach die Dinge laufen lässt, wie man sie zu dem Thema in den Kopf bekommt, dann wird es lebendig. Leider tun das sehr, sehr viele Leute nicht. Und ich merke halt, dass ich dann wenig davon habe und dass ich wütend werde.

Wenn es in einem Kurs viele Leute gibt, die gar keinen Kontakt zu ihren eigenen Gefühlen haben und eigentlich nur gerne Show machen und sich selbst als die Tollsten darstellen, dann kriegt dieser Kurs so was ganz Steifes, so was ganz Unlebendiges und Unlustvolles. Das macht mich so ärgerlich. Und dann komme ich abends nach Hause und sage, da haben sich alle Gesichter getroffen, die ich nicht mag.

Zu-sich-Stehen als erste Liebesbedingung

Mich davon zu befreien, von dieser Wut, gelingt, indem ich mich auf mich selbst konzentriere und erkenne, dass meine eigenen Gefühle oder meine eigenen Ideen zu diesen Themen wertvoll sind. Äußere ich sie, dann relativiert sich auch meine Wut gegen diese Leute. Dann wird das Ganze auch lebendiger. Dann ist es auch angenehmer für alle. Erstaunlich ist, dass nicht alle mitkriegen, dass es angenehmer ist. So war es heute sehr angenehm, weil sehr viele einfach ihre Ideen gesagt haben. Und plötzlich kam eine ganz andere Stimmung auf, kein Herumposieren, kein Hinterngewackel und kein Augengeklimper, wie es sonst immer ist, sondern wirklich ganz kreative Ideen.

Ich bin dann wirklich auch befriedigt aus diesem Kurs herausgekommen, obwohl die gleichen komischen Gesichter immer noch drin sind. Das ist zum Beispiel auch so ein Unlustempfinden in mir, dass ich mich zu schnell von solchen Gesichtern, von diesen Leuten, in meinem Verhalten abhängig mache. Zum Glück fange ich nicht auch an herumzuposieren, sondern werde einfach nur wütend, weil ich die Stimmung aufnehme, die dort innerlich ist. Ich merke, hier ist eine furchtbare Stimmung, tue selbst aber nichts, weil ich erst mal die Stimmung aufnehmen muss. Dann werde ich selbst sehr, sehr wütend.

Aber dann aktiv zu sein, sich einzubringen und sich auf das Eigene zu konzentrieren ist mir früher nicht gelungen. Heute kann ich nach der ersten Wut oder Entrüstung, dass es Leute gibt, die ständig herumposieren und sich toll darstellen müssen, durchaus wieder auf mich selbst zurückkommen und sagen, okay, ich will das jetzt so und so machen. Und das wiederum gibt mir Lust, dahin zu gehen, und durch diese Lust kann ich auch besser lernen, ich werde lernfähiger. Dann kann ich die Dinge, die in dem Kurs besprochen worden sind, auch sehr viel besser behalten . . .

Warum lachst du jetzt?

«Man erkennt ihn daran, dass er nicht konkret wird»

Thomas: Mir ist gerade aufgefallen, dass du eigentlich auch nicht auf die Beziehung, auf deine Beziehung oder auf deine Lustmöglichkeit in unserer Beziehung eingegangen bist, wie du mir ja oft vorhältst.

Claudia: Na ja, ich meine auch jetzt, dass du nicht auf dein Lustgefühl in unserer Beziehung eingegangen bist, zwar in der Beziehung außerhalb von dir und mit dem Freund, aber nicht in der Beziehung zu mir. Mir geht es sehr viel mehr darum, von dir darüber etwas zu hören, etwas tiefer Gehendes, sagen wir mal, Ideen, die du hast, was ich für dich sein könnte.

Ich habe oft das Gefühl, dass wir außerhalb des Urlaubs nicht zueinander kommen – aus meiner Angst oder schreckhaften Zurückgezogenheit heraus und aus deinem Nicht-einlassen-Wollen oder Nicht-einlassen-Können heraus. Und ich weiß nicht, wie du dazu stehst. Ob dir das gefällt oder ob du gedenkst, darüber nachzudenken, wüsste ich gerne. Ob du überhaupt über solche Dinge in unserer Beziehung nachdenkst. Oder ob du in anderen Kategorien denkst, mich entweder siehst als Mutter oder Freundin, Mülleimer oder Bettgefährtin, Mitbewohnerin oder was weiß ich. Oder ob du tiefer gehend nachdenkst. Und was es in dir bewirkt, wenn ich sage, du lässt dich gar nicht ein, und ich lasse mich dann auch nicht ein. Ich meine, das muss doch irgendetwas in dir bewirkt haben. In mir würde das etwas bewirken – und zwar Angst. Und ich habe auch Angst. Denn letztlich sind dein Nichteinlassen und mein zu erschrecktes Zurückweichen der Grund, weswegen ich auf Trennung gekommen bin, auf den Anfang vom Ende.

Also, ich weiß nicht, ob du das nicht bemerkst, ob du das nicht sehen willst, ob du es nicht siehst oder ob du es nicht verstehst. Warum geht das immer im Sand verloren? Dieses Ding, dass wir wie zwei durchsichtige Folien sind, die, wenn sie aufeinander gelegt werden, nie übereinstimmen. Natürlich stimmt kein Paar überein – ich meine aber, es kommt bei uns nie zu einem sinnvollen Bild; es kommt zu einem unsinnigen Bild. Fällt dir das nicht auf, oder ist das nicht wichtig für dich? Ist es für dich viel wichtiger, dich zu sehen, oder warum gehst du nie drauf ein? Ich meine, es verletzt mich, dass du nicht darauf eingehst. Ich denke: Hat er es nicht nötig, oder ist es nicht wichtig, dass diese zwei Folien ein sinnvolles Bild ergeben? Mit sinnvoll meine ich nicht, nach meinem Sinn sinnvoll, sondern ein Bild, mit dem beide etwas anfangen können. Denkst du nicht darüber nach, oder was ist? Das sind Fragen, die mir kommen, wenn du nicht auf diese Situation eingehst.

Dann frage ich dich einfach, warum. Bin ich vielleicht wirklich die Hexe, die du immer in mir siehst? Oder sage ich mit dieser Trennung etwas, worauf du dich vorbereitest, womit du rechnest oder worauf du hinarbeitest?

Es ist das Gleiche, was wir schon mal hatten. Unsere Ehe ist eine Lehrveranstaltung für dich, eine Vorlesung, wie auch immer, ein Seminar. Und wenn du die Prüfung bestanden hast, kommst du ins Hauptstudium oder was weiß ich, dann bist du ein richtiger Ehemann und dann kann es erst richtig losgehen. Ich meine, solche Dinge packt man entweder jetzt an oder gar nicht. Ich wüsste es einfach gerne. Ja, fertig.

Thomas: Ich komme mir von dir völlig bestürmt vor. Dabei denke ich die ganze Zeit, ich habe dir doch diese Fragen, was sich alles bei mir verändert hat, schon gestern Abend beantwortet.

Aus deinen Fragen schlägt mir nach meinem Empfinden großes Misstrauen entgegen. Ich habe jetzt so ganz andere Gefühle als die, die ich empfand, als du nach Hause kamst. Da hatte ich dich als ganz offen erlebt mir gegenüber. Ich weiß nicht, mir kam es vor, als du hereinkamst, dass du dich über alles gefreut hast. Und dass du dich auch über mich gefreut hast. Dass eben so eine lustvolle Situation wie vorhin entstehen konnte. Aber all diese Fragen, mit dem ganzen Misstrauen, das sie ausdrücken, erscheinen mir wie eine ausführliche Beschreibung deines Erlebens, sobald du merkst, dass ich zurückgezogen bin.

Auch der Vorwurf, dass ich um den heißen Brei herumgeredet hätte, hat mich überrascht. Denn ich hatte nicht das Gefühl, um den heißen Brei herumzureden.

Und ich habe auch nicht das Gefühl, mich jetzt zurückgezogen zu haben, schon gar nicht durch das, was ich erzählt habe. Im Gegenteil, ich habe dir erzählt, was ich entdeckt habe: was nämlich für mich Lust ist.

«Ich muss in der Lust bei mir anfangen, aber nicht bei mir enden»

Aber vor allem merke ich, dass ich Lust ganz bewusst suchen muss. Ich meine, was wir vorhin beim Abendessen besprochen haben: Ich bin total erschrocken, dass wir seit den Flitterwochen eigentlich nicht mehr aus Hamburg weg waren. Es ist so öde, das Leben, das ich hier lebe, dass ich mich wirklich nicht mehr bewege. Damit will ich sagen: Was nach außen hin wie eine Unbeweglichkeit aussieht, ist nach innen hin auch Unbeweglichkeit oder wirkt sich wenigstens so aus. Wenn ich es mir überlege, fällt mir nichts ein, was ich seit den Flitterwochen wirklich Lustvolles getan hätte. Diese damalige schöne Zeit ist wirklich in meinem Gedächtnis. Da hat ein Lustgefühl bestanden, für mich allein, zwischen uns. Doch, jetzt fällt mir noch ein weiteres ein:

Die Fahrt an Silvester, als ich dich hier abgeholt habe, die Fahrt morgens, das war Lust.

Aber was ich ganz deutlich spüre, ist, dass ich lustvolle Situationen sozusagen erschaffen muss. Das geht nicht einfach so, dass ich koche oder die Wohnung aufräume oder mir zwei Stunden Zeit für uns nehme, sondern dass ich, um diese Lust zu erschaffen, auch bei mir selber anfangen muss. Ich muss erst bei mir Lustgefühle wecken, bevor ich darüber nachdenken kann, in der Beziehung Lustgefühle zu wecken oder die Beziehung lustvoll zu machen.

Ich meine diese Unlust, die ich jetzt über Wochen, über Monate immer wieder habe. Ich denke, sie entsteht aus dem Gegenteil des Gefühls, für mich selbst was zu tun. Solange ich diese Unlust habe, kann ich auch keine überzeugende lustvolle Situation zwischen uns erschaffen. Mir würde es so nicht gelingen, Tage zu schaffen mit einer Atmosphäre, in der dein Misstrauen abgemeldet wäre, einfach weil ich innerlich nicht dabei bin, selbst wenn es nach außen hin lustvoll erscheint. Das Lustgefühl geht innerlich bei mir nicht tief genug. Ich bin in mir drinnen ausgesprochen unlustvoll oder unlustig, ausgesprochen lustlos. Wenn ich dann anfange, mir eine Kappe aufzuziehen, auf der «Lust» steht, dann wirkt es nicht so besonders überzeugend. Die Lust kommt nicht aus mir heraus, ich ziehe mir diese Lust nur über.

Und vielleicht ist es das Gefühl, das ich heute habe: nämlich zu entdecken, in mir wieder eine Lust zu entzünden, dieses Licht wieder anzuzünden, das mit Lust zu tun hat, mit Genuss, mit wirklichem Genuss. Als wir einfach miteinander gegessen haben, miteinander geschlafen haben, miteinander gesprochen haben, herumgefahren sind in der Gegend, war es lustvoll. Es war entspannt. Wir hatten kein Ziel, das wir erreichen mussten oder wollten. Das war nur der Augenblick. Und dieses Für-den-Augenblick-da-Sein, steht ganz im Gegensatz zu dem, was ich den ganzen Tag mache. Ich beginne den Tag mit dem Ziel, ihn ganz zu zerschlagen, mit ihm fertig zu werden.

Gott sei Dank erlebe ich in ihm trotzdem etwas, das mir immer wieder mal Lust bereitet, Gott sei Dank. Ich habe keinen Job, in dem ich akkordmäßig von acht bis fünf irgendetwas machen muss. Ich könnte das wahrscheinlich viel zu gut und würde einfach völlig dahinsiechen. Gott sei Dank habe ich etwas, das mir Lust bereitet und mich weckt. Aber dieses Aufwachen kommt nicht aus mir heraus, sondern ergibt sich zufällig aus den Umständen. Für mich selber habe ich nicht die Fähigkeit gehabt, eine innere Kerze anzuzünden, geschweige denn eine richtige Lustlampe.

Kurz: Erst mal muss ich diese Haltung von mir ändern, die mich selbst lustlos macht. Ich liege nachts neben dir im Bett und würde mich freuen, wenn Lust da wäre. Wo sie herkommen soll, weiß ich auch nicht so genau. Aber ich will nicht warten, bis die Tapete abblättert. Ich möchte lernen, diese Lust in mir zu entzünden und vor allem am Brennen zu halten. Ich glaube, dass ich einfach Spaß an meinem Leben gewinnen und nicht meinen sollte, ich täte es jetzt schon wieder für irgendjemand, und dadurch in eine Erwartungshaltung gerate.

Wenn Arbeit mehr Lust macht als die Lust

Claudia: Ja, was ich dazu sagen kann, habe ich schon gesagt. Es ist merkwürdig, dass wir beide auf das Gleiche kommen. Ich entdecke, dass ich mir meine eigene Lust am Leben viel zu schnell von den Leuten nehmen lasse oder mich viel zu schnell von dem beeinflussen lasse, wie meine Umgebung ist. Und meistens sind die Leute lustlos. Die haben irgendwie keinen Spaß an ihrem Leben. Nein, es ist anders: Sie haben scheinbar Lust auf ihr eigenes Leben und haben scheinbar viel Spaß daran, aber letztlich kommt es nicht rüber, weil es nicht wirklich so ist. Und ich lass mich dann einfach viel zu schnell von ihnen beeinflussen oder denke, ich müsse da irgendwie mitmachen. Und dann, wenn ich mich dann selbst aus dieser Spirale herauszerre und anfange, die Dinge zu tun, auf die ich Lust habe, dann funktioniert das wieder. Ich meine, was ich gerade von dem Kurs an der Uni erzählt habe.

Aber es passiert auch in meinen Freundschaften so. Wobei meine Freundschaften jetzt anfangen, sich komplex zu gestalten. Ich meine, der andere müsste genauso viel Lust empfinden oder lustvollen Umgang mit mir haben wie ich mit ihm oder ihr.

In der Beziehung mit dir ist es sehr viel schwieriger, diese Lustkerze am Brennen zu halten. In der Uni habe ich sehr viel mehr Lust oder empfinde ich viel mehr Lust, als ich hier in der Beziehung empfinde. Das zu sagen ist brutal, aber es ist so.

Ich merke immer, ich freue mich total, wenn es so gegen Ende geht in der Uni und ich dann auf die Uhr gucke und denke, oh, halbe Stunde noch, wie schön, dann fahr ich nach Hause und sehe den Thomas. Dann empfinde ich total große Freude in mir, dann ist dieses Lustlicht vorhanden. Und dann komme ich nach Hause, und es dauert ein paar Sekunden, nach der Begrüßung – das hatten wir ja oft schon –, dann verlischt alles. Ich gehe dann auf Sicherheitsabstand, habe Misstrauen oder ziehe mich einfach zurück. Ich merke, dass du zurückgezogen bist. So ist das.

Manchmal komme ich bereits zurückgezogen nach Hause, weil ich mir schon denke, dass du so bist. Weißt du, das spielt sich so ein. Dieses Unlustvolle kriegt so eine Eigendynamik. Es ist nicht Lustlosigkeit in dem Sinne, dass die Lust fehlt, sondern es ist wirklich eine Unlustigkeit, das ist noch mal ein gefühlsmäßiger Unterschied für mich. Lustlos bedeutet für mich so etwas Ähnliches wie neutral. Unlustvoll heißt, dass man auch das Gegenteil von Lust erwartet oder mit bewirkt. Das ist genauso wie die

Definition von Krankheit und Gesundheit. Ist Gesundheit das Fehlen von Krankheit, oder ist Gesundheit ein allgemeiner Zustand eigener Qualität, der eine gewisse Harmonie hergestellt hat? Vielleicht kann man sich sogar mit einer chronischen Krankheit durchaus gesund fühlen.

Für mich geht es zwischen uns oft schon in Richtung Unlust, also in Richtung einer Erwartung, dass es schlecht wird. Weil keine Zeit ist. Weil man sich in der Zeitknappheit nicht zwischen Tür und Angel einlassen möchte und der andere sich sowieso nicht einlässt. So geht es mir oft.

Und natürlich leidet die Sexualität darunter. Es wäre einfach nur Pose, einfach nur Show, wenn ich dann hier über dich herfallen würde. Das wäre wirklich nur Fernsehen. Es hätte nichts mit meinen eigenen inneren Gefühlen zu tun, wenn ich in der Situation über dich herfallen würde.

Die Lust ist das Hintergrundrauschen des eigenen Kosmos

Thomas: Ich habe jetzt das Gefühl – wenn ich zusammenfasse, was ich so herausgehört habe –, dass wir beide Sehnsucht nach dem Gleichen haben. Dass das, worauf wir hoffen, die Art von Lust, sehr ähnlich zu sein scheint. Als Gleichnis: Dauerurlaub.

Claudia: Auf Haiti.

Thomas: Ich sehe diesen Dauerurlaub wie ein Dauersummen, nicht nur im Sex oder in der Beziehung, sondern einfach in allem. Vor allem tief in uns drin, muss so ein Dauersummen sein, eine Freude, ein Genussgefühl.

Claudia: Wie das berühmte Dostojewski-Zitat: «Wir sind immer glücklich, aber wir achten nicht darauf.»

Thomas: Ein Potenz- und Spannungsempfinden, eine freudige Energie, die ich mir da ersehne. Und ich hab das Gefühl, dass es bei dir ähnlich ist.

Claudia: Die Zeit ist um.

Lust als Zeichen der Lebendigkeit ist angewiesen auf Zeit und Autonomie

Meine Bemerkungen beziehen sich auf Sätze des Paares. Zwar wiederholt sich einiges vom vorigen Kapitel, was ja für das Verstehen nicht schadet. Vieles aber erscheint auch unter einem zusätzlichen Blickwinkel.

«Lust hat für mich nicht nur diese sexuelle Komponente»

Lust hat tausend Formen. Diese berühmte «Verschieblichkeit der Libido» (Sigmund Freud) kann das ganze Leben zur Lust werden lassen. Die Einengung auf den sexuellen Akt ist eine Art Kümmerform, der vor allem Männer nachjagen. Ist Lust weit mehr als nur Sexualität, dann wird aber nicht nur die Erotik erweitert und vertieft. Das Paradoxe geschieht heute eher: dass so gut wie alles lustvoll wird, nicht aber die Sexualität. Die entscheidende Drainage zur Austrocknung der erotischen Lust ist die Dynamik des Marktes. Er muss immer stärkere Lüste für den Absatz der Produkte produzieren. Das Fernsehen, das Auto, die

Arbeit selbst wird schon jetzt der erotischen Lust gegenüber bevorzugt.

«Einfach mein Leben zu gestalten»

Hier kommt unversehens eine der bedeutendsten Liebesbedingungen auf: die Initiative und der Wunsch, sich für sich selbst einzusetzen, denen die notwendigen Fähigkeiten nach und nach zuwachsen. Die Lust ist ein autonomiekritisches Vorhaben.

«Ich finde nicht, dass man von Anfang an irgendwie eine sexuelle Lust empfindet, ohne dass vorher irgendetwas gelaufen ist»

Die Frau betont, was Männern nicht so nahe liegt: dass zur Lust sozusagen das Leben gehört, eine gemeinsame Entwicklung, eine Bewegung zu zweit, der Weg also (auch im Vorhinein), nicht nur das isolierte Ziel. Viele Männer könnten sich unendliche Strapazen ersparen, wenn sie diese Perspektive der Frauen wahrnähmen.

«Ich kann mit dir vor allen Dingen Lust empfinden, wenn Zeit da ist»

Natürlich hat Claudia dieses Buch nicht lesen können, als es noch nicht fertig war. In Zwiegesprächsseminaren zu den Liebesbedingungen heißt es oft, die erste Bedingung der Liebe sei die Zeit, die man ihr zur Verfügung stelle, die zweite sei die Zeit und auch die dritte sei: Zeit. Erst dann kämen die edlen Qualitäten wie Einfühlung und gute Selbstbeziehung. Der weltweit nachgewiesene

Lustschwund hat in der zunehmenden Zeitknappheit der Gesellschaftsmitglieder, der «Angina temporis», seine Hauptwurzel. Damit steht die Erotik und die seelische Lebensqualität in direkter Konkurrenz zu Arbeit und Geld. Für die meisten Menschen bedeutet die Zeitabhängigkeit der Liebe eine Aufforderung zur Umstrukturierung und Organisationsentwicklung des Alltags.

«Wenn ich also das Gefühl habe, die Dinge, die wir gemeinsam planen und dann machen, sind von dir wirklich auch gewollt»

Nichts macht die Abhängigkeit vom anderen, die mit jeder Bindung gegeben ist, deutlicher als dieser Nebensatz. Jeder ist auf den anderen angewiesen. Eine Beziehung ist somit nicht zu kontrollieren.

Der Nebensatz bringt noch ein Weiteres mit sich: Ein Paar entwickelt sich nur zu zweit. Es ist bekömmlich, den Partner nicht nur zu behindern und mit Vorwürfen zu überschütten, sondern ihn nach bestem Ermessen in seiner Entwicklung zu sich selbst zu begleiten. Das geschieht witzigerweise am besten, wenn jeder versucht, sich selbst zu entwickeln. Nichts bietet ein überzeugenderes Modell. Jeder Versuch, den Partner zu ändern, ist vergeudete Energie; jeder Versuch, sich selbst zu ändern, entwickelt die Beziehung.

«Sobald ich das Gefühl habe, dass auch meine Bedürfnisse gehört worden sind»

Da Paare zu wenig miteinander wesentlich sprechen, verlieren sie auch die Chance, sich zu hören. Da wir als Kinder in der Regel von unseren Eltern viel zu wenig gehört wurden, tragen beide Partner diese seelische Erblast in die Beziehung hinein und erleben hier den alten Schmerz in neuer Auflage. Übrigens nicht als reinen Wiederholungszwang, sondern mit dem unablässigen Bestreben, dieses Leiden gemeinsam zu beheben. Denn worin besteht die zentrale Schwierigkeit der Paare? Meine Antwort: Beide Partner haben das Gefühl, vom anderen nicht wahrgenommen zu werden. Die Zwiegespräche sind der wirkungsvolle Weg, sich wechselseitig zu hören und damit die Einfühlung, das heißt das lebendige Miteinander der Beziehung, zu heben.

«Es geht also darum, dass meine Wünsche genau so viel wert sind»

Die meisten glauben, Gleichrangigkeit und Anerkennung seien in einer partnerschaftlichen Ehe eine selbstverständliche Grundlage. Leider ist das nicht der Fall. Vielmehr herrscht in unzähligen Küchen ein mittelalterlicher Zustand des Paar-Rassismus, bei dem unversehens einer den anderen bereits dann abwertet, wenn der es wagt, anders zu fühlen und zu denken. Die Anerkennung der Andersartigkeit des anderen ist ein seelischer Reifungsschritt, eine seelische Ablösungsleistung, die erst erworben werden muss. Zwei Jahre regelmäßiger Zwiegespräche können dafür sorgen.

«Ein bewusstes In-die-Beziehung-Hineingehen»

Zwiegesprächler sind unentwegt schöpferisch in ihren Bildern und Sprachwendungen, da ja schon das Sprechen von sich ein Akt schöpferischer Gestaltung ist. Dieses Bild vom «In-die-Beziehung-Hineingehen» hat mir gut gefallen, weil es die wirkliche Initiative, die Entschlossenheit und die Bereitschaft, etwas für sich zu tun, signalisiert.

«Die Stunden, die ich hier abends mit dir verbringe, sind für mich wie diese Mittagspausenstunden, und ich bin nicht in der Beziehung drin»

Dass nach der Arbeit nicht der Feierabend beginnt, sondern eine Erholungspause für die weitere Erwerbsfähigkeit folgt, wird in diesem Bild vom «Mittagspausenabend» schmerzlich deutlich. Erfüllte Arbeit ist als Selbstverwirklichung ein Fundament der Liebesfähigkeit, doch heute ist die Regel eine Überdosis von Leistung. Am Feierabend wird nicht gefeiert, und die Freizeit ist keine freie Zeit für die Liebe.

«Wenn alles wirklich weiter weg ist, dann beginne ich Nähe zu empfinden, dann gehe ich auch in die Beziehung»

Nicht nur die Abwesenheit von Leistungsdruck ist nötig für das Aufkommen einer erotischen Atmosphäre, vielmehr braucht es auch noch den Abstand vom Arbeitsgeschehen. Deswegen erfinden gelernte Paare Schleusen zwischen Arbeitswelt oder Hausleistungsstrapazen und dem persönlichen Freiraum – beispielsweise mit einem halbstündigen Rückzug ins Café oder ins eigene Zimmer. Deswegen plädieren Erfahrene – und viele Frauen aus eigenem Empfinden – für Rituale, um sich vom ernüchternden Alltag abzugrenzen.

«Das Paar ist ein sekundenschneller Kreisvorgang»

Viele wissen nicht, dass die bewusste Beziehung nur etwa ein Zehntel der Gesamtbeziehung ausmacht. Neun Zehntel sind unbewusst und über Gefühle und Stimmungen noch am ehesten erfahrbar. Die unbewusste Beziehung läuft blitzschnell, oszillierend hin und her. Das ist kaum noch Interaktion zu nennen. Vielmehr wird eine Art Magnetfeld mit zwei Polen geschaffen. So wird auch ein weiteres Moment sichtbar: Jedes Verhalten beeinflusst sekundenschnell das andere. Jede Beziehung ist in diesem Licht gesehen ein Kreisvorgang, nichts ist zu isolieren, nicht einmal ein Geheimnis, das sich unbewusst sofort mitteilt. So sagt Claudia: «Und dann empfinde ich dich aber auch so, dass du gerade nicht in der Beziehung bist – selbst wenn es möglich wäre, dass auch du in die Beziehung hineinkommst. Und das hat bei mir wieder Folgen.»

«Es ging nicht um irgendwas Bestimmtes, vielleicht noch nicht mal darum, sich einen schönen Tag zu machen. Es ging einfach nur darum, da zu sein»

Wer guten Liebesbeziehungen länger zuhört, empfindet immer stärker, dass sie trotz aller Ungezügeltheit meditative Züge haben. Dieses Einfach-da-Sein gehört zu ihren kontemplativen Voraussetzungen. Es ist nach meinen Erfahrungen in Paargruppen so gut wie ausgestorben. Eine beschleunigte, hektische Leistungsgesellschaft widerspricht dieser entspannten Gelassenheit, die erst die wahre erotische Spannung aufkommen lässt.

«Ich habe mir mittlerweile angewöhnt, mir zu sagen: Wenn er es nicht tut, dann mache ich es auch nicht»

Im Paarleben kann man positive und negative Ansteckung unterscheiden. Sie beruhen auf Identifikation mit dem anderen und sind so gut wie unvermeidlich. Dieses Lernen am Modell hat wechselseitige Förderung, aber auch destruktive Entwicklungen zur Folge. Hier hat Claudia aufgrund negativer Ansteckung aufgegeben – und wenn man es genau betrachtet, hat sie sich aufgegeben. Ich glaube, es ist gut, zu wissen, dass in den meisten Fällen eine Ansteckung eintritt – und dass es dann in eine Richtung gehen sollte, welche die Entwicklung fördert. Es ist besser, sich zu öffnen, statt sich zu verschließen, beispielsweise. Meist ist die Kraft der Geduld unzulänglich, weil sich nur wenige darüber im Klaren sind, dass seelische Entwicklungen – hier also das Sich-Einlassen von Thomas auf die Beziehung – eine sehr viel längere Wachstumszeit benötigen.

«Wenn ich Entwicklung bemerkte oder wenn ich wenigstens die Möglichkeit von uns beiden offen sähe, dann fiele es mir leichter, auch etwas zu tun»

Die stärkste Resignation in Beziehungen entsteht, wenn beide das Gefühl haben, sie stagnieren. Es dürfte nicht nur individuell, sondern auch für die Paarzweiheit ein Entwicklungsbedürfnis geben. Es müssen keine großen Dinge geschehen, damit die «Paartner» in die hoffnungsvolle Initiative kommen, es genügt schon, nur die Möglichkeit vor Augen zu haben und konkret zu beginnen. Zwiegespräche geben diese Hoffnung sofort – so mühsam sie gelegentlich sein mögen. Sich wechselseitig in dieser Aussicht zu bestärken, etwas füreinander zu tun, wäre der Weg. Und das heißt stets: bei sich zu bleiben und sich selbst in der Beziehung zu entwickeln.

«Ich habe ein Bild für diese Angst: ein Kind, dem droht, entzweigeschlagen zu werden, weil sich da zwei nicht einigen können»

Paare, denen es aus unbewussten Schuldgefühlen schwer fällt, wirklich etwas für sich zu tun und Zwiegespräche durchzuhalten, finden einen Ausweg, wenn sie hören, dass ihre Kinder von der Selbstklärung in diesen wesentlichen Dyalogen einen großen Gewinn haben. Welchen? Die Sprösslinge können Mutter und Vater in sich leichter integrieren, wenn sie sich im Zuge des Heranwachsens mit beiden identifizieren. Eltern, die miteinander nicht klarkommen, sind eine seelische Last, weil sie als zwei unvereinbare Teile im Innern der Kinder weiterleben. Das scheint bei Thomas ein bedrohliches Schicksal gewesen zu sein. Er fühlt sich wie entzweigeschlagen, weil beide Eltern sich nicht einigen konnten. Es müsste zu Gunsten der Gesundheit der Kinder eine Indikation für Zwiegespräche von Eltern geben, deren Ehe auseinander zu fallen droht. Die Kultur einer *elterlichen Freundschaft*, die auch dann entstehen kann, wenn beide nicht mehr miteinander leben wollen, wäre dafür das Leitbild. Meine Erfahrung zeigt, dass dieses Ziel erreichbar ist.

«Ich bin auch sehr beeinflusst von dem, was du gesagt hast»

Dieser Satz ist so bedeutend, weil er sichtbar macht, was sonst ununterbrochen und unausgesprochen geschieht: Einer wirkt auf den anderen, beeinflusst und beeindruckt ihn – im vorbildlichen oder abstoßenden Sinne. Einmal strebt man dem Bild nach, einmal setzt man sich deutlich von ihm ab. In jedem Falle ist ein Zwiegespräch ein intensiver Lernprozess, ein übendes Erleben mit nachweisbaren Wirkungen. Was man im Zwiegespräch tut, lernt man gleichzeitig. Zum Beispiel von sich sprechen oder zuhören.

«Ich merke, dass ich einen ganz engen Horizont habe, was Lust bedeutet»

Die Meilensteine in Zwiegesprächen sind Einsichten, Aha-Erlebnisse. Thomas ändert in diesem Falle sein erotisches Weltbild. Es wird sich sein ganzes Leben lang vermutlich wohltuend auf seine Partnerschaft auswirken. Von der Weitergabe an die nächste Generation ganz abgesehen.

«Für mich gibt es jedenfalls nichts Unerotischeres, als den Wecker zu stellen. Den Raum, in dem ich gerade bin, verlasse ich damit direkt»

Nicht nur die Entdeckung, es gebe nichts Unerotischeres, als den Wecker zu stellen, ist von poetischer Präzision, weil hier Leistungszwang und freie Lebendigkeit in einem einzigen Bild aufeinanderprallen, sondern auch die nachfolgende Deutung ist treffsicher: Wir leben nicht nur in äußeren, sondern viel stärker in inneren Räumen. Wer den Wecker stellt, bereitet sich auf die Pflicht und nicht auf die Liebe vor. Genauer gesagt: Er verlässt schon den Raum der Liebe, bevor sie beginnt.

«Streit und Lust sind Formen der Ausgelassenheit»

Scharfsinnig und klar gefühlt ergibt sich ein gemeinsamer Nenner von Streit und Lust: Beide sind ein Weg, sich zu öffnen. Ich finde es beruhigend, wenn bei Paaren die «Fetzen fliegen». Denn bei denen ist noch etwas los, und das Missglücken kann sich zum Gelingen verändern, leichter, als die meisten glauben. Lust kommt von Lösen, Gelöstsein – und dazu kann auch Ausgelassenheit gehören. Streit ist ebenso ausgelassen. Thomas kommt noch auf ein zentrales Lustgefühl beim Sich-mit-Sand-Beschmeißen, ein hoher Genuss, der eine Art Luststreit darstellt.

«Aber ich habe auch bis heute diese völlige Ausgelassenheit nicht wieder erlebt»

Dieser Hinweis ist so banal wie trostlos. Nichts zeigt deutlicher, wie tief und selbstverständlich die Lebendigkeit von früh an ausgelöscht wird durch den von Norbert Elias so genannten «Zwang zum Selbstzwang», womit der große Soziologe die über Jahrhunderte immer stärker werdende Selbstkontrolle des Menschen meint. Sie ist der Ursprung der Erfindung von Psychologie und Psychoanalyse im neunzehnten Jahrhundert – als Versuch, den seelischen Schaden dieser schnell zur Selbstunterdrückung führenden Einstellung zu begrenzen.

«Bitte tu das nicht. Wenn du da mit deinen Fingern so herummachst, dann hat das für mich einen Ausdruck von Desinteresse»

Alles Geschehen im Paar ist zu zweit gemacht, so auch dieses. Nicht Claudia macht etwas, was Thomas stört – das ist nur die Oberfläche –, vielmehr entstehen im Magnetfeld der Beziehung seelische Strömungen, die gewissermaßen durch beide Personen hindurchgehen. In diesem Falle handelt es sich um einen widersprüchlichen Vorgang: einerseits um eine Kraft der seelischen Emanzipation, die in Thomas nur manifest wird, andererseits um einen «Gegenwillen» (ein alter Ausdruck Freuds für den Widerstand), der sich in Claudia als störendes Moment äußert. Ein Paar inszeniert mit verteilten Rollen einen solchen Konflikt zwischen Zusichkommen und unterbrechender Selbstbehinderung, der in beiden wirksam ist.

«Wie schnell ich mir von den alltäglichen Dingen des Lebens vorschreiben lasse, wozu ich Lust empfinden soll und wozu nicht. Oder wie schnell ich meine Lust am Leben verliere»

Wesentliche Bedürfnisse, Wünsche, die für einen Menschen sehr zentral sind, haben sozusagen ein scheues Verhalten. Sie verschwinden blitzartig und ziehen sich in ein inneres Schneckenhaus zurück. Der Hintergrund ist in den sofort ausgelösten Schuldempfindungen zu sehen, wenn ein Mensch auf wirklich Eigenes kommt. Eine autoritäre Erziehung (es gibt sie noch!) nimmt den Heranwachsenden die Beziehung zu sich selbst und damit das eigene Leben. Und noch mehr: Ihnen werden die elterlichen Erwartungen als das Maß aller Dinge vorgestellt, die elterlichen Bedürfnisse werden somit als bedeutender denn die eigenen vorgehalten – und das ist kolonialisierende Erziehung zur Anpassung, zur schnellen Unterordnung. Dadurch verliert man die Lust im Leben.

«Wenn ich zum Beispiel einen Kurs habe, in dem viele Leute sitzen, die ich nicht mag, ist meine Laune sozusagen auf null gesunken, auf null bis minus soundsoviel. Dabei müsste ich gerade deshalb versuchen, mir das Beste aus diesem Kurs herauszuholen»

Claudias Abneigung ist begründet im zu sich selbst verschlossenen, unoffenen Verhalten der anderen. Wieder wird die Abhängigkeit von der Beziehung – in diesem Fall zur Kursgruppe – deutlich. Claudia erkennt die schnelle Anpassung als ein Problem von sich – und dennoch ist der Einfluss der anderen ein mächtiges Moment – beispielhaft auch für den Einfluss des anderen Mannes, also von Thomas, auf sie. Sie ist in dieser Strömung nur schwer in der Lage, zu sich zu kommen. Erst später wird deutlich, dass sie es dennoch schafft. Mir erschien diese Szene wie ein Gleichnis für unser aller gesellschaftliche Lage: Wir haben an zwei Fronten um uns selbst, um unsere Lebendigkeit zu kämpfen: An der inneren Gegenströmung einer beispielsweise zu schnellen Anpassung an andere und an der äußeren Gegenströmung des konkreten Beziehungsmilieus, das uns nicht nur kein Vorbild bietet, sondern wirklich behindert.

«Ich habe mir aus dem Kurs herausgenommen, was ich gut fand, und auch die Dinge gesagt, die ich gut fand, alles, was mir als Idee kam, manchmal ganz kleine Dinge»

Genau dieses feine Moment signalisiert das eigene Werden: «Dinge gesagt, die ich gut fand.» Die Selbstoffenheit, das unüberschätzbare Opening-up, ist am Beispiel der «ganz kleinen Dinge», der spontan geäußerten Idee, zu spüren. Gleichzeitig spiegelt der Bericht solcher äußeren Ereignisse indirekt auch den Entwicklungsprozess des Zwiegesprächs wider.

«Wenn es in einem Kurs sehr viele Leute gibt, die gar keinen Kontakt zu ihren eigenen Gefühlen haben und eigentlich nur gerne Show machen und sich selbst als die Tollsten darstellen»

Jede Entrüstung fällt auf einen selbst zurück. Was einem unter die Haut geht, berührt ein eigenes Problem. «Tua res agitur» – deine Sache wird verhandelt – sagten die Römer dazu. Das Bild der anderen kann man fruchtbar machen, wenn man sie als Erscheinungsform eines Selbstaspektes begreift: Wo sind diese ungeliebten anderen in mir selbst zu finden, lautet dann die Schlüsselfrage. Was bedeuten sie? Claudia stellt hier eine Gruppe von Leuten vor, die keinen Kontakt zu sich selbst haben und einen Mangel an eigenem Wertempfinden mit einer Show überspielen. Das ist genau das Thema, das sie selbst bewegt, eine Leere, aus der sie sich herausentwickeln möchte.

«Ich merke, hier ist eine furchtbare Stimmung,
tue selbst aber nichts,
weil ich erst mal die Stimmung aufnehmen muss»

Die Arbeit des Erkennens, besonders des Selbsterkennens, die sich ununterbrochen in Zwiegesprächen vollzieht, kostet Energie. Ich brauche diese Selbstbeobachtung, um Klarheit zu gewinnen für mein Handeln. Introspektion und tätiges Tun, beides benötigt seelische Kräfte.

«In mir würde das etwas bewirken –
und zwar Angst»

Claudia staunt über die Resonanzlosigkeit von Thomas – das ist ihre Erlebniswirklichkeit. Thomas fühlt sich ganz anders. Dennoch ist hier etwas Wesentliches angesprochen: die zum guten Leben notwendige Angstfähigkeit. Ich muss mich auch am rechten Platz bedroht fühlen können – beispielsweise wenn die Beziehung dahingeht. Viele Männer sind heute überrascht, wenn ihre Frauen sich – nur vermeintlich «aus heiterem Himmel» – von ihnen trennen. Frauen haben ein sensibleres Empfinden für Beziehungen und die Gefühlswelt, sie spüren sehr viel früher, wenn etwas nicht stimmt. Sie erwarten deswegen auch mehr von einer Beziehung.

«*Es verletzt mich, dass du nicht darauf eingehst*»

Im Zwiegespräch wird bewusst, was sonst als *unbemerkte Enttäuschung* eine eminente Rolle für das übliche Paarleben spielt. Die weltweite Sprachlosigkeit der Paare, die vor allem den Austausch ihres Erlebens versiegen lässt, bedeutet auch Resonanzlosigkeit, die jeden von beiden, ohne dass es ihnen bewusst würde, verletzt. Bekanntlich ist das Unbemerkte nicht das Wirkungslose. Vielmehr gesellt sich mit Genauigkeit zur unbemerkten Enttäuschung eine entsprechende Reaktionsmenge von Trauer und Zorn hinzu und lässt das alltägliche Zusammenleben abstumpfen.

Das Bewusstwerden des einen – eine kontinuierliche Wirkung der wesentlichen Dyaloge – ist im Übrigen zugleich das Bewusstwerden des anderen, der an dieser Selbstklärung seines Partners ja unmittelbar teilnimmt.

«*Vor allem merke ich, dass ich Lust ganz bewusst suchen muss*»

Das ist die entscheidende Wende in die Aktivität, die viel gerühmte Haupteigenschaft der Lebenskünstler: in der Initiative bleiben. Thomas hat es konsequent auf sich bezogen – ganz im Sinne der einsichtsreichen Formulierung Martin Bubers: Bei sich beginnen, aber nicht bei sich enden.

Die Lust liegt nicht wie eine Frucht auf der Kommode der eigenen Wohnung. Sie will gerufen und erschaffen werden – und zwar zunächst mit dem Entschluss, sie in sich selbst über den Strapazen des Alltags nicht zu vergessen: *Begin with the end in mind.* Auch dieses Moment hat meditativen Charakter. Die Lust, die Lebendigkeit, die Liebe im Gang der Dinge stets im Sinn zu behalten und sie vielleicht sogar zur Priorität des eigenen Daseins zu machen, das geschieht im Erkenntnisschritt von Thomas. Doch erst die Entscheidung, sich in Zwiegespräche einzulassen und durch diesen Reflexionsprozess zu solchen Einsichten zu kommen, schafft die Voraussetzung für eine solche selbstbestimmte Entwicklung, die klar gefasst von Thomas formuliert wird: «Ich muss erst bei mir Lustgefühle wecken.»

«Ich beginne den Tag mit dem Ziel, ihn ganz zu zerschlagen»

Schon am Anfang, gleich weiß jeder: Die destruktive Energie, mit welcher Thomas seine Existenz bewältigt, stammt aus der angestauten Menge seines Enttäuschungszorns, nicht mehr wirklich zu sich zu kommen. «Die Gewalt des ungelebten Lebens drängt zur Explosion.»

«In der Uni habe ich sehr viel mehr Lust oder empfinde ich viel mehr Lust, als ich hier in der Beziehung empfinde»

Lust, Liebe und Lebendigkeit stehen, wie erwähnt, in scharfer Konkurrenz mit allen anderen Lüsten. Wenn die Arbeitswelt mehr Lust bereitet als die Lust, ist es schlecht um die Erotik bestellt. Es gibt glanzvolle, mit Sauna, Squash und Swimmingpool reich ausgestattete Arbeitsplätze, denen gegenüber das traute Heim schäbig wirkt. Das ist ein Gleichnis für das heikle Verhältnis von Leisten und Leben. Ein Leben aus sich heraus, das keine Leistungsziele enthält, kommt schon heute den meisten widersinnig vor, selbst wenn sie nicht zu den zwanghaft Pflichtbewussten oder Depressiven gehören. An Claudia sieht man, dass es auch Frauen so ergehen kann. Man bedenke dabei, dass eine Berufsbindung heute in der Regel länger dauert als eine Ehe. So könnte auch Claudia sagen: «Ich bin zwar mit ihm verheiratet, aber eine Ehe führe ich mit ihm nicht.»

dyalog

Fortbildung in Partnerschaft

Paardynamik · Konfliktfähigkeit · Beziehungskompetenz

Dritter Paarbrief

«Schon morgens reicht's mir, denn abends ist Zwiegespräch»

Liebe Paare,

um aus dem Elend herauszukommen, muss man es gut kennen lernen. Nur so gelingt es einem, die angemessene Antwort zu finden. Natürlich ist das unmittelbare Elend der Widerstand gegen die doch so gewünschten wesentlichen Dyaloge. Er beginnt spätestens nach der dritten Sitzung.

1. Deshalb die lapidare Empfehlung: Sorgen Sie für die Regelmäßigkeit – was immer auch geschieht. Das Zwiegespräch wirkt unbewusst etwa neunfach umfassender, als einem bewusst werden kann. Daher gilt: Kontinuität ist alles – der Rest, vor allem die positive Wirkung, kommt schließlich von selbst.
2. Geht einem das Zwiegespräch einmal gegen den Strich,

Geschäftsführung: Célia M. Fatia, M. A.
in Zusammenarbeit mit Prof. Dr. med. M. L. Moeller, Univ.-Klinikum Frankfurt/Main
www.dyalog.de
Sekretariat:
Doris Heuser, Falltorstraße 4, D-35398 Giessen-Lützellinden
Tel. 0 64 03/7 79 02 94 · Fax 0 64 03/59 41, e-mail: Doris.Heuser@t-online.de

wird es einem unbehaglich und zuwider, ist der einfachste Praxistipp: Sagen Sie das Gespräch nicht ab, sondern beginnen Sie gleich zu Anfang von Ihren unangenehmen Empfindungen Ihres «Gegenwillens» zu sprechen. Er ist immer mit einer inneren Angst verknüpft und löst sich noch am ehesten durch Reden.

3. Der Widerstand will nur eines: die Gespräche stören und am liebsten ganz zu Fall bringen. Deshalb noch einen Tipp: Brechen Sie niemals die Gespräche aus Zorn oder Langeweile ab. Bleiben Sie vielmehr die anderthalb Stunden sitzen und schweigen, wenn es sein muss. Sie werden feststellen, dass eine stumme Zwiesprache, eine Schweigekommunikation, brisanter sein kann als eine Gesprächskommunikation. Bemerkenswerterweise vermittelt sich auch in Zwiegesprächen mehr ohne als mit Worten. Schließlich sind die Fortgeschrittenen-Seminare und die Intervisionsgruppen dazu da, den ständig wechselnden, chamäleonartigen Charakter des Widerstands aufzudecken. Gönnen Sie es sich selbst, Ihre Zwiegespräche über die beiden ersten Jahre begleiten zu lassen. Es ist ein vergleichsweise geringer Aufwand für eine langfristige Entfaltung zu zweit.

4. Das bedeutendste Elend sind jedoch der Widerstand und die Barrieren vor Beginn des Entschlusses, Zwiegespräche zu führen. Auch das sollten Sie kennen lernen. Deshalb legen wir Ihnen noch das «Quintett der Finsternis»* bei – auch für Ihre Freunde.

Ganz herzlich

Ihre

Célia M. Fatia   Michael L. Moeller

* Hier abgedruckt auf Seite 47.

12 Die Hebung des Schatzes der Eifersucht
Konstruktiver Umgang
mit aushäusigen Verliebtheiten

Seelische Instrumente für kritische Situationen

Die meisten Paare gehen mit Ereignissen wie einer aushäusigen Verliebtheit verheerend um. Eifersuchtsmorde, Abfackeln der Wohnung, blutige Verletzungen, jahrzehntelange Lügen, Suizide, überstürzte Scheidungen, Terrorisierung der Kinder, wenigstens aber lebenslänglich schwelende, giftige Spannungen dringen täglich bis in die Zeitungen vor. Sie zeugen vom destruktiven Umgang mit einem Geschehen, welches – wie alles andere – durch das Paarleben im unbewussten Zusammenspiel zu zweit bewirkt wird.

Es gibt aber die Chance, mit diesem aufwühlenden Zweierhandeln anders umzugehen: verstehend nämlich, von Einsichten getragen, statt moralisch abkanzelnd und ohne inneren Gewinn.

Für viele kritische Situationen hat sich aus jahrzehntelangen Erfahrungen mit der Psychoanalyse des Paarlebens eine verstehende Umgangsweise entwickelt. Sie sind teils einfach, teils sehr komplex, einige wurden schon skizziert, andere will ich hier nur nennen:

○ Die Gifte in der Beziehung: stille Erwartungen, einsame Beschlüsse usw.
○ Nachlässige Absprachen
○ Die doppelte Wirklichkeit
○ Umgang mit Träumen
○ Training von Assoziationen und freien Einfällen
○ *«double talk»:* Sprechen über Realitäten, die gleichzeitig unbewusste Phantasien über die Beziehung enthalten

- Die Neidspannung im Paar
- Finanzbalance
- Lastenausgleich
- Bewusste und unbewusste Schuldgefühle sowie ihre Äußerungen
- Versteckte Verletzungen, unbemerkte Enttäuschungen
- Übertragung – Gegenübertragung
- Gemeinsame Inszenierung traumatischer Szenen und Hoffnung auf ihre Auflösung

Es geht mir jetzt um den für mich zentralen Dritten Weg zwischen reiner Selbsthilfe und purem professionellem Verfahren. Ich will eine wissenschaftlich erprobte Erfahrung für die Selbstentwicklung der Paare bereitstellen. Am komplexen und heißen Beispiel einer aushäusigen Verliebtheit, die eine bestehende Bindung trifft und kaum einem Paar erspart bleibt, wird dieses Konzept am besten begriffen.

Glückliche Krisen

«Eifersucht ist die Tochter der Neugier»

Krisen haben anders als gemeinhin geglaubt stets einen glücklichen Kern. Denn sie bedeuten eine innere Initiative, eine höchst aktive Selbstkonfrontation, eine Auseinandersetzung mit sich selbst. Und so beginnt alle Lebenskunst. Das chinesische Zeichen für Krise besteht aus dem Zeichen für Gefahr und dem Zeichen für Chance. Genau so kann man eine aushäusige Verliebtheit betrachten. Die Dynamik der Liebe geht im unbewussten Zusammenspiel eigene, aber gut einsehbare Wege.

Wenn sich beispielsweise durch die aushäusige Beziehung eines

Mannes eine schon seit Jahrzehnten vor sich hin dümpelnde Ehe grundlegend wandelte und zu einer intensiven und kreativen Erotik führte, dann gelang das nur, weil eine solche konkurrierende Verliebtheit vom Paar nicht wie üblich moralisch abgewehrt, sondern auf ganz anderer Basis durchgearbeitet wurde, nämlich erstens *offen*, zweitens *verstehend* und drittens im Bewusstsein, dass das Ereignis *sinnvoll* ist.

Im Zusammenhang mit glücklichen Krisen ist das Vorgehen, das ich die «Hebung des Schatzes der Eifersucht» nenne, geradezu richtungsweisend. Es setzt beim Paar nicht zu viel voraus: die Bereitschaft zur Wahrhaftigkeit, die sich nicht hinter dem Argument «Ich will dich nicht verletzen» versteckt; einen gewissen Mut, sich mit sich selbst zu konfrontieren, und ein genügendes Maß an Leidensfähigkeit, den Trennungsschmerz einerseits und die Schuldgefühle andererseits auf sich zu nehmen und auszutragen, schließlich die Einsicht, dass ohne Freiheit auch die Liebe und Lust im eigenen Hause erstickt werden.

Der große Vogel und das Ei

Vor anderthalb Jahren verliebte sich Leon, Architekt um die 50, in eine Italienerin, Alice. Das hat seine Frau Laura, mit drei Kindern zu Hause und im Haushalt tätig, sehr durcheinander gebracht. Das Paar ging offen mit der Situation um. Das bedeutet: Sie versuchte den Schmerz auszuhalten, er seine Schuldgefühle. Beide blieben in einer gesprächsreichen Beziehung. Sie führten Zwiegespräche.

Nach anderthalb Jahren hatte sich die Situation der beiden dramatisch verändert, insbesondere Lauras. Sie war als Designerin wieder erfolgreich berufstätig und hatte sozusagen das Nest des Haushalts verlassen. Alles war wunderbar eingerichtet. Sie zogen um. Sie sorgte für Häuserkauf und die gesamte Organisation. Die Beziehung ist offener geworden. Sie konnten freier sprechen.

Eines Tages sagte Laura: «Es ist, als ob die Gestalt von Alice wie ein großer Vogel an dem Ei, das noch im Nest war, gepickt hätte und ich sei herausgekrochen.»

Ein wunderbares Bild, das die zentrale Funktion der aushäusigen Verliebtheit illustriert: den unbewussten Wunsch nach Emanzipation.

Vier Schritte zur Hebung des Schatzes der Eifersucht

Bin ich mir selbst noch zugänglich?

Rosa und Valentin haben vor einem Jahr eine Krise erlebt. Valentin verliebte sich in die etwas jüngere Astrid. Rosa und Valentin haben gemeinsam eine erfolgreiche, aber auch fordernde Firma. Sie kamen in diesem Konflikt zu mir in die Praxis.

Nachdem sie ein Jahr Zwiegespräche geführt hatten und zugleich in der Paargruppe waren, führte der Prozess der Gruppe auf die Frage, wie man mit Eifersucht konstruktiv umgehen könne. Normalerweise sind Paare nicht gut in der Lage, mit solchen schwierigen Situationen zu Rande zu kommen. In der Regel wird mit einer sehr moralischen Haltung die aushäusige Verliebtheit verdammt – mit dem Erfolg, dass man nicht merkt, worum es eigentlich geht.

Ich empfahl Rosa und Valentin, in vier Schritten vorzugehen.

1. Der eifersüchtige Partner beginnt herauszufinden, welche seelische Eigenschaft die Rivalin oder der Rivale ihr oder ihm absolut voraushat. Es geht um den schwarzen Punkt, der einen nachts um halb drei quält. Es kommt auf die eigene Vorstellung an, die Realität der konkurrierenden Person ist nicht von Belang. Selten entspricht der Wirklichkeit, was die Eifersucht, diese Krankheit, sich nicht vergleichen lassen zu können, eingibt.

Rosa versucht also zu schildern, was ihrer Auffassung nach die Rivalin Astrid bietet, was sie selbst nicht bieten kann. Sie sagt zunächst: «Sie hatte einfach mehr Zeit und war nicht in Zwängen wie ich.» Astrid sei freier gewesen von äußeren Verpflichtungen. Das ist zwar richtig, trifft jedoch nicht den Kern: nämlich jene phantasierte, aber zu schmerzendem Ernst geronnene, schwarze, nagende Eigenschaft, welche die Rivalin ihr voraushat. Sie kam schließlich auf Ungeformtheit. Sie selbst sei früher zu Beginn der Ehe so gewesen, weniger festgelegt, sondern flexibler und offener. Da sie aber auch heute auf andere so wirkte, schien das noch nicht der entscheidende Punkt zu sein.

Schließlich meint Rosa zu entdecken, dass sie nach zehn Jahren Arbeit in Firma und Ehe ihre Weiblichkeit und auch ihre Schönheit verloren habe. Allerdings war sie hier und jetzt offenkundig eine bezaubernde Frau von großer Schönheit, sodass zunächst die meisten in der Gruppe stutzten. Es wurde dann aber deutlich, dass sie für sich das Gefühl hatte, nicht mehr schön zu sein, weil sie sich sozusagen vernachlässigte. Es stellte sich also heraus, dass der Verlust der Weiblichkeit und jener Schönheit, die entsteht, wenn man mit sich selber übereinstimmt, der entscheidende Punkt gewesen sei. Denn in den Augen von Rosa hatte Astrid diese Weiblichkeit und Schönheit.

2. Im zweiten Schritt versucht nun der oder die Verliebte herauszufinden, welche entscheidende Faszination ihn an den neuen geliebten Menschen gebunden hat, kurz: welche *seelische* Eigenschaft – denn darauf läuft alles hinaus – ihn verliebt macht. Dazu gehört auf beiden Seiten Bereitschaft zur Offenheit, weil natürlich die Hauptbedenken lauten, den anderen nicht verletzen zu wollen. Wer aber schweigt, verletzt noch mehr als mit Offenheit, weil er den anderen der Chance beraubt, sich auseinander zu setzen. Er entmündigt ihn damit. Was also war für Valentin der entscheidende Unterschied zwischen der Astrid-Beziehung und seiner Rosa-Beziehung?

Auch Valentin musste zunächst tasten. Ihre Jugendlichkeit und Schönheit? Aber auch Rosa war schön und jugendlich. Ihre Offenheit? Aber auch Rosa war sehr offen. Schließlich kam er auf Spontaneität, zögerte allerdings dabei.

Ganz am Ende hatte er ein Aha-Erlebnis: Astrid sei «seelisch zugänglich». Das faszinierte ihn am stärksten. Es spielte auch noch eine Rolle, dass sie seelischen Platz an ihrer Seite hatte, was Rosa nicht mehr bieten konnte.

3. Nun versucht das Paar, für den Schwarzpunkt, den nagenden Eifersuchtsschmerz, und den Lichtpunkt, die faszinierende Eigenschaft des neuen Geliebten, den gemeinsamen Nenner zu finden. Dieser Nenner ist immer gegeben. Er umgrenzt das gemeinsame Thema des unbewussten Zusammenspiels, der Kollusion. Manchmal ist dieser Nenner nicht sofort zu entdecken, da er als heißes Eisen gern abgewehrt wird, aber das Paar hat ja in Zwiegesprächen Raum genug, ihn nach und nach sichtbar werden zu lassen.

Der Verlust von Schönheit und Weiblichkeit bedeutete für Rosa sehr klar, dass sie zu einer ehemals sehr blühenden Seite in sich selbst keinen Zugang mehr fand. Sie hatte jene lebendige Seite gleichsam durch Schicksal und Selbstversäumnis verloren. Das hieß vor allem: Sie hatte zu sich selbst keinen Zugang mehr.

Für Valentin war die «seelische Zugänglichkeit» von Astrid deswegen faszinierend, weil er einen Mangel an solcher Zugänglichkeit bei sich selbst erlebte. Er sah in ihr dieses wunderschöne Ideal, das er selbst gern gewesen wäre. Ihm mangelte es also ebenfalls an Selbstzugänglichkeit.

Der gemeinsame Nenner war also: der Verlust von Selbstzugänglichkeit, sozusagen der innere Verschluss.

4. Nun kommt im vierten und letzten Schritt die dynamische Frage nach der Bewandtnis des Zeitpunktes auf: Warum bewirkte unser beider Unbewusstes mit oszillierendem Zusammenspiel gerade jetzt diese Faszination? Oder anders gesagt: Warum machen wir beide in diesem Moment einen Handlungsdialog, der dazu führt, dass du dich in eine andere oder einen anderen verliebst? Eine Verliebtheit beginnt ja verblüffenderweise, bevor sie beginnt. Es gehört eine innere Bereitschaft dazu, die Frauen eher als Männer spüren, eine Art Entscheidung, sich anderen zu öffnen. Landläufig gesprochen «liegt dann etwas in der Luft». Das Auftreten der Verliebtheit markiert mit Genauigkeit einen Wendepunkt auf dem gemeinsamen Entwicklungsweg des Paares – und mit hoher Wahrscheinlichkeit auch des Dritten, der hier allerdings nicht zu Wort kommen kann.

Die Antwort fiel in diesem Fall leicht. Im Zuge der Entwicklung, die jede Paarbeziehung mal schneller, mal langsamer durchläuft, sind Valentin und Rosa in eine Verfassung hineingekommen, in der ihr Leidensdruck, dass sie sich selbst verloren hatten, zu groß wurde. Sie wünschten sich beide, wieder Zugang zu sich selbst zu bekommen, und erfüllten sich diesen Wunsch durch eine Inszenierung über eine aushäusige Verliebtheit. Der Sinn liegt nicht nur in der Mobilisierung der eigenen Kräfte durch Zuspitzung. Vielmehr versucht das Paar, eine Entwicklung über eine andere Beziehung einzuleiten, die es aus sich selbst heraus nicht schafft. Alles kommt darauf an, dass die Position des Verlassenen mit dem großen Schmerz und die Position des Verliebten mit den großen Schuldgefühlen durchgehalten wird.

Pflicht und Lebendigkeit

Philipp war 16, Eva 14, als sie sich kennen lernten und liebten. Sie waren dreieinhalb Jahre als Schüler zusammen, als Philipp das Abitur machte. Dann, meinte er, strebte er nach Freiheit. Die beiden trennten sich «vom Kopf, aber nicht im Herzen» – wie sie sagten. Insoweit ist diese Hebung des Schatzes der Eifersucht etwas Besonderes: Es war nur eine halbe Trennung, auf die sich natürlich das Schuldgefühl gerne berief. Kurz: Eva verliebte sich in Gerhard, einen Jungen, der gerade auch sein Abitur gemacht hatte und vor dem Studium ebenso jobbte wie sie: in Kinos.

1. Den schwarzen Neidkern der Eifersucht formulierte Philipp so: Gerhard konnte unmittelbar und lebendig sich selbst leben, während er, Philipp, von Perfektionismus und Pflichten gejagt, zwar seine Leistung im Studium zu erreichen versuchte, dadurch aber viel an Leben verlor.
2. Eva erlebte in Gerhard einen ganz anderen Mann als ihren Philipp: einen, der unmittelbar, spontan und lebendig war, mit dem sie tanzen gehen konnte, wann immer sie wollte, einen lockeren Typ, während Philipp ständig irgendetwas Hemmendes im Sinn hatte, wodurch sie selbst sich auch nicht richtig frei fühlte.

3. Der gemeinsame Nenner, das gemeinsame Unbewusste, die Konfliktachse, um die sich das Paar dreht, lautet also: Ich fühle mich durch Pflichtgefühl, Gewissen und Selbstbehinderung beeinträchtigt in meinem Ich – ich möchte gerne spontaner, innerlich freier und direkter leben, was ich in mir fühle.

4. Warum gerade jetzt? Zum einen bietet die Schwelle der Reifeprüfung einen deutlichen äußeren Anlass. Es gibt aber natürlich auch in der Entwicklung des Paares und der beiden Jugendlichen einen Moment, in dem sie das Joch der inneren Eltern abwerfen und sich weiterentwickeln möchten zu einer persönlichen Ethik, zu größerer Freiheit. Beide starteten also in Richtung Selbstbefreiung, die sie miteinander aber offensichtlich zu wenig hinbekamen. Der Druck in Philipp und der Druck in Eva waren damals zu groß, als dass sie sich hätten der unmittelbaren Lebendigkeit zuwenden können. Mit Gerhard gelang es, es dauerte aber nur kurz – mit vielem Hin und Her nur ein Jahr. Eva fühlte, dass sie Philipp liebte, und Philipp fing an, sehr um Eva zu werben. Nach einem Jahr waren sie wieder zusammen und hatten eine «bindende Trennung» erlebt, begannen auf einem neuen Plateau mit ihrer Beziehung neu.

Der Wunsch, wahrgenommen zu werden

Eva und Philipp verbrachten danach ein Jahr in Italien. Hoffnungsfroh setzte jeder auf seine Erwartungen, ohne dass beide diese Vorstellungen miteinander klärten. Es stellte sich heraus, dass Eva ein lockeres Jahr mit vielen Touren durch Italien phantasierte, während Philipp doch auch sein Studium (mit einem Stipendium) in Rom gut durchführen wollte. Dadurch kam es zu chronischen Enttäuschungen, denn an den freien Wochenenden war Philipp darauf erpicht, sich von Eva italienische Grammatik beibringen zu lassen, damit er seine Arbeiten besser schreiben konnte. Eva war enttäuscht, versuchte aber natürlich zu verstehen.

In dieser Situation traf Philipp eine ebenfalls mit einem Stipendium derselben Stiftung versehene Schwarzafrikanerin Abi. Sie war eine Schönheit und zudem eine sehr fleißige und intelligente Studentin.

Eva war schockiert, als Philipp ihr erklärte, dass er sich in Abi verliebt hatte. Eva lebte in Florenz und hatte ihm auf seinen Heiratsantrag bereits mit Ja geantwortet. Man könnte nun annehmen, dass Philipp der Fusionsangst vor einer solchen lebenslangen Bindung entgehen wollte und sich deswegen verliebte oder besonders stolz war, eine von allen bewunderte Schönheit zu erobern. Doch der tiefere Grund seiner Leidenschaft für Abi war ein anderer.

1. Der schwarze Punkt für Eva war außerordentlich schwierig zu ermitteln. Sie neigte, ihr selber unbewusst, dazu, ihrer Rivalin eins auszuwischen. Zunächst sah sie den «Vorteil» von Abi darin, dass sie «einfach keine Gefühle» hatte, sich nicht so verwickeln und binden konnte wie sie, sondern eben «kalt die Dinge betrachtete». Ein wahrer Kern war verbunden mit der starken Gefühlswelt von Eva: Es wurde deutlich, dass Abi in Evas Phantasie Philipp «Raum für sich und sein Studium lassen» konnte. Das war schon bedeutender: dem anderen die Möglichkeit zu einer unbehelligten Selbstbeziehung lassen zu können, «ohne ihn mit einem Gefühlsschwall zu überfluten». Eva schien sich vorzuwerfen, dass sie den anderen mit ihrem Verlangen und den Gefühlsausbrüchen in Beschlag nimmt. Es kommt hinzu, dass Eva die nur wenig ältere Abi als erwachsener einstufte. Sie konnte «besser mit Männern umgehen» und war – wieder ein Seitenhieb – «eben taktischer». Das

Taktische ist aber nie ein Inhalt des schwarzen Moments. Der dunkle Kern ist stets ein absoluter Mangel, den ich in mir fühle und – was besonders wichtig ist – den ich selbst durch Versäumnis, mich mir selbst zuzuwenden, verschuldet habe. Schließlich wurde «Erwachsensein» deutlich als: Ich kann zu mir stehen, aber auch gleichzeitig dem anderen seine Selbstbeziehung lassen. Beides bedingt sich natürlich. Eva fasste das in dem Begriff «innere Ruhe» zusammen. Wir kamen hier auf den Urkonflikt des Menschen: Wie viel soll ich mich mir selber, wie viel dem anderen zuwenden? Dieses Gleichgewicht ist in jeder Minute für jeden Menschen aufrechtzuerhalten. Und außerdem soll die Zuwendung zu gleichen Teilen erfolgen. Ganz offensichtlich war das eine Entwicklungsstufe für Eva, in der sie noch das Gleichgewicht verlor, es aber in Abi aufrechterhalten sah.

2. Der Glanzpunkt für Philipp war dreifach: Er fühlte sich mit einem Schlag vollständig verstanden. Er schrieb zum Beispiel einen Aufsatz in seinem Fach, und Abi widmete sich seiner Leistung, fragte nach, wie das zu verstehen sei – kurz: Er fühlte sich vollständig wahrgenommen. Abi trat dabei so auf, dass sie sich selbst nicht verleugnete, sich nicht anpasste. Eva machte daraus: Sie tue ja immer all das, was die Männer wollten.

Außerdem war Abi eine traumhafte Schönheit und machte Philipp auch in der Konkurrenz mit anderen Männern stolz, sie erobert zu haben. Allerdings ist sein Stolz deutlich sekundär gewesen. Im Vordergrund stand sein Glück, sich von Abi so gut verstanden zu fühlen. Schließlich kommt noch die Exotik hinzu, die als «Exogamie» und Inzestvermeidung auch noch viel Attraktivität hatte. Philipp sagte noch, dass Abi seinem Ideal entsprach – so wie sie hätte er gerne sein wollen, Lebendigkeit und Leistung miteinander verbindend.

3. Der gemeinsame Nenner war deutlich: Das Paar kreiste um

den menschlichen Urkonflikt: Wie viel wende ich mir selber zu und wie viel meinem Partner? Dieses Gleichgewicht hatte Abi offensichtlich gefunden und wurde so für Philipp und für Eva zum Vorbild. Das Paar selber konnte dieses Gleichgewicht noch nicht erreichen, weil es sich in einer Situation des ungelösten Konflikts (Lebendigkeit Eva, Leistung Philipp) polarisiert hatte.

4. Warum jetzt? Es war deutlich eine höhere Entwicklungsstufe als zuvor beim Abitur. Der Auslöser war der konkrete Schritt in eine neue Welt – nach Italien. Und zwar nicht als äußere Realität, sondern als Auslöser für innere Entwicklung. Für beide war es im künftigen Leben nötig, die eigenen Belange stärker zu beachten und die Partnerschaft nicht zu verlieren.

Selbstoffenheit gewinnen

Sylvie hat einen neuen Freund, Daniel, obwohl ihre vieljährige Beziehung zu Marc in voller Blüte steht. Als Sylvie in der Gruppe über diese Liebesbeziehung erzählt, wird Marc eifersüchtig. Sie wünschen sich die «Hebung des Schatzes der Eifersucht».

Erster Schritt: Welchen Vorzug sieht Marc bei seinem Rivalen Daniel (den er nicht kennt)?

Antwort: Daniel könne, meint Marc, mit Sylvie – anders als er selbst – viel häufiger «Liebe machen» (zweimal nachts). Das gelinge ihm aber nur, weil er seine Bedürfnisse offen äußern könne. Außerdem sei Daniel nicht so müde wie er, Marc. Marc ist oft müde – im Wesentlichen dadurch bedingt, dass er noch nicht in der Lage ist, in Beziehungen (zu Sylvie, aber auch in seinem Beruf) seine Bedürfnisse offen zu äußern. Das ständige Unterdrücken der eigenen Vorstellungen und Gefühle kostet eine enorme Energie, die ihn erschöpft. Er phantasiert von seinem

Rivalen, dass dieser sich offen äußern könne und deshalb auch mehr Energien zur Verfügung habe, also potenter sei.

Zweiter Schritt: Welche Vorzüge sieht Sylvie in der Beziehung zu Daniel, die sie in der Beziehung zu Marc nicht hat?

Antwort: «Daniel beispielsweise nimmt meine Hände, betrachtet sie und sagt, er könne sich gut vorstellen, wie ich eine bestimmte Therapieform sehr gut realisieren könnte.»

Nichts ist von Potenz und vielem Vögeln zu hören, wovon zu sprechen Sylvie durchaus in der Lage gewesen wäre. Marc phantasierte die Ursache seines Leidens, typisch für Eifersucht, da der Eifersüchtige sich stets Vorstellungen macht, die mit der seelischen Realität der anderen Beziehung in der Regel nur wenig zu tun haben.

Daniel erlebt körperliche Annäherungen sehr stark und lustvoll, anders als Marc. Marc ist erstens ambivalent, weil er seine Bedürfnisse nicht in die Beziehung einbringen kann, und zweitens leidet er deshalb oft an Enttäuschungszorn. Folglich ist die Situation mit Sylvie unoffen und wenig sensibel.

Im Übrigen sagt Daniel Dinge spontan und aus freier Phantasie. Wenn sie zu Daniel sagt: «Ich liebe dich», antwortet er: «Und ich möchte zehn Kinder mit dir haben.» Das sei bei ihm nur ein schönes Spiel der Phantasie und stehe nicht unter dem Druck, Realität zu werden. In der Beziehung zu Marc sei das ganz anders, alles bekomme sofort ein Schwergewicht, weil selbstverständlich die Beziehung zwischen Marc und Sylvie unter ganz anderen inneren Gesetzen stehe, kurz: bedeutender sei.

Dritter Schritt: Welcher gemeinsame Nenner lässt sich in der Vorstellung von Marc und Sylvie entdecken?

Antwort: Es ist die Kernvorstellung von beiden, dass die offene spontane Äußerung der eigenen Bedürfnisse in der Beziehung

Sylvie–Marc zu gering ausgeprägt ist. Die Sehnsucht und das Entwicklungsziel des gemeinsamen Unbewussten, also der Beziehung, bestehen darin, ein noch größeres Opening-up zu erreichen. Dieses Opening-up hätte zur Folge, dass jeder von beiden besser zu sich stehen lernt.

Vierter Schritt: Warum geschieht beiden das jetzt? Warum sorgen beide dafür, dass Sylvie eine parallele Liebesbeziehung hat?

Antwort: Ganz offensichtlich ist die vorangegangene Entwicklung von Sylvie und Marc, die erstaunlich in Richtung Offenheit geht und nach jahrelanger erotischer Abstinenz nun zu einer erotisch erfüllten Beziehung führte, an einen Punkt gekommen, in dem das Leiden an einer immer noch zu geringen inneren Offenheit (Selbstoffenheit) deutlich wird. Beide Partner wünschen sich eine größere Selbstoffenheit, können sie aber bislang in ihrer Beziehung nicht realisieren.

Die Beziehung zu Daniel ist ein Übungsfeld, auf dem das erworben und erlebt wird, was sich in der Beziehung zu Marc noch nicht realisieren lässt. Die neue Verliebtheit wird ein Katalysator für die eigentliche Beziehung.

Katalysator nennen die Chemiker einen Stoff, der durch seine Anwesenheit Reaktionen hervorruft oder in ihrem Lauf beeinflusst, selbst aber unverändert bleibt. Ich finde den Begriff «Katalysator» für eine Ausweichbeziehung treffend. In der Regel geht eine katalytische Wirkung allerdings verloren, weil die meisten Paare konkurrierende Beziehungen ausschließlich moralisch handhaben.

Verblüffende Psychodynamik:
Emanzipation, Idealselbst, Reinszenierung

Aushäusige Verliebtheiten verdichten mehrere Vorgänge in der unbewussten Beziehung des Paares, nämlich erstens den Versuch, sich gemeinsam zu emanzipieren; zweitens die doppelte, zwiespältige Beziehung zum erreichbaren und zugleich unerreichbaren Idealselbst und drittens die Reinszenierung unverarbeiteter Kindheitsbeziehungen.

Emanzipation zu zweit

In etwa 80 Prozent der Fälle dient nach meiner Erfahrung eine aushäusige Verliebtheit als emanzipatorischer Entwicklungsschritt für beide. Was ihnen miteinander nicht gelingt, wird durch den Umweg über eine andere Person gelöst. Jede Emanzipation vollzieht sich als seelische Ablösung, die nicht mit einer Trennung gleichgesetzt werden darf. Für viele sieht sie allerdings täuschend ähnlich aus. Das Paar inszeniert also eine Beziehung mit den beiden dazugehörigen Rollen: Einer übernimmt die Position der verlassenen Mutter mit allen Schmerzen, der andere die Rolle desjenigen, der sich ablöst und in die weite Welt geht. Feste Beziehungen bieten sich deswegen dafür an, weil sich in ihnen die Geborgenheit bietende Mutterbeziehung beiderseits stabil etabliert hat. Das ist notwendige Voraussetzung für die seelische Ablösung.

Können Paare den tiefen Schmerz und die schneidenden Schuldgefühle ertragen – was in der Tat schwer ist –, dann sind sie auch in der Lage, den emanzipatorischen Entwicklungsgang zu begleiten. Ich empfehle, nichts an dem Geschehen durch Eingriffe zu erzwingen, sondern den Dingen der Verliebtheit ihren Lauf zu lassen. Man kann ja ohnehin dem anderen Gefühle nicht vorschreiben. Man muss sich deswegen aber auch nicht trennen, sollte im Gegenteil in Gesprächskontakt bleiben – am besten in Zwiegesprächen – und Woche für Woche beobachten, wie sich die Verhältnisse wandeln. Von heute auf morgen ändert sich wenig, aber von Vierteljahr zu Vierteljahr in der Regel schon. Die reißende Ungeduld als Folge der großen seelischen Spannungen ist auf beiden Seiten der größte Widersacher eines konstruktiven Austragens. Es handelt sich um eine seelische Geburt, die ihre Zeit braucht.

Empört fragte eine Frau in der Paargruppe, ob das nun heißen solle, dass man nur mit aushäusigen Verliebtheiten weiterkommt. Das nun gewiss nicht! Den meisten Paaren gelingt meistens die Entwicklung ohne einen Dritten. Wer allerdings so aggressiv wie die erwähnte Frau fragt, muss sein Fragen hinterfragen lassen. Es könnte gut eine Projektion vorliegen – man könnte vermuten, dass sie sich mit ihrem Partner ebenfalls in einer Sackgasse befindet und ein unbewusstes Drängen zu einem dritten Partner schon im Gang ist.

Erreichbares und unerreichbares Idealselbst

Der psychoanalytische Hintergrund ist komplexer: Der Rivale trägt immer die Züge des eigenen unerreichbaren Idealselbst, der nagende oder rasende Schmerz gibt diese innerseelische Qualität der Beziehung wieder. Bemerkenswerterweise entspricht aber beim anderen, verliebten Partner die neue Beziehung ebenfalls der Beziehung zum Idealselbst. Allerdings erlebt er das Glück, es erreichen zu können und mit ihm zu verschmelzen. Der gemeinsame Nenner könnte also in dieser strukturellen Perspektive immer lauten: Wir beide inszenieren die Beziehung zu unserem Idealselbst, genauer die hohe Ambivalenz, die in ihr begründet ist: den inneren Neid wegen seiner absoluten Unerreichbarkeit und die innere Seligkeit wegen seiner Erreichbarkeit. Diese Gegensätzlichkeit scheint nötig, damit das Idealselbst mit komprimierter Lust und Unlust einen hohen Entwicklungsreiz für das Selbst bietet.

Das Paarleben ist von morgens bis abends eine Folge von Reinszenierungen

Schließlich kleidet sich die gesamte Situation lebensgeschichtlich ein. Sie entspricht stets einer Reinszenierung konflikthafter früher Beziehungen, um sie in dieser Neuauflage vielleicht der Lösung ein Stück näher zu bringen. An einem Beispiel wird das wenigstens von einer Seite her deutlich:

Platz für einen Mann habe ich nur beim Zubettgehen und Einschlafen

Johannes und Susanna sind ein erotisch ideales Paar. Sie verschmelzen seelisch miteinander. Susanna liebt Johannes nach wie vor, und auch Johannes empfindet die Sexualität als vollkommen. Und doch gibt es Schwierigkeiten. Susanna hat ein ausschweifendes Einkaufsverhalten und trinkt zu viel. Johannes hat einen Säufer als Vater gehabt, den er mit zwölf Jahren zum ersten Mal am Heiligabend daran hindern konnte, seine Frau zu schlagen. Zur Zeit sieht die Lage so aus: Johannes lebt nach wie vor mit Susanna zusammen, hat aber konstant seine Beziehung zu Valerie.

Valerie ist sehr viel jünger als Johannes, und es sieht auf den ersten Blick klischeehaft aus: Der Mann nimmt sich eine junge

Geliebte. Aber in diesem Fall kann sogar Susanna erkennen: Nicht die Jugend ist es, sondern etwas ganz anderes: ein wesentliches seelisches Moment.

Wir gehen wieder vier Schritte:

1. Susanna ist sehr eifersüchtig, weicht allerdings mit dieser Wut auch vom eigentlichen Schmerz ab. Sie findet Valerie doof und dick und kommt nicht auf den nagenden Schmerz. Dieser nagende Schmerz wird durch eine seelische Eigenschaft hervorgerufen, die Valerie ihr wirklich voraushat. Erst nach tausendfachem Herumkreisen entdeckt Susanna in Valerie ein für sie unerreichbares Moment: «die Unverfrorenheit», mit der Valerie vor ihren Augen mit ihrem voluptuösen Körper an Johannes vorbeistreift.

2. Johannes erlebt in Valerie vor allem eines: seelische Sicherheit. Es gibt kein Schwanken, er kriegt nicht aus irgendeiner Sektlaune heraus plötzlich die Koffer vor die Tür geschmissen.

3. Der gemeinsame Nenner enthüllt sich erst nach einigen weiteren Aussagen über die «Unverfrorenheit». Es sieht nämlich so aus, als ob in der «Unverfrorenheit», die Susanna als eine nicht mehr angepasste Ausdrucksform von Aggressivität und Durchsetzungsvermögen ansieht, eine Attacke gegen die Mutterfigur enthalten ist. Die Mutter von Susanna aber schützte die Kinder immer vor dem Vater. Lange Zeit sah Susanna ihre Mutter als den Menschen, der dem Vater Paroli bieten kann. Sehr enttäuscht war sie mit achtzehn, als sie feststellte, dass ihre Mutter einfach Angst hatte und ihre Kinder ganz und gar nicht in Schutz nahm. Ihr Idealbild aber war in der ganzen Kindheit eine «unverfrorene» Mutter, die sich dem Vater widersetzte. Den Vater erlebt sie als so unterdrückend, dass sie häufig Magenschmerzen bekommt. Jedoch gelingt es ihr

nicht, diese unmittelbare aggressive Seite in sich hervorzukehren – wie sie es bei Valerie erlebt.

Es wird dann der gemeinsame Nenner deutlich: eine unmittelbare, stabile Beziehung zu sich selbst, die sich so lebt, wie man ist. Das wünschen sich beide.

4. Warum gerade jetzt? Susanna bemerkte, dass nur diese aushäusige Verliebtheit sie dazu gebracht habe, sich wirklich zu fragen, ob sie mit Johannes zusammenbleiben wolle. Sie habe in ihrem Leben eigentlich nur einen einzigen, schmalen Platz für den Mann gehabt: beim Zubettgehen und Einschlafen. Sie habe sich nicht energisch genug auf ihn und damit auch auf sich eingelassen. Die Beziehung hat sich also wegen der Verliebtheit von Johannes zu einer höheren Stabilität im Sinne einer verlässlicheren Selbstbindung emanzipatorisch entwickelt.

Das besondere Moment ist hier, dass eine Reinszenierung deutlich sichtbar wird. Das gerade noch beherrschte Trinken von Susanna und ihre schnell daraus folgende Unberechenbarkeit und Haltlosigkeit entsprechen genau dem Vaterbild, unter dem Johannes so sehr gelitten hat. Es ist offenkundig, dass dieses Verhalten zu seiner Verliebtheit beiträgt. Es ist ebenso offenkundig, dass er unbewusst an diesem Trinken mit beteiligt ist. Es liegt also auch hier – wie bei allen derartigen Ereignissen – eine Reinszenierung vor. Die Wiederbelebung der ödipalen Dreieckssituation geht damit einher.

Emanzipationsimpulse, Idealselbstbeziehungen und Reinszenierungen der traumatischen Familiensituation mischen sich also stets im Geschehen der aushäusigen Verliebtheit. Die gleichen Schritte kann man natürlich umgekehrt auch von der Verliebtheit aus gehen – so etwa für die seltenen Fälle, in denen beide sich in denselben oder dieselbe verlieben.

Versanden

Nicht alle Hebungen gelingen

Eine Frau und ein Mann erleben eine dramatische aushäusige Verliebtheit. Der Mann verliebt sich in eine Arbeitskollegin, mit der er täglich zusammen ist. Die Ehefrau ist steinhart: Die Geliebte muss verschwinden, sonst würde sie sich von ihm trennen. Sie hat keinerlei Fähigkeiten, zu hinterfragen, warum die aushäusige Verliebtheit zu Stande kam, was ihre Beziehung zu ihrem Mann dazu beitrug und, vor allem, welchen unbewussten Gewinn sie selbst von dieser aushäusigen Verliebtheit hat.

Monatelang zögerte ich, das Paar mit in die Gruppe zu nehmen, weil sich auf eine eigentümliche Weise – insbesondere bei dem depressiv wirkenden Mann – das Mitteilungsbedürfnis nur wie ein Rinnsal durch die Paar-Einzelsitzungen zieht. Ich blieb skeptisch.

Eines Tages kommt das Paar wieder zu mir. Ich fordere sie – wie häufig zuvor – auf, jetzt ein Zwiegespräch zu führen. Es wird und wird nichts. Ich habe den Verdacht, das Paar will sich selbst etwas verheimlichen, will ausweichen, will sich an etwas nicht heranmachen. Das wird bestätigt durch die Tatsache, dass das Paar sich nicht zu einem Jour fixe und vereinbarten Zwiegesprächen aufraffen kann. Vielmehr haben sie eine andere Methode gefunden: Einmal in der Woche ergibt es sich, dass sie in eine lockere Verfassung kommen – und dann erklären sie das Gespräch nachträglich zu einem Zwiegespräch. Sie haben dadurch Gewinn gehabt: Sie seien offener miteinander, würden Dinge deutlicher aussprechen und spontaner formulieren. Allerdings erklären sie, Zwiegespräche zu einem festen Zeitpunkt seien irgendwie künstlich, und bekunden damit den bekanntesten Widerstand. Aber auch bei diesem spontanen Miteinanderreden wisse der Mann kaum etwas zu sagen. Die Frau sei Lehrerin, ihr Arbeitswerkzeug sei das Wort, sie habe es leichter.

Ich bin entsetzt darüber, wie oberflächlich das Gespräch bleibt. Was bewegt beispielsweise die Frau am stärksten? Handwerker im Haus! Warum bewegt sie nicht am stärksten, dass ihr Mann sich einer Geliebten zugewandt hat und damit doch, so sieht sie es selbst, von ihr, der Ehefrau, abgewandt hat?

Was stellt sich heraus? Die aushäusige Verliebtheit hat große Verwundung, starken Schmerz und heftige Schuldgefühle hervorgerufen. Das Paar hat sich jedoch zweifach geeinigt: Zum einen trennt sich der Mann von der Geliebten und entlässt sie aus dem Arbeitsverhältnis, zum anderen reden beide darüber ganz wenig. Sie sehen ihre Aufgabe jetzt darin, die positiven Momente ihrer Beziehung erstarken zu lassen – vielleicht, damit sie später diese offensichtlich sehr traumatisierende Situation wieder aufnehmen. Der Mann gibt an, depressiv zu sein. Ich spüre, dass er sehr viel Wut nach innen kehrt und dass seine Selbstentwertung eine große Rolle spielt.

Ich erwähne vor allem die Eifersucht. Die Frau hat ein kurioses Konzept von Eifersucht: Wenn der Mann wirklich etwas mit einer anderen Frau hat, dann sei es keine Eifersucht. Eifersucht entstehe nur, wenn sie sich einbilde, er habe etwas. Das andere sei einfach Betrogenwerden. Es ist nicht möglich, mit ihr darüber zu sprechen, dass sie sich diese Realität ja in einer ganz bestimmten Weise vorstellt und dass diese wichtigen Vorstellungen reflektiert werden könnten. Ich versuche, ihnen die «Hebung des Schatzes der Eifersucht» noch einmal nahe zu legen. Ich habe aber das Gefühl, entweder wollen sie nicht an dieses Thema rühren oder sie sind schlicht unfähig, das zu tun.

Wäre Letzteres wirklich der Fall, dann wäre dies ein Beispiel für Zwiegesprächsunfähigkeit, also für jene seltenen Paare, die von Zwiegesprächen keinen Gewinn hätten.

Andernfalls müsste man annehmen, dass sie sehr wohl ihre seelische Entwicklung in Gang setzen könnten, sich aber davor zu sehr scheuen. Ihre Vermeidung von Zwiegesprächen bedeutet dann einfach, dass sie sich dem unbewussten Konflikt wie Defekt unter tausend Rationalisierungen nicht zuwenden wollen.

Harte Klippe

Der Mut zum Bild des überlegenen Rivalen

Verständlich, dass es wohl jeden Menschen Mühe kostet, den Konkurrenten oder die Rivalin in das Bild der absoluten Überlegenheit zu fassen. Deshalb als «Ermutigung zur Verzweiflung» zwei erfrischend offene Beispiele:

Das Schneetreiben

Gemütlich und von jenem unvergleichbaren Witz, der bei denen aufkommt, die von zahllosen inneren Ängsten getrieben sind, sieht sich Dietrich, Jahrzehnte in seine Jugend zurückblickend, an einem Rodelabhang neben seiner damaligen Geliebten und heutigen Frau, Angela, stehen, den Schnee verachtend, in verdrießlicher Distanz zum fröhlichen Treiben. Neben der wilderen Dame seines Herzens taucht nun gezielt und lästig der Rivale auf und stellt sich auf der anderen Seite dazu.

Während Dietrich diese Szene in der Paargruppe aus dem Vergessen holt, antwortet er auf allzu gewundene und immer wieder vorbeizielende Versuche Eifersüchtiger, den schwarzen Punkt zu treffen.

«Ich habe mit Schnee nie etwas am Hut gehabt, ganz im Kontrast zu Angela. Plötzlich packt mein ärgster Widersacher sie, die auf ihn ohnehin ein Auge geworfen hat, um die Hüfte und stürzt sich mit ihr jubelnd und rollend die abschüssige Bahn bis zum fernen Ende hinunter. Dem habe ich bis heute nichts entgegenzusetzen.»

Die Abweisung

Franz Kafka notierte das Bild des imaginären Rivalen:

«Wenn ich einem schönen Mädchen begegne und sie bitte: ‹Sei so gut, komm mit mir› und sie stumm vorübergeht, so meint sie damit:

‹Du bist kein Herzog mit fliegendem Namen, kein breiter Amerikaner mit indianischem Wuchs, mit waagerecht ruhenden Augen, mit einer von der Luft der Rasenplätze und der sie durchströmenden Flüsse massierten Haut, du hast keine Reisen gemacht zu den großen Seen und auf ihnen, die ich weiß nicht wo zu finden sind. Also ich bitte, warum soll ich, ein schönes Mädchen, mit dir gehen?›»

Feinstes Selbstverstricktsein

«Der Kluge ist unglücklich, wenn er nicht über neue Gedanken nachsinnt. Der Beredsame ist unglücklich, wenn er kein Gespräch führt. Der Tüchtige ist unglücklich, wenn er nicht mit Schwierigkeiten zu kämpfen hat. Sie alle vergraben sich in materielle Dinge. Der Retter des Vaterlandes möchte sein Vaterland stark machen. Der Akademiker aus dem Mittelstand möchte zu Amt und Würden gelangen. Der tapfere Kämpfer möchte seinen Mut im Ernstfalle beweisen. Der Mutige möchte sich in schwierigen Lagen freiwillig bewähren. Der Soldat liebt den Kampf. Der stille Gelehrte liebt den Ruhm. Der Jurist studiert Staatswissenschaften. Der Schüler des Zeremoniells achtet auf sein Aussehen. Der Mann der Menschlichkeit und Gerechtigkeit widmet seine Zeit dem Umgang mit Menschen. Der Bauer ist nicht glücklich, wenn er nicht sein Feld bebaut; der Kaufmann ist nicht glücklich, wenn er nicht auf dem Markt Geschäfte macht. Der Alltagsmensch ist voll Betriebsamkeit, wenn er morgens und abends in seinen Mußestunden etwas zu tun findet, und der Handwerker fühlt sich wohl, wenn er mit seinen Werkzeugen arbeitet. Der habsüchtige Reiche fühlt sich bedrückt, wenn er keinen Reichtum anhäuft, und der Ehrgeizige ist enttäuscht, wenn er keine Machtstellung erlangt. Solche Menschen, die sich mit menschlichen Angelegenheiten befassen, beobachten freudig den Wechsel der Umstände und den Eintritt günstiger Gelegenheiten, und wann immer sie etwas tun können, wann immer sich die Möglichkeit bietet, etwas zu tun, können sie nicht stillhalten. Und so gehen diese Leute jahraus, jahrein in ihrer Tretmühle, in ihre eigenen Angelegenheiten verstrickt, und können nicht heraus. Sie lassen ihre körperlichen Begierden mit sich durchgehen und bleiben in die tausendundeine Angelegenheiten verstrickt, bis sie sterben. – Wie traurig.»

Tschuang-Tse vor 2350 Jahren

Anmerkungen

Seite 7: «Ich habe mir oft gedacht, . . .»: Tardieu, Jean (1944–1965, deutsch 1979) Mein imaginäres Museum. Frankfurt (Suhrkamp), Seite 5. Tardieu saß monatelang vor einem Meistergemälde, ohne irgendetwas zu notieren, bis er schließlich dazu in kürzester Zeit einen seiner brillanten Essays niederschrieb. Ich meine mit diesem Motto, dass jede unserer Wahrnehmungen der so genannten Wirklichkeit durch unsere *lebensgeschichtliche Brille* gesehen ist und sich in dieser «Realitätsverpackung» die verlorene Sprache unseres ursprünglichen Selbst verbirgt.

Seite 9: «. . . Dyalog . . .»: Wie einst diesen Begriff selbst, so verdanke ich meinem Lektor und Freund Hermann Gieselbusch auch diesen Prolog und freue mich über unsere schöpferische Zusammenarbeit seit 25 Jahren.

Seite 14: «. . . Am schwersten lässt sich . . .»: Lec, Stanislaw Jerzy (1996), Sämtliche unfrisierte Gedanken. Übersetzt von Karl Dedecius. Frankfurt (zweitausendeins), Seite 386

Seite 17: «Nicht weil die Dinge . . .»: gelesen im Intercity, Sommer 1998. Deutsche Eisenbahnreklame, Kassel.

Seite 19: «Paargruppen-Wochenenden, in denen je sechs Paare . . .»: Sie finden etwa alle Vierteljahr von Freitag 13 Uhr bis Sonntag 19.15 Uhr mit insgesamt vierzehn Gruppensitzungen statt und stellen für mich die mit Abstand beste Chance dar, die eigene Beziehung auf neue Art zu entwickeln. (Kontakt siehe Adresse bei den Paarbriefen)

Seite 22: «Das Verhältnis der Geschlechter . . .»: Arthur Schopenhauer (1844) Die Welt als Wille und Vorstellung, Viertes Buch, Kapitel 44: Metaphysik der Geschlechtsliebe. In: A. S., Werke in fünf Bänden, hg. v. L. Lütkehaus. Haffmans-Ausgabe, 1991, Zürich (Haffmans) Band II, S. 638

Seite 22: «Die Ehe ist eine . . .»: Lec, Stanislaw Jerzy (1996), Sämtliche unfrisierte Gedanken. Übersetzt von Karl Dedecius. Frankfurt (zweitausendeins), Seite 17

Seite 22: «. . . Forschungen der Beziehungsmedizin . . .»: siehe Extraseite zur Beziehungsmedizin, S. 24

Seite 23: «. . . Partnerschaftsoffensive . . .»: Bundesministerium für Jugend, Familie, Frauen und Gesundheit (1988) Geschlechtsrollen im Wandel. Partnerschaft und Aufgabenteilung in der Familie. Schriftenreihe Band 235. Bonn. Seite 96

Seite 24: «. . . Dietrich von Holst . . .»: Holst, Dietrich von (1997), Stress, Health and the Social Environment. Acta Physiologica Scandinavica 161, Suppl. 640, S. 77–82

Seite 24: «James Lynch . . .» vergleiche Lynch, James (1979) «Das gebrochene Herz» Reinbek (Rowohlt)

Seite 24: «James Pennebaker . . .» Pennebaker, James (1989, deutsch 1991) Opening up. The Healing power of confiding in others. New York (Morrow). Übersetzung: Sag mir, was dich bedrückt. Düsseldorf (Econ)

Seite 24: «Dean Ornish . . .» Ornish, Dean (1998) Love and Survival. New York (HarperCollins). Übersetzung (1999) Heilen durch Liebe. Die revolutionäre Therapie. Augsburg (Mosaik)

Seite 24: «Einfluss der Beziehungsqualität auf Gesundheit und Krankheit . . .»: Kiecolt-Glaser, J. K., Fisher, L. D., Ogrocki, P., Stooukt, J. C., Speicher, C. E., Glaser, R. (1987 a) Marital quality, marital disruption, and immune function. Psychosomatic Medicine 49: 13–43.
Und: Kiecolt-Glaser, J. K., Newton, T., Cacioppo, J. T., MacCallum, R. C., Glaser, R. und Malarkey, W. B. (1996) Marital Conflict and endocrine function: Are men really more physiologically affected than women? J. Consult. and Clinical Psychology 64: 324–332

Seite 24: «Der entscheidende gesundheitspolitische Schluss . . .»: vergleiche dazu meine Arbeiten (im Erscheinen):
Aspekte der Beziehungsmedizin. Einblicke in die medizinische Bedeutung heilender und krankmachender Paarbeziehungen
Zur Epidemiologie der Beziehungsmedizin
Beiträge zur Beziehungsmedizin. Gesundheit als Kennzeichen von Paarqualität
Zur Theorie der Beziehungsmedizin. Versuch einer Bestandsaufnahme
Blackout der Medizin. Paardynamik in Gesundheit und Krankheit, ein neues Paradigma
Beziehungsmedizin. Paarorientierung in Gesundheit und Krankheit

Seite 25: «Das Buch ist ein Garten . . .»: arabisches Sprichwort

Seite 25: «Das Leben nimmt dem Menschen . . .»: Lec, Stanislaw Jerzy (1996) Sämtliche unfrisierte Gedanken. Übersetzt von Karl Dedecius. Frankfurt (zweitausendeins), Seite 25

Seite 25: «. . . Sehnsucht nach Erfüllung . . .»: vergleiche von soziologischer Seite den gleichen Schluss: Beck, U.; Beck-Gernsheim, E. (1990): Das ganz normale Chaos der Liebe. Frankfurt (Suhrkamp)

Seite 25: «. . . die ‹Zeitdiebe› ausfindig machen . . .» – Seiwert, Lothar J. (1996) Das neue 1 x 1 des Zeitmanagements. Offenbach (Gabal)

Seite 26: «an Bedeutung heute übertreffe: dem *Zeitwohlstand*»: Millennium Tage, 5. Zukunftskonferenz in Kassel unter dem Titel «Die Zukunft der Zeit». Bericht der Frankfurter Rundschau vom 22. 10. 99.

Seite 26: «. . . Verleugnen und Beten . . .»: Gurin, J. Veroff; Feld, S. (1960) Americans view their mental health. Joint Commission on mental Illness and Health. Monograph, Series Nr. 4, New York (Basic Books)

Seite 27: «. . . Idealisierung und hohen Erwartungen . . .»: Wallerstein, Judith und Sandra Blakeslee (1996) Gute Ehen. Wie und warum die Ehe dauert. Weinheim (Beltz Quadriga)

Seite 27: «. . . die resignative Passivität – ist nachgewiesenermaßen . . .»: Wolf, Werner (1988) Alltagsbelastung und Partnerschaft. Bern (Huber)

Seite 28: «. . . zur Entwicklung der Paargruppenanalyse . . .»: Im Rahmen des Sonderforschungsbereiches 32 am Zentrum für Psychosomatische Medizin des Universitätsklinikums Gießen.

Seite 29: «. . . Nur wer die Liebe meidet . . .»: Worden, J. William (1982, deutsch 1986) Beratung und Therapie in Trauerfällen. Ein Handbuch. Bern (Huber), zitiert nach Seite 9

Seite 31: «. . . Auch ein Weg von tausend Meilen . . .»: chinesisches Sprichwort

Seite 32: «. . . politischen Anwendung in deutsch-deutschen Zwiegesprächen . . .»: Moeller, Michael Lukas, und Hans-Joachim Maaz (1991, 1997) Die Einheit beginnt zu zweit. Berlin (Rowohlt · Berlin)

Seite 32: «. . . erotischen Zwiegesprächen . . .»: Moeller, Michael Lukas (1996, 2000) Worte der Liebe. Erotische Zwiegespräche. Ein Elixier für Paare. Reinbek (Rowohlt Taschenbuch)

Seite 32: «. . . Windrosen der Wirkungen . . .»: Windrosen der Wirkungen und des Widerstandes sind auch als farbige Postkarten zu beziehen über dyalog, Sekretariat Doris Heuser, Falltorstr. 4, D-35398 Giessen-Lützellinden. Tel.: 0 64 03/ 7 79 02 94, Fax 0 64 03/59 41, e-mail: Doris.Heuser@-online.de

Seite 33: «. . . Quartett der Zwiegesprächsbücher . . .»: Moeller, Michael Lukas (1986, 2000) Die Liebe ist das Kind der Freiheit. Reinbek (Rowohlt); (1988, 2000) Die Wahrheit beginnt zu zweit. Das Paar im Gespräch; (1996, 2000) Worte der Liebe. Erotische Zwiegespräche. Ein Elixier für Paare. Und dieses Buch.

Seite 34: «. . . Immer wird es Eskimos geben . . .»: Lec, Stanislaw Jerzy (1996) Sämtliche unfrisierte Gedanken. Übersetzt von Karl Dedecius. Frankfurt (zweitausendeins), Seite 38

Seite 35: «. . . durch psychoneuroimmunologische Forschungen . . .»: Kiecolt-Glaser, J. K., Fisher, L. D., Ogrocki, P., Stooukt, J. C., Speicher, C. E., Glaser, R. (1987 a) Marital quality, marital disruption, and immune function. Psychosomatic Medicine 49: 13–43.
Und: Kiecolt-Glaser, J. K., Newton, T., Cacioppo, J. T., MacCallum, R. C., Glaser, R. und Malarkey, W. B. (1996) Marital Conflict and endocrine function: Are men really more physiologically affected than women? J. Consult. and Clinical Psychology 64: 324–332

Seite 35: «. . . James Lynch . . .»: Lynch, James (1977, deutsch 1979) Das gebrochene Herz. Reinbek (Rowohlt)

Seite 35: «. . . James Pennebaker . . .»: Pennebaker, James (1989) Opening up. The Healing power of confiding in others. New York (Morrow) – deutsch 1991 unter dem unglücklichen Titel: Sag mir, was dich bedrückt. Düsseldorf (Econ Taschenbuch)

Seite 35: «. . . Dean Ornish . . .»: Ornish, Dean (1999) Die revolutionäre Therapie: Heilen mit Liebe. Augsburg (Mosaik). Das Buch fand durch eine Titelgeschichte des US-amerikanischen Magazins Newsweek breite Beachtung.

Seite 35: «. . . unendliche Analyse . . .»: Freud, Sigmund (1934, 1964) Die endliche und die unendliche Analyse. Gesammelte Werke, Band 16, Seite 57–99. Frankfurt (Fischer)

Seite 35: «. . . seelischen Eigenschaften der nächsten Generation . . .»: In meinen eigenen Studien zur Beziehungsmedizin (siehe oben, Anmerkung Seite 24) nenne ich diese Verantwortlichkeit für die kommende Generation im seelischen Bereich die quartäre Prävention, weil mit den besseren psychischen Fundamenten – Kinder übernehmen durch unvermeidliche Identifikation schon im frühen vorkritischen Alter die Grundstrukturen ihrer Eltern – auch eine gemeinschaftsfähigere und gesündere Nachkommenschaft heranwächst.

Seite 37: «. . . vielmehr moralische Aktivisten . . .»: Hurvitz, Nathan (1974) Peer self-help psychotherapy groups: Psychotherapy without psychotherapists. In: Roman,

Paul M.; Harrison M. Trice (Hg.) The sociology of psychotherapy. New York (Jason Aronson)

Seite 37: «Ihre therapeutische und aufklärerische Funktion . . .»: Thomä, Helmut, und Horst Kächele (1985, 1996) Lehrbuch der psychoanalytischen Theorie. Band 2 Praxis. Berlin (Springer), Seite 362

Seite 37: «. . . sechs von zehn deutschen Paarformationen . . .»: Brähler, Elmar, Ernst, R., Brähler, Christa (1986) Typische Paarbeziehungsstrukturen im Gießen-Test. Psychother. Psychosom. med Psychol. 36/6: 187–198

Seite 38: «. . . Psychoanalyse sei eine Einpersonenpsychologie . . .»: Thomä, Helmut, und Horst Kächele (1985, 1996) Lehrbuch der psychoanalytischen Theorie. Band 1 Grundlagen. Berlin (Springer), vergleiche den Überblick Seite 90 ff.

Seite 38: «. . . Henry Dicks entdeckte . . .»: Dicks, Henry (1963) Marital Tensions. New York (Basic Books).

Seite 39: «. . . Jürg Willi mit seinen einprägsamen Büchern . . .»: Willi, Jürg (1975) Die Zweierbeziehung. Reinbek (Rowohlt Taschenbuch)

Seite 40: «. . . *Alle unter dem Himmel können Schönes* . . .»: Laotse (ca. 450 v. Chr.) Tao Te King. Zweiter Vers, Zeilen 1–2, übersetzt von Gia-Fu Feng, aus dem Englischen von Sylvia Luetjohan, Zürich 1981 (Irisiana)

Seite 40: «. . . Katherine Mansfield schrieb . . .»: Mansfield, Katherine (1995, herausgegeben von Ida Schöffling) Über die Liebe. Frankfurt (Fischer), Seite 2.

Seite 41: «. . . Stavros Mentzos . . .»: Mentzos, Stavros (1996) Die Dialektik der anthropologischen Grund-Polaritäten und die Notwendigkeit einer partiellen Revision der Kulturtheorien von S. Freud und N. Elias. Unveröffentlichtes Vortragsmanuskript

Seite 41: «. . . Erfassen rotierender Körper (bei Männern) . . .»: Huttner, Hans (2000) Die Veränderung von Maskulinität und Feminität durch Paargruppenanalyse. Med. Diss. Frankfurt/Main, Seite 12.

Seite 42: «. . . Ursprung ist tausendfältig . . .»: Nietzsche, Friedrich (1884, 1988) Also sprach Zarathustra. Dritter Teil. Auf dem Oelberge. In: Sämtliche Werke. Kritische Studienausgabe (Hg. Giorgio Colli und Mazzino Montinari) Band 4. Berlin, New York (dtv/de Gruyter), Seite 219

Seite 43: «. . . Das Universum ist einfach noch . . .»: zitiert nach Sens, Eberhard, Neue kosmologische Perspektiven. Psychologie heute 7, 1994, Seite 82

Seite 44: «. . . Gleichzeitigkeit eines zehn- und elfdimensionalen Raumes . . .» Weinberg, Steven (1999) Interview in Der Spiegel 30/1999: Seite 191–194. Hier: Seite 193

Seite 44: «. . . Dietrich Dörner . . .»: Dörner, Dietrich (1976): Problemlösen als Informationsverarbeitung. Stuttgart (Kohlhammer)

Seite 44: «. . . das Ufer unseres Nicht-Wissens . . .»: zitiert aus Weinberg, Steven (1999) Interview in Der Spiegel 30/1999: Seite 192.

Seite 44: «. . . Die Menschen dieser Welt . . .»: Lin Yutang (Hg. 1948, deutsch 1955) Laotse. Frankfurt (Fischer Taschenbuch), Seite 156

Seite 45: «. . . die Einheit von Heiterkeit und Ernst . . .»: Ich entnehme diese und die vorigen Formulierungen einem Text mit dem Titel «Die Treppe schwingt» über den Kulturphilosophen Dieter Henrich von Jürgen Kaube in der FAZ vom 22. Juli 1998, Seite N6.

Seite 46: «... Ehepaare sind ...»: Aus dem Film «Pappa ante portas» von Victor von Bülow 1990/91

Seite 46: «... Kein Halt, der währt ...»: Formulierung des literarischen Kabaretts *Faltsch Wagoni*

Seite 46: «... Untergang verbindlicher Verhaltensweisen ...»: Schmidt, Gunter (1996): Das Verschwinden der Sexualmoral. Hamburg (Klein)

Seite 46: «... Wenn der erste Beruf des Menschen ...»: ein Satz des Filmemachers Malte Rauch, siehe Moeller, Michael Lukas (1988, 2000) Die Wahrheit beginnt zu zweit. Reinbek (Rowohlt), Seite 75

Seite 46: «... Beziehungsarbeit ...»: vergleiche Blanke, Karen; Manfred Ehling; Norbert Schwarz (1996) Zeit im Blickfeld. Ergebnisse einer repräsentativen Zeitbudgeterhebung. Stuttgart (Kohlhammer) (zu beziehen über den Hg. Bundesministerium für Familie, Senioren, Frauen und Jugend. Schriftenreihe Band 121), Seite 28 ff.; I. Kettschau (1980) Wieviel Arbeit macht ein Familienhaushalt? Dissertation Dortmund; Thiele-Wittig, M. (1987) «... Der Haushalt ist fast immer betroffen ...» Neue Hausarbeit als Folge des Wandels der Lebensbedingungen. Hauswirtschaft und Wissenschaft, Heft 5, S. 203–211; von Schweitzer, R. (1988) Lehren vom Privathaushalt. Frankfurt (Campus); Küster, Ch. (1994) Leistungen von privaten Haushalten und ihre Erfassung in der Zeitbudgetforschung. Baltmannsweiler

Seite 46: «... Langsam gerät sie ...»: vergleiche vorige Anmerkung. Blanke u. a. (1996) a.a.O.

Seite 47: «... pro Tag nur noch vier Minuten ...»: Priority Management Pittsburgh Inc. (1988) Three Times Study. Pittsburgh

Seite 47: «... ein deutsches noch weniger ...»: vergleiche Blanke u. a. (1996) a.a.O., S. 313, Gespräche persönlichen Inhalts: 5 Minuten täglich bei Frauen, 4 Minuten bei Männern, jedoch nicht nur mit dem Partner, sondern mit allen Personen des Umfeldes.

Seite 47: «... Lust am Abnehmen ...»: vergleiche Schmidt, Gunter (1996 a) Paartherapie bei sexuellen Funktionsstörungen. In: Sigusch, Volkmar (Hg.) (1996) Sexuelle Funktionsstörungen und ihre Behandlung. Stuttgart (Thieme), Seite 180–199. Hier Seite 182: Tabelle 1. Seit Mitte der 70er Jahre hat die Lustlosigkeit der Frauen, die in die sexualmedizinische Beratungsstelle oder Poliklinik kamen, von 10 Prozent auf 60 Prozent zugenommen. Nicht so bei den Männern – weil sie dieses Moment paardynamisch den Frauen überließen.

Seite 48: «... So müsste man sich denn ...»: Freud, Sigmund (1912): Über die allgemeinste Erniedrigung des Liebeslebens. GW VIII, Seite 78–91

Seite 49: «... um etwa 400 000 Mark pro Kind benachteiligt ...»: Bundesministerium für Familie, Senioren, Frauen und Jugend (1998) Die Familie im Spiegel der amtlichen Statistik. Bonn.

Seite 49: «... Selbst das süßeste Kind kostet ...»: vergleiche Anmerkung Seite 49, Blanke u. a. (1996), Seite 179 ff.

Seite 49: «... masochistischen Verlustunternehmen ...»: zitiert nach der Titelgeschichte «Die Babylücke» in Der Spiegel 35/1999, Seite 44

Seite 49: «... ‹Führerschein› vor der Hochzeit ...»: Bundesministerium für Jugend, Familie und Gesundheit (1978) Elternführerschein. Schriftenreihe Band 59. Stuttgart (Kohlhammer). Ein Medienverbundprojekt, das sozialwissenschaftlich begleitet wurde. 12-teilige Serie im WDR-Fernsehen und weiteren Dritten Programmen.

Seite 49: «... bedeutendster Faktor für seelische und körperliche Gesundheit und Krankheit ...»: vergleiche dazu die Arbeiten zur Beziehungsmedizin, Anmerkung zu Seite 24.

Seite 50: «... Wenn du mich liebst ...»: Williams, Donna (1994 dt. 1994) Wenn du mich liebst, bleibst du mir fern. Hamburg (Hoffmann und Campe)

Seite 51: «... Lebensabschnittspartnerschaft ...»: Meiser, H. C.; Lermer, S. (1991) Lebensabschnittspartner. Frankfurt (Fischer)

Seite 51: «... Pendant zur Zeitarbeit ...»: vergleiche Trendletter (1999), Nr. 6, Seite 1, einleitender Brief: «Das Beschäftigungsverhältnis auf Zeit scheint das Modell für die Zukunft zu sein.»

Seite 51: «... Ehe ohne Trauschein ...»: Sozialwissenschaftliche Forschungsstelle der Universität Bamberg (1992). Bericht der Frankfurter Rundschau vom 20. 2. 92

Seite 51: «... Single-Revolution ...»: Bundesministerium für Familie, Senioren, Frauen und Jugend (1998) Die Familie im Spiegel der amtlichen Statistik. Bonn, Seite 67

Seite 52: «... Wer pro Tag nur vier Minuten ...»: Priority Management Pittsburgh Inc. (1988) Three Times Study. Pittsburgh

Seite 52: «... Reisefreizeit ...»: Für den Verzicht auf Kinder ermittelte das BAT Freizeit-Forschungsinstitut Hamburg an erster Stelle nicht den oft zitierten Leistungsdruck, sondern die Reiselust.

Seite 52: «... elternlose Gesellschaft ...»: Dessai, Elisabeth (1979) Auf dem Weg in die kinderlose Gesellschaft. Reinbek (Rowohlt)

Seite 53: «... deren Selbste vereint ...»: vergleiche dazu meinen Aufsatz. Moeller, Michael Lukas (1999) Über die Liebe, Zeitschrift für Individualpsychologie, 24. Jg., Seite 3–18

Seite 53: «... Volkmar Sigusch ...»: unauffällig in eine dpa-Meldung eingewoben

Seite 54: «... *Arthur Miller* ...»: Zitiert nach Maerker, Christa (1998) Marilyn Monroe, Arthur Miller. Reinbek (Rowohlt Taschenbuch), Seite 60

Seite 54: «... Einrichtungshäusern erworben ...»: das berühmte Eisenbett mit Handschellen im einstigen Magazin Frankfurts beispielsweise

Seite 54: «... Zeitungsannoncen ...»: zitiert nach Sigusch, Volkmar (1996) Der zerstreute Eros, Titelgeschichte. Der Spiegel 23/1996: Seite 130. Vergleiche auch: Sigusch, Volkmar (1998): Die neosexuelle Revolution. Über gesellschaftliche Transformationen der Sexualität in den letzten Jahrzehnten. Psyche LII, 12, Seite 1192–1234.

Seite 55: «... *Wildfremde sagen Wildfremden* ...»: dito

Seite 55: «... Bewusstsein längst maschinenhaft ...»: Bammé, Arno; Feuerstein, Günther; Genth, Renate; Holling, Eggert; Kahle, Renate; Kempin, Peter (1983) Maschinen-Menschen, Mensch-Maschinen. Grundrisse einer sozialen Beziehung. Reinbek (Rowohlt)

Seite 56: «... Zwang zum Selbstzwang ...»: Elias, Norbert (1939, 1968) Der Prozeß der Zivilisation. Zwei Bände. Frankfurt (Suhrkamp)

Seite 56: «. . . normale Gefühle als Psychosen . . .»: Kline, F. M. (1972) Dynamics of a leaderless group. Int. J. Group Psychotherapy 22, Seite 234–242

Seite 56: «. . . Lean sex . . .»: siehe Anmerkung Seite 54

Seite 56: «. . . Der Mensch spielt . . .»: Lec, Stanislaw Jerzy (1996) Sämtliche unfrisierte Gedanken. Übersetzt von Karl Dedecius. Frankfurt (zweitausendeins), Seite 118.

Seite 56: «. . . weltweiten Trennungsklippe . . .»: Helen Fisher (1992, deutsch 1993) Anatomie der Liebe. Warum Paare sich finden, binden und auseinandergehen. München (Droemer Knaur), Seite 196. «Die heutzutage weltweit zu beobachtende höchste Scheidungsziffer nach rund vier Ehejahren deckt sich mit dem traditionellen Vierjahresabstand der Geburten.» (Seite 196)

Seite 57: «. . . Die Globalisierung wirkt . . .»: Luttwak, Edward (1995) Turbo-Kapitalismus die Familie zerstört. Welt am Sonntag, 25. 6. 95. Luttwak arbeitet am Center for Strategic and International Studies in Washington.

Seite 57: «. . . Der Trieb an sich . . .»: Dannecker, Martin (1987) Das Drama der Sexualität. Frankfurt (Athenäum), Seite 135

Seite 57: «. . . Bruchstückmenschen . . .»: von Minden, Gerald (1988) Der Bruchstück-Mensch. Psychoanalyse des frühgestört-neurotischen Menschen der technokratischen Gesellschaft. München (Reinhardt)

Seite 58: «. . . menschlichen Wirkung . . .»: eine Wortprägung von James Lynch in Lynch, James (1977, deutsch 1979) Das gebrochene Herz. Reinbek (Rowohlt)

Seite 58: «. . . Petrarca . . .»: Petrarca, Francesco (1366, 1984) De remediis utriusque fortunae (Heilmittel gegen Glück und Unglück). Übersetzung: Von der Arzney bayder Glück – des guten und des widerwärtigen. Augsburg 1584, Faksimile Hamburg 1984.

Seite 58: «. . . Arthur C. Clarke . . .»: Clarke, Arthur C. und Gentry Lee (1989, deutsch 1991) Rama II, deutsch: Rendezvous mit Übermorgen, München (Heyne), Seite 330

Seite 62: «. . . Stéresis . . .»: Riedl, Rupert (1979) Über die Biologie des Ursachen-Denkens – ein evolutionistischer, systemtheoretischer Versuch. In: Hoimar von Ditfurth (Hg. 1979), mannheimer forum 78/79, Mannheim (Boehringer), Seite 9–70, hier Seite 36.

Seite 63: «. . . My Seven doctors . . .»: vergleiche Moeller, Michael Lukas (1989) Gesundheit ist eßbar. Ritterhude (Waldthausen), 1991 als Taschenbuch, München (Goldmann)

Seite 63: «. . . Qualität der Beziehung . . .»: Das ist primär die Familie, doch schreibt Thea Bauriedl (1994) in «Auch ohne Couch», Stuttgart (Klett-Cotta), Seite 303: «Die Paartherapie ist für mich das Herz der Familientherapie.» Die Zweierbeziehung ist also das Zentrum der Beziehungen.

Seite 64: «. . . Sigmund Freud machte . . .»: Freud, Sigmund (1940, 1964) Abriß der Psychoanalyse. Gesammelte Werke 17, Seite 63–147. Frankfurt (Fischer)

Seite 65: «. . . unter großen Experten . . .»: Bertelsmann hatte uns eingeladen, um eine Idee des Ehepaares Mohn zu diskutieren, wie die Partnerschaftswahl verbessert werden könne. Die Experten waren die Herren Sarges, Jürgens, Willi, Moeller, Hossiep, Hahlweg, Mohn, Wittchen, Seibl und Frau Mohn.

Seite 71: «. . . allgegenwärtigen Kolonialisierung . . .»: Das Wort meint alle Verhaltensweisen, in denen ich mich absolut setze, beispielsweise etwas über den Kopf des anderen hinweg behaupte. Wer sich vertiefen möchte, vergleiche zu diesem leider sehr üblichen Verhalten im Handbuch der Zweiergespräche «Die Wahrheit beginnt zu zweit» Seite 138–147.

Seite 72: «. . . *Die beste Art, zu vergessen* . . .»: Warum? Weil ungelöste Aufgaben – und als solche können Konflikte aufgefasst werden – sich ständig wieder melden, bis sie bearbeitet sind. Erinnert man sich und widmet sich ihrer Lösung, kann man sie endlich vergessen.

Seite 72: «. . . Harmonia, die ‹Vereinigende› . . .»: Kerényi, Karl (1960, 1998) Die Mythologie der Griechen. Band 1 Die Götter- und Menschheitsgeschichten. Band 2 Die Heroengeschichten. München (dtv), Band 2, Seite 33

Seite 72: «. . . *Die Ehe ist ein Versuch* . . .»: Der Satz wird Eddie Cantor, geb. 1892, Schauspieler und Schriftsteller in New York, zugeschrieben.

Seite 73: «. . . Stavros Mentzos . . .»: Mentzos, Stavros (1982, 1993) Neurotische Konfliktverarbeitung. Frankfurt (Fischer), hier Seite 134–135.

Seite 74: «. . . wie ein an sich der Körperabwehr dienendes Fieber . . .»: Den Vergleich mit den überschießenden Körperreaktionen entnehme ich Stavros Mentzos, a.a.O.

Seite 74: «. . . die eigentliche Angststätte . . .»: Freud, Sigmund (1926, 1968) Hemmung, Symptom und Angst. Gesammelte Werke Band 14, Seite 111–205. Frankfurt (Fischer)

Seite 75: «. . . Herkunft und Identität . . .»: Für diese und weitere Auswertungen danke ich sehr herzlich Dipl. soz. et psych. Angela Dunker, Mitarbeiterin des Institutes für Medizinische Psychologie, und Christiane Steiner, Sekretärin der Psychosozialen Ambulanz des Universitätsklinikums Frankfurt. Die Erhebung erfolgte mit einem so genannten Shorty. Ein Shorty ist ein Kürzestfragebogen zu einem Brennpunkt der Paardynamik. Sein Ausfüllen braucht nicht mehr als fünf Minuten und dient – einem Handspiegel gleich – dem unmittelbaren Bewusstwerden des fokussierten Themas. Es existieren zur Zeit neun Shortys, die auf den erwähnten Zwiegesprächsseminaren in zehn Städten Verwendung finden. Siehe auch Anmerkung Seite 107.

Seite 75: «. . . Shorty . . .»: mit Vorgaben von Bindungspersonen, aber auch offenen Ergänzungsmöglichkeiten. Vergleiche auch vorige Anmerkung. Die Einflussstärke wurde nur bei denen gemittelt, welche die entsprechende Bindungsperson angaben.

Seite 76: «. . . Traumen und schädigendes Familienklima . . .»: Nuber, Ursula (1995) Der Mythos vom frühen Trauma. Frankfurt (Fischer)

Seite 77: «. . . das goldene Paargleichgewicht . . .»: In meinem Buch «Worte der Liebe», Reinbek (Rowohlt Taschenbuch), gibt es zum Ablauf der Konfliktbearbeitung eine Kurzfassung, Seite 15–21, hier Seite 19

Seite 79: «. . . 63 Prozent der Jugendlichen . . .»: Der Spiegel 28/1999: «Jugend der Jahrtausendwende», Umfrageergebnisse, Seite 101

Seite 79: «. . . Freud . . .»: siehe Anmerkung Seite 64

Seite 80: «. . . Erst war ich selbstlos . . .»: Spruch aus der Frauenbewegung

Seite 89: «. . . synthetische Funktion des Ichs . . .»: Freud, Anna (1936, 1964) Das Ich und die Abwehrmechanismen. Frankfurt (Fischer)

Seite 93: «. . . Familienarbeit als Ganzes . . .»: Sie ist deutlich unterschieden von anderer Arbeit durch: die ständige Verfügbarkeit ohne befreiendes Ende; durch fehlende Planbarkeit; durch unvermeidlich ineffiziente Zeitnutzung; durch den widersprüchlichen Zeitrhythmus der Kinder; durch ihre Mehrdimensionalität, weil ein Mittagessen beispielsweise neben Organisation und Produktion auch Beziehungsarbeit enthält. Vergleiche Methfessel, B. (1992) Hausarbeit zwischen individueller Lebensgestaltung, Norm und Notwendigkeit. Ein Beitrag zur Sozioökonomie des Haushalts. Baltmannsweiler. Hinzu kommt die Last des ständigen Wechsels zwischen Sacharbeit und Gefühlsarbeit, beispielsweise einem Kleinkind gegenüber, mündliche Mitteilung von Célia M. Fatia, Februar 2000.

Seite 93: «. . . Gleichverteilung der Hausarbeit . . .»: Umfrage des Gewis-Institutes, Hamburg, September 1999. Bericht der dpa vom 14. 9. 99.

Seite 93: «. . . Ihr Mindestnettoeinkommen . . .»: siehe Anmerkung Seite 47, Blanke et al. (1996) a.a.O., Seite 54

Seite 94: «. . . die finanzielle Asymmetrie . . .»: Dreiviertel aller Frauen sind vom Partner, der Familie oder dem Staat abhängig. Jubiläumstagung des DAB, Deutschen Akademikerinnenverbund, Vortrag der Sozialwissenschaftlerin Carola Möller. Bericht der Frankfurter Rundschau vom 13. 5. 95.

Seite 94: «. . . 25-prozentigen Unterbezahlung der Frauen . . .»: Quelle Eurostat, Statistisches Amt der Europäischen Gemeinschaft in Luxemburg, zitiert nach Stern 37/1999, Seite 21, wobei die neuen Bundesländer mit 10,1 Prozent Minderbezahlung der Frauen sehr viel günstiger abschneiden als die alten mit 23,1 Prozent. In den Niederlanden beträgt der Abstand 29,4 Prozent.

Seite 94: «. . . Bertrand Russell . . .»: Russell, Bertrand (1929, deutsch 1951) Ehe und Moral. Stuttgart

Seite 99: «. . . Freiheit kritischer Auseinandersetzung . . .»: Thomä, Helmut, und Horst Kächele (1985, 1996) Lehrbuch der psychoanalytischen Theorie. Band 1 Grundlagen. Berlin (Springer). So formulierten die Autoren in ihrem Lehrbuch das wünschenswerte Ergebnis psychoanalytischer Behandlungen.

Seite 103: «. . . Tue nichts und alles ist getan . . .»: Laotse (ca. 450 vor Christus) Tao Te King. Vers 48, übersetzt von Gia-Fu Feng, aus dem Englischen von Sylvia Luetjohan. Dort lautet die fünfte Zeile: «Wird nichts getan, bleibt nichts ungetan.» Zürich 1981 (Irisiana)

Seite 103: «. . . Erforschung der Lebenskunst . . .»: psychologie heute, compact Nr. 4 (1999) Lebenskunst.

Seite 103: «. . . Sigmund Freud . . .»: Freud, Sigmund (1926, 1964) Hemmung, Symptom und Angst. Gesammelte Werke Band 14, Frankfurt (Fischer), Seite 200.

Seite 104: «. . . mit dem Beziehungsunglück legiert . . .»: Wolf, Werner (1988) Alltagsbelastung und Partnerschaft. Bern (Huber)

Seite 104: «. . . der kompetente Säugling . . .»: Dornes, Martin (1993) Der kompetente Säugling. Frankfurt (Fischer)

Seite 104: «. . . Traumatisierung in aktives Handeln umzugestalten . . .»: Thomä, Helmut, und Horst Kächele (1985, 1996) Lehrbuch der psychoanalytischen Therapie. Band 2. Berlin (Springer), Seite 10

Seite 104: «. . . Erik H. Erikson . . .»: Erikson, Erik H. (1959, deutsch 1966) Wachstum und Krisen der gesunden Persönlichkeit. In: Identität und Lebenszyklus. Frankfurt (Suhrkamp) Seite 55 ff.

Seite 105: «. . . Architekt Rem Koolhaas . . .»: «das intellektuelle Genie der Gegenwartsarchitektur» (Philip Johnson).

Seite 105: «. . . Nichts hasst er mehr als Gewissheit . . .»: Rauterberg, Hanno, Villa Wagnis. Rem Koolhaas ist der Feuerkopf unter den Architekten. Die Zeit, 18. März 1999, Seite 54

Seite 105: «. . . Be proactive . . .»: Covey, Stephen R. (1989, 1992) The seven habits of highly effectiv people. New York (Simon & Schuster)

Seite 106: «. . . John Steinbeck . . .»: US-amerikanischer Schriftsteller, 1902–1968.

Seite 106: «. . . Fernsehen mit drei Stunden . . .»: ARD (1999) Wir über uns. Jährlich publizierte Analysen

Seite 106: «. . . Wechselgespräch im Umfang von 4 Minuten . . .»: Priority Management Pittsburgh Inc. (1988) Three Times Study. Pittsburgh

Seite 106: «. . . Zeitdieben . . .»: Seiwert, Lothar J. und Doro Kammerer (1998) Endlich Zeit für mich. Wie Frauen mit Zeitmanagement Arbeit und Privatleben unter einen Hut bringen. Landsberg (mvg-Verlage), Seite 86 ff.

Seite 107: «. . . Meine Erhebungen ergaben . . .»: erhoben mit dem Shorty (Kürzestfragebogen mit direkter Rückmeldung für das eigene Paarleben) «Beziehung und Alltag» bei Paaren der Zwiegesprächsseminare. Siehe Anmerkung Seite 75.

Seite 108: «. . . Am Selbstmanagement führt nichts vorbei . . .»:
Seiwert, Lothar J. (1996) Das neue 1 x 1 des Zeitmanagements. Offenbach (Gabal)
Seiwert, Lothar J. (1997) Selbstmanagement. Offenbach (Gabal)
Seiwert, Lothar J. (1999) Wenn du es eilig hast, gehe langsam. Frankfurt (Campus)
Seiwert, Lothar J. und Doro Kammerer (1998) Endlich Zeit für mich. Wie Frauen mit Zeitmanagement Arbeit und Privatleben unter einen Hut bringen. Landsberg (mvg-Verlage)

Seite 108: «. . . Es bedarf großer Geduld . . .»: Lec, Stanislaw Jerzy (1996), Sämtliche unfrisierte Gedanken. Übersetzt von Karl Dedecius. Frankfurt (zweitausendeins), Seite 23.

Seite 109: «. . . Erich Fromm . . .»: Fromm, Erich (1956): Die Kunst des Liebens. Frankfurt, 1979 (Ullstein)

Seite 109: «. . . Mich hat ein kleiner Versuch . . .»: Underhill, Evelyn (1928, 1985) Mystik. Eine Studie über die Natur und Entwicklung des religiösen Bewußtseins. Bietigheim (Turm), Seite 391–392.

Seite 111: «. . . Wesentlich sprechen . . .»: Ich habe dazu in den vorangegangenen Büchern zu Zwiegesprächen und Erotik genug ausgeführt (siehe Seite 33) und möchte hier nur wesentliche Hintergrundaspekte beleuchten, die eher mit Schweigen zu tun haben. Zum wesentlichen Sprechen siehe insbesondere: In «Die Liebe ist das Kind der Freiheit» den Briefessay «Ich bin nicht Du und weiß Dich nicht». In «Die Wahrheit beginnt zu zweit» vor allem das Anfangskapitel «Sprachlose Paare» und den Abschnitt über die erste Zwiegesprächseinsicht, Seite 153 ff. In «Worte der Liebe» vor allem die Kapitel 8 «Opening up» und 9 «Der Lust die eigene Gestalt zu geben».

Seite 112: «. . . Am schlimmsten ist es . . .»: Lec, Stanislaw Jerzy (1996) Sämtliche unfrisierte Gedanken. Übersetzt von Karl Dedecius. Frankfurt (zweitausendeins), Seite 163.

Seite 113: «... Mein Schweigen sagt alles ...»: Tardieu, Jean (1944–1965, deutsch 1979) Mein imaginäres Museum. Frankfurt (Suhrkamp) Seite 18

Seite 115: «... Eine Stimme sagte ...»: Lec, Stanislaw Jerzy (1996) Sämtliche unfrisierte Gedanken. Übersetzt von Karl Dedecius. Frankfurt (zweitausendeins), Seite 499.

Seite 117: «... Channing Pollock ...»: Channing Pollock (1880–1946), US-amerikanischer Dramatiker

Seite 118: «... Eine repräsentative, empirische Untersuchung ...»: Brähler, Elmar, Ernst, R., Brähler, Christa (1986) Typische Paarbeziehungsstrukturen im Gießen-Test. Psychother. Psychosom. med. Psychol. 36/6: 187–198

Seite 124/125: «... George Bateson ...»: Bateson, George (1972, deutsch 1981) Ökologie des Geistes. Frankfurt (Suhrkamp), Seite 350.

Seite 126: «... Lebendigkeit und Sterblichkeit erzeugen sich wechselseitig ...»: Laotse (ca 450 v. Chr.) Tao Te King. Zweiter Vers, Zeilen 1–2, übersetzt von Gia-Fu Feng, aus dem Englischen von Sylvia Luetjohan. Zürich 1981 (Irisiana)

Seite 126: «... in allen Dimensionen bipolar ...»: vergleiche dazu auch Mentzos, Stavros (1996) Die Dialektik der anthropologischen Grund-Polaritäten und die Notwendigkeit einer partiellen Revision der Kulturtheorien von S. Freud und N. Elias. Unveröffentlichtes Vortragsmanuskript

Seite 126: «... eine Kultur, die Bindung und Nähe erleichtert ...»: vergleiche dazu auch: Kluge, Alexander und Oskar Negt (1967) Geschichte und Eigensinn. Frankfurt (zweitausendeins), Kapitel «Beziehungen in Privatverhältnissen».

Seite 129: «... Überich-Zersetzungsarbeit ...»: Freud, Anna (1936, 1964) Das Ich und die Abwehrmechanismen. Frankfurt (Fischer)

Seite 129: «... die Scham ...»: vergleiche Wurmser, Léon (1998) Die Maske der Scham. Berlin (Springer)

Seite 131: «... Eine Beziehung besteht aus einem Neuntel bewusster Beziehung ...»: Kubie, Lawrence (1966) Neurotische Deformationen des schöpferischen Prozesses. Reinbek (Rowohlt rde)

Seite 131: «... abenteuernd die Weite suchen, während der andere ...»: nach dem Konzept von Philobatie und Oknophilie in: Balint, Michael (1967) Angstlust und Regression. Stuttgart (Klett-Cotta)

Seite 132: «... Der menschliche Urknall ...»: übertragen aus der Astrophysik, Weinberg, Steven (1977) Die ersten drei Minuten. München (Piper)

Seite 133: «... Fulguration ...»: Riedl, Rupert (1979) Über die Biologie des Ursachen-Denkens – ein evolutionistischer, systemtheoretischer Versuch. In: Hoimar von Ditfurth (Hg. 1979) mannheimer forum 78/79, Mannheim (Boehringer), Seite 9–70, hier Seite 36.

Seite 153: «... Windrose ...»: Für die sorgsame Gestaltung dieser und der kommenden Windrosen danke ich Gerold Höver sehr herzlich.

Seite 153: «... Opening up, die Selbstoffenheit ...»: vergleiche dazu ausführlicher das Kapitel 8 in «Worte der Liebe. Erotische Zwiegespräche.» Siehe auch oben «Beziehungsmedizin», Seite 23

Seite 153: «. . . Immunabwehr bis in das zelluläre System gestärkt . . .»: Pennebaker, James (1989) Opening up. The Healing power of confiding in others. New York (Morrow) – deutsch 1991 unter dem unglücklichen Titel: Sag mir, was dich bedrückt. Düsseldorf (Econ Taschenbuch)

Seite 153: «. . . Dean Ornish . . .»: Ornish, Dean (1999) Die revolutionäre Therapie: Heilen mit Liebe. Augsburg (Mosaik)

Seite 154: «. . . Gesundheit der Seele . . .»: Nietzsche, Friedrich (1886, 1988) Die fröhliche Wissenschaft. Abschnitt 120. In: Sämtliche Werke. Kritische Studienausgabe (Hg. Giorgio Colli und Mazzino Montinari) Band 3, Berlin, New York (dtv/de Gruyter), Seite 477

Seite 155: «. . . Paul Virilio . . .»: Virilio, Paul (1996) Interview mit der Frankfurter Rundschau

Seite 155: «. . . Sechzig-Sekunden-Therapie . . .»: Lazarus, Arnold A.; Lazarus, Clifford N. (1999) Der kleine Taschentherapeut. In sechzig Sekunden wieder ok. Stuttgart (Klett-Cotta)

Seite 155: «. . . Drei-Minuten-Vorhersage . . .»: Gottman, John; Sybil Carrère in Family Process, Oktober 1999. 124 weniger als neun Monate verheiratete Paare wurden im Ehezwist mit Video aufgenommen. Das Fehlen auch positiver Botschaften – besonders seitens der Männer – während der ersten drei Auseinandersetzungsminuten kennzeichnen spätere Scheidungspaare. Nicht mit Vorwürfen beginnen raten die Forscher den Frauen, mehr Akzeptanz zu zeigen den Männern. Zitiert nach Süddeutsche Zeitung vom 5. 10. 99.

Seite 157: «. . . selbst die einfachsten Dinge vom bedeutendsten Partner nicht gewusst . . .»: Felser, Georg (1999) Bin ich so, wie du mich siehst? Die Psychologie der Partnerwahrnehmung. München (Beck'sche Reihe)

Seite 158: «. . . Reimut Reiche . . .»: Reiche, Reimut (1990): Geschlechterspannung. Eine psychoanalytische Untersuchung. Frankfurt (Fischer Psychologie), Seite 187

Seite 162: «. . . Hausfrauen in einer Selbsthilfegruppe . . .»: Thomas, Carmen (Hg. 1978) Die Hausfrauengruppe. Reinbek (Rowohlt)

Seite 164: «. . . Bindungsunsicherheit ist nach den Ergebnissen . . .»: vergleiche u. a. Dornes, Martin (1993) Der kompetente Säugling. Frankfurt (Fischer Taschenbuch, Geist und Psyche)

Seite 165: «. . . Balance im Urkonflikt zwischen Partnerzuwendung . . .»: vergleiche dazu Mentzos, Stavros (1982, 1995) Neurotische Konfliktbewältigung. Frankfurt (Fischer Taschenbuch, Geist und Psyche)

Seite 166: «. . . Gewinnen innerer Freiheit . . .»: Freud, Sigmund (1915) Bemerkungen über die Übertragungsliebe. GW X, Seite 319–321

Seite 166: «. . . Lawrence Kubie . . .»: Kubie, Lawrence (1996) Die neurotischen Deformationen des schöpferischen Prozesses. Reinbek Rowohlt (rde)

Seite 167: «. . . Zunahme der inneren Kommunikation . . .»: Ich verdanke Stavros Mentzos Hinweis und Begriff, mündliche Mitteilung 1997.

Seite 171: «. . . Untersuchung von Harvard-Absolventen . . .»: Vaillant, George E. (1977, deutsch 1980) Werdegänge. Erkenntnisse der Lebenslaufforschung. Reinbek (Rowohlt)

Seite 171: «. . . Zögere nicht: warte! . . .»: Lec, Stanislaw Jerzy (1996) Sämtliche unfrisierte Gedanken. Übersetzt von Karl Dedecius. Frankfurt (zweitausendeins), Seite 194

Seite 174: «... Michael Ende ...»: Ende, Michael (1973) Momo oder Die seltsame Geschichte von den Zeit-Dieben und von dem Kind, das den Menschen die gestohlene Zeit zurückbrachte. Stuttgart (Thienemann), Seite 15 f. Ich verdanke diesen Hinweis Matthias Mettner von der Paulus Akademie Zürich während eines Vortrags und Seminars zur Entwicklung des dortigen Zwiegesprächsnetzes.

Seite 185: «... Du siehst ein Ei ...»: Tschuang-Tse (dt. 1951): Reden und Gleichnisse. Zürich (Manesse Weltliteratur). Übersetzung von Martin Buber. Der Titel stammt aus einer Legende des chinesischen Dichters und Tao-Philosophen Tschuang-Tse, der um 250 vor Christus gelebt hat.

Seite 185: «... Was hilft aller Sonnenaufgang ...»: Lichtenberg, Georg C. (1770, 1968, 1994) Schriften und Briefe in vier Bänden. Herausgegeben von Wolfgang Promies. Frankfurt (zweitausendeins) Band 1.

Seite 185: «... erst das Ziel, dann der Weg ...»: Kellerer, Christian (1996): Die Befreiung des abendländischen Denkens. Frankfurt (Stroemfeld), vergleiche seine Dreigliedrige Elementare Erlebniskette: Bedürfnisvorstellung – Zielvorstellung – Wegvorstellung, Seite 185

Seite 186: «... Danke ab. Sei ...»: Fernando Pessoa (1930, deutsch 1986) Alberto Caeiro. Dichtungen. Der verliebte Hirte. Zürich (Ammann)

Seite 191: «... Anteros ...»: Sigusch, Volkmar (1996) Der zerstreute Eros. Titelgeschichte. Der Spiegel 23/1996: Seite 130 ff., auch: ders. (1997) Anteros, in: Peter Weiermair (Hg.) Der Kalte Blick. Erotische Kunst des 17. bis 19. Jahrhunderts. Frankfurt (Edition Stemmle), Seite 66 f.

Seite 284: «... Die Abweisung ...»: Kafka, Franz (1913, 1994) Betrachtung. In: Kritische Ausgabe (Hg. Kittler, Wolf; Koch, Hans-Gerd; Neumann, Gerhard) Drucke zu Lebzeiten. Frankfurt (Fischer), Seite 29.

Seite 285: «... Der Kluge ist unglücklich ...»: Yutang, Lin (Hg. 1948, deutsch 1955) Laotse. Frankfurt (Fischer), Seite 107–108 als Tschuang-Tses Kommentar zum 26. Vers des Taoteking, «Die Schwere ist die Wurzel des Leichten».

Seite 285: «... Tschuang-Tse ...»: Tschuang-Tse (etwa um 250 vor Christus), der «Voltaire» des Tao – wie Lin Yutang sagt (a.a.O., S. 14) – und neben Laotse der große Interpret dieser inzwischen hochmodernen Wirklichkeitsauffassung, die in ihrer nüchternen Radikalität einer Religion ohne Gott gleichkommt, entwarf mit ironischem Understatement ein Bild von sich: «Mit ungezügelter Phantasie, schalkhafter Sprache und süßem, romantischem Unsinn lässt er seinem Geist ungehindert die Zügel schießen.» (a.a.O., S. 14) Martin Buber übersetzte mit chinesischen Gelehrten ein Teil von Tschuang-Tses Werk: «Reden und Gleichnisse.» Zürich (Manesse Bibliothek der Weltliteratur).

Literaturverzeichnis

Balint, Michael (1967) Angstlust und Regression. Stuttgart (Klett-Cotta)

Bammé, Arno; Feuerstein, Günther; Genth, Renate; Holling, Eggert; Kahle, Renate; Kempin, Peter (1983) Maschinen-Menschen, Mensch-Maschinen. Grundrisse einer sozialen Beziehung. Reinbek (Rowohlt)

Bateson, George (1972, deutsch 1981) Ökologie des Geistes. Frankfurt (Suhrkamp)

Bauriedl, Thea (1994) Auch ohne Couch. Psychoanalyse als Beziehungstheorie und ihre Anwendungen. Stuttgart (Klett-Cotta)

Beck, U.; Beck-Gernsheim E. (1990): Das ganz normale Chaos der Liebe. Frankfurt (Suhrkamp)

Benyoetz, Elazar (1992) «Filigranit». Göttingen (Steidl)

Blanke, Karen; Ehling, Manfred; Schwarz, Norbert (1996) Zeit im Blickfeld. Ergebnisse einer repräsentativen Zeitbudgeterhebung. Stuttgart (Kohlhammer) (zu beziehen über den Hrsg. Bundesministerium für Familie, Senioren, Frauen und Jugend. Schriftenreihe Band 121)

Brähler, Elmar; Ernst, R.; Brähler, Christa (1986) Typische Paarbeziehungsstrukturen im Gießen-Test. Psychother. Psychosom. med. Psychol. 36/6: 187–198

Bundesministerium für Familie, Senioren, Frauen und Jugend (1998) Die Familie im Spiegel der amtlichen Statistik. Bonn

Bundesministerium für Jugend, Familie und Gesundheit (1978) Elternführerschein. Schriftenreihe Band 59. Stuttgart (Kohlhammer)

Bundesministerium für Jugend, Familie, Frauen und Gesundheit (1988) Geschlechtsrollen im Wandel. Partnerschaft und Aufgabenteilung in der Familie. Schriftenreihe Band 235. Bonn

Clarke, Arthur C. und Gentry Lee (1989, deutsch 1991) Rama II, deutsch: Rendezvous mit Übermorgen. München (Heyne)

Covey, Stephen R. (1989, 1992) The seven habits of highly effectiv people. New York (Simon & Schuster)

Dannecker, Martin (1987): Das Drama der Sexualität. Frankfurt (Athenäum)

Dessai, Elisabeth (1979) Auf dem Weg in die kinderlose Gesellschaft. Reinbek (Rowohlt)

Dicks, Henry (1963): Marital Tensions. New York (Basic Books)

Dörner, Dietrich (1976): Problemlösungen als Informationsverarbeitung. Stuttgart (Kohlhammer)

Dornes, Martin (1993): Der kompetente Säugling. Frankfurt (Fischer Taschenbuch Geist und Psyche)

Elias, Norbert (1939, 1968) Der Prozeß der Zivilisation. Zwei Bände. Frankfurt (Suhrkamp)

Ende, Michael (1973) Momo oder Die seltsame Geschichte von den Zeit-Dieben und von dem Kind, das den Menschen die gestohlene Zeit zurückbrachte. Stuttgart (Thienemann)

Erikson, Erik H. (1959, deutsch 1966) Wachstum und Krisen der gesunden Persönlichkeit. In: Identität und Lebenszyklus. Frankfurt (Suhrkamp) S. 55 ff.

Felser, Georg (1999) Bin ich so, wie du mich siehst? Die Psychologie der Partnerwahrnehmung. München (Beck'sche Reihe)

Fisher, Helen (1992, deutsch 1993) Anatomie der Liebe. Warum Paare sich finden, binden und auseinandergehen. München (Droemer Knaur)

Freud, Anna (1936, 1964) Das Ich und die Abwehrmechanismen. Frankfurt (Fischer)

Freud, Sigmund (1915) Bemerkungen über die Übertragungsliebe. GW X, S. 305–321

Freud, Sigmund (1912): Über die allgemeinste Erniedrigung des Liebeslebens. GW VIII, S. 78–91

Freud, Sigmund (1926, 1968) Hemmung, Symptom und Angst. Gesammelte Werke, Band 14, S. 111–205. Frankfurt (Fischer)

Freud, Sigmund (1937, 1964) Die endliche und die unendliche Analyse. Gesammelte Werke, Band 16, S. 57–99. Frankfurt (Fischer)

Freud, Sigmund (1940, 1964) Abriß der Psychoanalyse. Gesammelte Werke, Band 17, S. 63–147 Frankfurt (Fischer)

Fromm, Erich (1956): Die Kunst des Liebens. Frankfurt, 1979 (Ullstein)

Gurin, J. Veroff; Feld, S. (1960) Americans view their mental health. Joint Commission on mental Illness and Health. Monograph. Series Nr. 4. New York (Basic Books)

Holst, Dietrich von (1997) Stress, Health and the Social Environment. Acta Physiologica Scandinavica 161, Suppl. 640, S. 77–82

Hurvitz, Nathan (1974) Peer self-help psychotherapy groups: Psychotherapy without psychotherapists. In: Roman, Paul M.; Harrison M. Trice (Hg.) The sociology of psychotherapy. New York (Jason Aronson)

Huttner, Hans (2000) Die Veränderung von Maskulinität und Femininität durch Paargruppenanalyse. Med. Diss. Frankfurt/Main

Kafka, Franz (1994): Kritische Ausgabe (Hg. Kittler, Wolf; Koch, Hans-Gerd; Neumann, Gerhard) 14 Bände, hier: Drucke zu Lebzeiten. Frankfurt (Fischer)

Kellerer, Christian (1996): Die Befreiung des abendländischen Denkens. Frankfurt (Stroemfeld)

Kerényi, Karl (1960, 1998) Die Mythologie der Griechen. Band 1 Die Götter- und Menschheitsgeschichten. Band 2 Die Heroengeschichten. München (dtv)

Kettschau, I. (1980) Wieviel Arbeit macht ein Familienhaushalt? Dissertation Dortmund

Kiecolt-Glaser, J. K.; Fisher, L. D.; Ogrocki, P.; Stooukt, J. C.; Speicher, C. E.; Glaser, R. (1987 a) Marital quality, marital disruption, and immune function. Psychosomatic Medicine 49: 13–43

Kiecolt-Glaser, J. K.; Newton, T.; Cacioppo, J. T.; MacCallum, R. C.; Glaser, R. und Malarkey, W. B. (1996) Marital Conflict and endocrine function: Are men really more physiologically affected than women? J. Consult. and Clinical Psychology 64: 324–332

Kline, F. M. (1972) Dynamics of a leaderness group. Int. J. Group Psychotherapy 22, S. 234–242

Kluge, Alexander und Oskar Negt (1967) Geschichte und Eigensinn. Frankfurt (zweitausendeins)

Kubie, Lawrence S. (1966) Die neurotischen Deformationen des schöpferischen Prozesses. Reinbek (Rowohlt rde)

Küster, Ch. (1994) Leistungen von privaten Haushalten und ihre Erfassung in der Zeitbudgetforschung. Baltmannsweiler

Laotse (ca. 450 v. Chr.) Tao Te King. Zweiter Vers, Zeilen 1–2, übersetzt von Gia-Fu Feng, aus dem Englischen von Sylvia Luetjohan. Zürich 1981 (Irisiana)

Lazarus, Arnold A.; Lazarus, Clifford N. (1999) Der kleine Taschentherapeut. In sechzig Sekunden wieder ok. Stuttgart (Klett-Cotta)

Lec, Stanislaw Jerzy (1996) Sämtliche unfrisierte Gedanken. Übersetzt von Karl Dedecius. Frankfurt (zweitausendeins)

Lichtenberg, Georg C. (1770, 1968, 1994) Schriften und Briefe in vier Bänden. Herausgegeben von Wolfgang Promies. Frankfurt (zweitausendeins)

Lin Yutang (Hg. 1948, deutsch 1955) Laotse. Frankfurt (Fischer Taschenbuch)

Luttwak, Edward (1995) Turbo-Kapitalismus die Familie zerstört. Welt am Sonntag, 25. 6. 95

Lynch, James (1995) «Das gebrochene Herz». Reinbek (Rowohlt)

Maerker, Christa (1998) Marilyn Monroe, Arthur Miller. Reinbek (Rowohlt Taschenbuch)

Mansfield, Katherine (1995, herausgegeben von Ida Schöffling) Über die Liebe. Frankfurt (Fischer)

Meiser, H. C.; Lermer, S. (1991) Lebensabschnittspartner. Frankfurt (Fischer)

Mentzos, Stavros (1982, 1993) Neurotische Konfliktverarbeitung. Frankfurt (Fischer), hier Seite 134–135

Mentzos, Stavros (1996) Die Dialektik der anthropologischen Grund-Polaritäten und die Notwendigkeit einer partiellen Revision der Kulturtheorien von S. Freud und N. Elias. Unveröffentlichtes Vortragsmanuskript

Methfessel, B. (1992) Hausarbeit zwischen individueller Lebensgestaltung, Norm und Notwendigkeit. Ein Beitrag zur Sozioökonomie des Haushalts. Baltmannsweiler

Moeller, Michael Lukas (1998, 2000) Die Wahrheit beginnt zu zweit. Das Paar im Gespräch. Reinbek (Rowohlt)

Moeller, Michael Lukas (1986, 2000) Die Liebe ist das Kind der Freiheit. Reinbek (Rowohlt)

Moeller, Michael Lukas (1989) Gesundheit ist eßbar. Ritterhude (Waldthausen), 1991 als Taschenbuch, München (Goldmann)

Moeller, Michael Lukas (1996, 2000) Worte der Liebe. Erotische Zwiegespräche. Ein Elixier für Paare. Reinbek (Rowohlt Taschenbuch)

Moeller, Michael Lukas (1998) Zwiegesprächsnetze. Angewandte Psychoanalyse als entgegenkommende Versorgung. Gruppenpsychotherapie und Gruppendynamik 34,2: 153–181

Moeller, Michael Lukas (1999) Über die Liebe, Zeitschrift für Individualpsychologie, 24. Jg., S. 3–18

Moeller, Michael Lukas (2000 b) Aspekte der Beziehungsmedizin. Einblicke in die medizinische Bedeutung heilender und krankmachender Paarbeziehungen. Im Erscheinen

Moeller, Michael Lukas (2000 c) Zur Epidemiologie der Beziehungsmedizin. Im Erscheinen

Moeller, Michael Lukas (2000 d) Beiträge zur Beziehungsmedizin. Gesundheit als Kennzeichen von Paarqualität. Im Erscheinen

Moeller, Michael Lukas (2000 e) Zur Theorie der Beziehungsmedizin. Versuch einer Bestandsaufnahme. Im Erscheinen

Moeller, Michael Lukas (2000 f) Blackout der Medizin. Paardynamik in Gesundheit und Krankheit, ein neues Paradigma. Im Erscheinen

Moeller, Michael Lukas (2000 g) Beziehungsmedizin. Paarorientierung in Gesundheit und Krankheit. Im Erscheinen

Moeller, Michael Lukas und Hans-Joachim Maaz (1991, 1997) Die Einheit beginnt zu zweit. Berlin (Rowohlt · Berlin)

Nietzsche, Friedrich (1884, 1988) Also sprach Zarathustra. Dritter Teil. Auf dem Oelberge. In: Sämtliche Werke. Kritische Studienausgabe (Hg. Giorgio Colli und Mazzino Montinari) Band 4. Berlin, New York (dtv/de Gruyter)

Nietzsche, Friedrich (1886, 1988) Die fröhliche Wissenschaft. Abschnitt 120. In: Sämtliche Werke. Kritische Studienausgabe (Hg. Giorgio Colli und Mazzino Montinari) Band 3. Berlin, New York (dtv/de Gruyter)

Nuber, Ursula (1995) Der Mythos vom frühen Trauma. Frankfurt (Fischer)

Ornish, Dean (1998): Love and Survival. New York (HarperCollins). Übersetzung (1999) Heilen durch Liebe. Die revolutionäre Therapie. Augsburg (Mosaik)

Pennebaker, James (1989, deutsch 1991): Opening up. The Healing power of confiding in others. New York (Morrow). Übersetzung: Sag mir, was dich bedrückt. Düsseldorf (Econ)

Pessoa, Fernando (1930, deutsch 1986) Alberto Caeiro. Dichtungen. Der verliebte Hirte. Zürich (Ammann)

Petrarca, Francesco (1366, 1984) De remediis utriusque fortunae (Heilmittel gegen Glück und Unglück). Übersetzung: Von der Arzney bayder Glück – des guten und des widerwärtigen. Augsburg 1584, Faksimile Hamburg 1984

Priority Management Pittsburgh Inc. (1988) Three Times Study. Pittsburgh

psychologie heute, compact Nr. 4 (1999) Lebenskunst

Reiche, Reimut (1990): Geschlechterspannung. Eine psychoanalytische Untersuchung. Frankfurt (Fischer Psychologie)

Riedl, Rupert (1979) Über die Biologie des Ursachen-Denkens – ein evolutionistischer, systemtheoretischer Versuch. In: Hoimar von Ditfurth (Hg. 1979), mannheimer forum 78/79, Mannheim (Boehringer)

Roman, Paul M.; Harrison M. Trice (Hg.) The sociology of psychotherapy. New York (Jason Aronson)

Russell, Bertrand (1951) Ehe und Moral. Stuttgart

Schmidt, Gunter (1996 a) Paartherapie bei sexuellen Funktionsstörungen. In: Sigusch, Volkmar (Hg. 1996) Sexuelle Funktionsstörungen und ihre Behandlung. Stuttgart (Thieme), S. 180–199

Schmidt, Gunter (1996): Das Verschwinden der Sexualmoral. Hamburg (Klein)

Schopenhauer, Arthur (1844) Die Welt als Wille und Vorstellung, Viertes Buch, Kapitel 44: Metaphysik der Geschlechtsliebe. In: A. S., Werke in fünf Bänden, hg. v. L. Lütkehaus. Haffmans-Ausgabe, 1991 Zürich (Haffmans)

Schweitzer, R. von (1988) Lehren vom Privathaushalt. Frankfurt (Campus)

Seiwert, Lothar J. (1996) Das neue 1 x 1 des Zeitmanagements. Offenbach (Gabal)

Seiwert, Lothar J. (1997) Selbstmanagement. Offenbach (Gabal)

Seiwert, Lothar J. (1999) Wenn du es eilig hast, gehe langsam. Frankfurt (Campus)

Seiwert, Lothar J. und Doro Kammerer (1998) Endlich Zeit für mich. Wie Frauen mit Zeitmanagement Arbeit und Privatleben unter einen Hut bringen. Landsberg (mvg-Verlage), S. 86 ff.

Sens, Eberhard (1994) Neue kosmopolitische Perspektiven. Psychologie heute 7, 1994, S. 82

Sigusch, Volkmar (Hg. 1996) Sexuelle Funktionsstörungen und ihre Behandlung. Stuttgart (Thieme)

Sigusch, Volkmar (1997) Anteros. In: Peter Weiermair (Hg.) Der Kalte Blick. Erotische Kunst des 17. bis 19. Jahrhunderts. Frankfurt (Edition Stemmle)

Sigusch, Volkmar (1998): Die neosexuelle Revolution. Über gesellschaftliche Transformationen der Sexualität in den letzten Jahrzehnten. Psyche LII, 12: 1192–1234

Strotzka, Hans (1978) Kleinfeld. Eine sozialpsychiatrische Felduntersuchung. Wien

Tardieu, Jean (1944–1965, deutsch 1979) Mein imaginäres Museum. Frankfurt (Suhrkamp), S. 18

Thiele-Wittig, M. (1987) «. . . Der Haushalt ist fast immer betroffen . . .» Neue Hausarbeit als Folge des Wandels der Lebensbedingungen. Hauswirtschaft und Wissenschaft, Heft 5, S. 203–211

Thomä, Helmut und Horst Kächele (1985, 1996) Lehrbuch der psychoanalytischen Therapie. 2 Bände. Berlin (Springer)

Thomas, Carmen (Hg. 1978) Die Hausfrauengruppe. Reinbek (Rowohlt)

Tschuang-Tse (dt. 1951): Reden und Gleichnisse. Zürich (Manesse Weltliteratur). Übersetzung von Martin Buber

Unterhill, Evelyn (1928, 1985) Mystik. Eine Studie über die Natur und Entwicklung des religiösen Bewußtseins. Bietigheim (Turm)

Vaillant, George E. (1977, deutsch 1980) Werdegänge. Erkenntnisse der Lebenslaufforschung. Reinbek (Rowohlt)

von Minden, Gerald (1988) Der Bruchstück-Mensch. Psychoanalyse des frühgestört-neurotischen Menschen der technokratischen Gesellschaft. München (Reinhardt)

Wallerstein, Judith und Sandra Blakeslee (1996) Gute Ehen. Wie und warum die Ehe dauert. Weinheim (Beltz Quadriga)

Weinberg, Steven (1977) Die ersten drei Minuten. München (Piper)

Willi, Jürg (1975) Die Zweierbeziehung. Reinbek (Rowohlt Taschenbuch)

Williams, Donna (1994, deutsch 1994) Wenn du mich liebst, bleibst du mir fern. Hamburg (Hoffmann und Campe)

Wolf, Werner (1988) Alltagsbelastung und Partnerschaft. Bern (Huber)

Worden, J. William (1982, deutsch 1986) Beratung und Therapie in Trauerfällen. Ein Handbuch. Bern (Huber)

Wurmser, Léon (1998) Die Maske der Scham. Berlin (Springer)

Yutang, Lin (Hg. 1948, deutsch 1955) Laotse. Frankfurt (Fischer)

Über den Autor

Michael Lukas Moeller wurde 1937 in Hamburg geboren und wuchs während der Kriegsjahre in Schlesien auf. Nach dem Besuch des humanistischen Gymnasiums in Hamburg studierte er dort sowie in München und Berlin Medizin und Philosophie. 1967 promovierte er in Berlin mit einer Arbeit über die «*Psychodynamik der Prüfungsangst*». Nach Ausbildung zum Psychoanalytiker in Berlin und am Zentrum für psychosomatische Medizin des Universitätsklinikums Gießen (Prof. Horst-Eberhard Richter) habilitierte er sich für das Fach Psychotherapie und psychosomatische Medizin. Seit 1973 Professor für seelische Gesundheit an der Universität Gießen. Moeller absolvierte die Ausbildung zum Familientherapeuten und gruppendynamischen Trainer des Deutschen Arbeitskreises für Gruppentherapie und Gruppendynamik, ist Mitglied der Gesellschaft für Organisationsentwicklung und Mitarbeiter im Hernstein International Management Institute Wien. Er ist Lehr- und Kontrollanalytiker der Deutschen Psychoanalytischen Vereinigung und gründete mit Mitgliedern des Londoner Institute of Group-Analysis ein überregionales Ausbildungszentrum für Gruppenanalyse (GRAS), das er seit 1977 leitet. 1983 übernahm er den Lehrstuhl für Medizinische Psychologie am Klinikum der Johann Wolfgang Goethe-Universität Frankfurt am Main. Über seine zahlreichen Buchveröffentlichungen informiert www.dyalog.de